读客文化

陆小凤传奇

金鹏王朝

古 龙 著

文汇出版社

关于"陆小凤"（代序）

"陆小凤"的故事我已经写了很多篇，有时候写得虽然"还不错"，也不能算"很不错"。

陆小凤这个人当然是虚构的，从他的"四条眉毛"，到他的行为、他的思想、他的感情、他的武功，每一样都是虚构的。

但是谁也不能说这世界上绝不可能有这么样一个人存在。

因为我没有把他变成一个永远不错的神，他也是一个人，有血有肉，有思想有感情，有时也会做错事，有时甚至会错得很可笑。

我喜欢写人的故事，纵然是虚构的故事，也是"人"的故事，不是"神"的故事。

人有很多种，故事也有很多种。

我只喜欢写一些能够令人愉快的人，写一点令人愉快的故事。

这世界上的悲伤不幸已经够多了，我们为什么还要去增加？

令人愉快的故事虽然难免会使一些有学问的人觉得太通俗，可是我认为那至少总比增加别人的痛苦烦恼好一点。

能赚一点钱也比赚人的眼泪好。

一九七七年二月七日夜

目 录

001 / 楔　子

016 / 第一章　有四条眉毛的人

040 / 第二章　丹凤公主

059 / 第三章　大金鹏王

080 / 第四章　盛宴

103 / 第五章　悲歌

122 / 第六章　珠光宝气

139 / 第七章　市井七侠

162 / 第八章　峨眉四秀

182 / 第九章　飞燕去来

198 / 第十章　迷楼

216 / 第十一章　第六根足趾

289 / 第十二章　尾声

楔　子

熊姥姥的糖炒栗子

月圆，雾浓。圆月在浓雾中，月色凄凉朦胧，变得令人的心都碎了。

但张放和他的伙计们却没有欣赏的意思，他们只是想无拘无束地随便走走。

现在他们刚交过一趟从远路保来的镖，而且刚喝过酒，多日来的紧张和劳苦都已结束。

他们觉得轻松极了，也愉快极了。就在这时候，他们看见了熊姥姥。

熊姥姥就好像幽灵般忽然间就在浓雾里出现了。

她背上仿佛压着块看不见的大石头，压得她整个人都弯曲了起来，连腰都似已被压断。

她手里提着个很大的竹篮子，用一块很厚的棉布紧紧盖住。

"篮子里装的是什么？"有人在问。

现在他们的兴致都很高，无论对什么事都很有兴趣。

"糖炒栗子。"熊姥姥满是皱纹的脸上已露出笑容，"又香又热的糖炒栗子，才十文钱一斤。"

"我们买五斤,一个人一斤。"

栗子果然还是热的,果然很甜很香。张放却只吃了一个。

他不喜欢吃栗子,而且他的酒也喝得太多,只吃了一个栗子,他已觉得胃里很不舒服,好像要呕吐。

他还没有吐出来,就发现他的伙伴们突然全都倒了下去,一倒下去,身子立刻抽紧,嘴角就像马一样喷出了白沫。

白沫忽然又变成了红的,变成了血!

那老太婆还站在那里,看着他们,脸上的笑容已变得说不出的诡秘可怕。

"糖炒栗子有毒!"张放咬着牙,想扑过去,但这时他竟也忽然变得全没有半分力气。

他本想扼断这老太婆的咽喉,却扑倒在她脚下。

他忽然发现这老太婆藏在灰布长裙里的一双脚上,穿着的竟是双色彩鲜艳的绣花红鞋子,就好像新娘子穿的一样。

不过鞋面上绣的并不是鸳鸯,而是只猫头鹰。

猫头鹰的眼睛是绿的,好像正在瞪着张放,讥嘲着他的愚昧和无知。张放怔住。

熊姥姥吃吃地笑了,道:"原来这小伙子不老实,什么都不看,偏偏喜欢偷看女人的脚。"

张放这才勉强抬起头,嗄声问:"你跟我们究竟有什么仇恨?"

熊姥姥笑道:"傻小子,我连看都没有看见过你们,怎么会跟你们有仇恨?"

张放咬了咬牙,道:"那你为什么要害我们?"

熊姥姥淡淡道:"也不为什么,只不过为了我想杀人。"

她抬起头,望着浓雾里凄凉朦胧的圆月,慢慢地接着道:"每到月圆的时候,我就想杀人!"

张放看着她,眼睛里充满了愤怒和恐惧,只恨不得一口咬在她咽喉上。

可是这老太婆忽然间就已在他眼前幽灵般消失,消失在浓雾里。

夜雾凄迷,月更圆了。

老实和尚

夕阳西下,秋风吹着衰草,岸上渺无人迹,一只乌鸦远远地飞过来,落在岸旁系船的木桩上。

这里本就是个很荒凉的渡头,现在最后一班渡船已摇走。

摇船的艄公是个连胡子都已白了的老头子。

二十年来,他每天将这破旧的渡船从对岸摇过来,再摇过去。

生命中能令他觉得欢乐的事已不多,只剩下喝酒跟赌钱。

可是他发誓今天晚上绝不赌,因为船上有个和尚。

这和尚看样子虽然很规矩,很老实,但和尚就是和尚。

每次他只要看到和尚,就一定会连身上最后的一个铜板都输光。

老实和尚规规矩矩地坐在船上的角落里,垂着头,看着自己的脚。脚很脏,很脏的脚上,穿着双很破的草鞋。

别的人都坐得离他很远,好像生怕他身上的虱子会爬到自己身上来。

老实和尚也不敢去看别人,他不但老实,而且很害羞。

就连强盗跳上船来的时候,他都没有抬头去看一眼,只听见渡船上的人在惊呼,又听见四个人跳上船头的声音,然后就听见强盗们厉喝道:"大爷们都是水蛇帮的好汉,一向只要钱,不要命,所以你们也不必害怕，只要把你们身上带着的金银财宝全拿出来，就没事了。"

夕阳照着他们手里的刀，刀光在船舱里闪动。

船舱里男人在发抖，女人在流泪，身上带的钱财愈多，抖得就愈厉害，泪也流得愈多。

老实和尚还是垂着头，看着自己的脚。

忽然他看到一双脚，一双穿着削尖大匝鞋的大脚，就站在他面前，只听这双大脚的主人大喝道："轮到你了，快些拿出来。"

老实和尚好像根本听不懂他说的话，嗫嚅着道："你要我拿什么？"

"只要值钱的，全都拿出来！"

"可是我身上什么都没有。"老实和尚的头垂得更低了。

他发现这人好像要抬起腿来踢他一脚，但却被另一人拉住："算了吧，这邋遢和尚看来也不像有油水的样子，咱们还是扯呼了吧！"

扯呼的意思就是走。他们来得快，去得也快，做贼的人多多少少总是有点心虚的。

船上立刻就骚动了起来，有人在跳脚，有人在大骂，不但骂强盗，也骂和尚："遇见了和尚，果然晦气！"

他们骂的时候并不怕被和尚听见，老实和尚也好像根本没有听见。

他还是垂着头，坐在那里，神情好像很不安，忽然跳起来，冲上船头。

船头上摆着块木板，本是船到岸时搭桥用的。

老实和尚抓起了这块木板，轻轻一拍，三寸厚的木板就碎成了五六块。船上的人立刻都怔住。老实和尚将第一块木板抛出去，木板刚落在水面上，他的人已飞起，脚尖在这块木板上轻轻一点，第二块木板已跟着抛了出去。他的人就好像忽然变成了一只点水的蜻蜓，在水面上接连四五个起落，已追上了那艘水蛇帮的快艇。

水蛇帮的强盗大爷们正在计算着他们今天的收获，忽然发现一个人飞仙般凌波而来，轻飘飘地落在船上，竟是刚才那邋遢和尚。

这种轻功他们非但连看都没有看过，简直连听都没有听说过。

"原来这和尚竟是真人不露相，等我们财物到手后，他再来架横梁。"

每个人的手心里都捏着把冷汗，只希望这和尚也只要他们的钱，不要他们的命。

谁也想不到这和尚竟然在他们面前直挺挺地跪了下来，恭恭敬敬说道："我身上还有四两银子，本来是准备买件新衣服，买双新草鞋，这已经犯了贪念。"

他已从身上将这锭银子掏出来，摆在他们脚下，接着道："何况出家人本不该打诳语，我刚才却在大爷们面前说了谎，现在我只求大爷们原谅，我回去后也一定会面壁思过，在我佛面前忏悔三个月的。"

每个人全都怔住，没有一个人敢开口说话。

老实和尚垂着头，道："大爷若是不肯原谅，我也只有在这里跪着不走了。"

又有谁愿意这么样一个人留在船上？

终于有个人鼓起勇气，道："好，我……我们就……就原谅了你。"

这句话本来应该理直气壮的人说出来的，但是这个人说话的时候，连声音都变了。

老实和尚脸上立刻显露出欢喜之色，"咚、咚、咚"在甲板上磕了三个响头，慢慢地站起来，突然横身一掠四丈，到了岸上，忽然就连人影都已看不见。

大家怔在船头，你看着我，我看着你，然后一起看着这锭银子发怔,也不知道过了多久,才有个人长长吐出口气,发表了他自己的意见:"你们难道真的以为他是个和尚?"

"不是和尚是什么?"

"是个活菩萨,不折不扣的是个活菩萨。"

第二天早上,有人发现水蛇帮上上下下八条好汉,忽然全都死在他们的窝里。

每个人好像死得都很平静,既没有受伤,也没有中毒,谁也看不出他们是怎么死的!

西门吹雪

西门吹雪吹的不是雪,是血。他剑上的血。

盆里的水还是温的,还带些茉莉花的香气。

西门吹雪刚洗过澡,洗过头,他已将全身上下每个部分都洗得彻底干净。

现在小红正在为他梳头束发,小翠和小玉正在为他修剪手脚上的指甲。

小云已为他准备了一套全新的衣裳,从内衣和袜子都是白的,雪一样白。

她们都是这城里的名妓,都很美,很年轻,也很懂得伺候男人——用各种方法来伺候男人。

但西门吹雪却只选择了一种。他连碰都没有碰过她们。

他也已斋戒了三天。

因为他正准备去做一件他自己认为世上最神圣的事。

他要去杀一个人！这个人叫洪涛。

西门吹雪说不认得他，也没有见过他，西门吹雪要杀他，只因为他杀了赵刚。

无论谁都知道赵刚是个很正直的、很够义气的人，也是条真正的好汉。

西门吹雪也知道，可是他也不认得赵刚，连见都没有见过赵刚。

他不远千里，在烈日下骑着马奔驰了三天，赶到这陌生的城市，熏香沐浴，斋戒了三天，只不过是为了替一个没有见过面的陌生人复仇，去杀死另外一个从未见过面的陌生人。

洪涛看着西门吹雪，他简直不相信世上会有这么样的人，会做这么样的事。

西门吹雪白衣如雪，静静地在等着洪涛拔刀。

江湖中人都知道洪涛叫"闪电刀"，他的刀若不是真的快如闪电，"一刀镇九州"赵刚也不会死在他的刀下！

洪涛杀赵刚，也正是为了"一刀镇九州"这五个字。

五个字，一条命！

西门吹雪一共只说了四个字！

洪涛问他的来意时，他只说了两个字："杀你！"

洪涛再问他"为什么"的时候，他又说了两个字："赵刚！"

洪涛问他："阁下是赵刚的朋友？"

他只摇了摇头。

洪涛又问："阁下为了个不认得的人就不远千里赶来杀我？"

他只点了点头。

他是来杀人的，不是来说话的。

洪涛脸色已变了，他已认出了这个人，也听说过这个人的剑法和脾气。

西门吹雪的脾气很怪，剑法也同样怪。

他决心要杀一个人时，就已替自己准备了两条路走，只有两条路："不是你死，就是我死！"

现在洪涛也已发现自己只剩下这两条路可走，他已别无选择的余地。

西风吹过长街，木叶萧萧落下。高墙内的庭园里，突然有一群昏鸦惊起，飞入了西天的晚霞里。

洪涛突然拔刀，闪电般攻出八刀。

赵刚就是死在他这"玉连环"闪电八刀下的。

可惜他这"玉连环"也像世上所有其他的刀法一样，也有破绽。只有一点破绽。

所以西门吹雪只刺出了一剑，一剑就已刺穿了洪涛的咽喉。

剑拔出来的时候，剑上还带着血。

西门吹雪轻轻地吹了吹，鲜血就一连串从剑尖上滴落，恰巧正落在一片黄叶上。

黄叶再被西风舞起时，西门吹雪的人已消失在残霞外，消失在西风里……

花满楼

鲜花满楼。花满楼对鲜花总是有种强烈的热爱，正如他热爱所有的生命一样。

黄昏时，他总是喜欢坐在窗前的夕阳下，轻抚着情人嘴唇般柔软的花瓣，领略着情人呼吸般美妙的花香。现在正是黄昏，夕阳温暖，暮风柔软。

小楼上和平而宁静，他独自坐在窗前，心里充满着感激，感激上天赐给他如此美妙的生命，让他能享受如此美妙的人生。

就在这时候，他听见楼梯上响起了一阵很急促的脚步声。

一个十七八岁的小姑娘，匆匆奔上了楼，神情很惊慌，呼吸也很急促。

她并不能算太美，但一双明亮的大眼睛却非常灵活聪敏，只可惜现在她眼睛里也带着种说不出的惊慌和恐惧。花满楼转过身，面对着她。

他并不认得这个女孩子，但态度还是很温和，而且显得很关心："姑娘莫非出了什么事？"

小姑娘喘息着，道："后面有人在追我，我能不能在你这里躲一躲？"

"能！"花满楼的回答几乎完全没有考虑。

楼下没有人，大门总开着，这小姑娘显然是在惊慌中无意闯进来的。

但就算是一匹负了伤的狼在躲避猎犬追逐时，投奔到他这里来，他也同样会收容。

他的门永远开着，正因为无论什么样的人到他这里来，他都同样欢迎。

小姑娘的眼睛四面转动着，好像正想找个安全的地方躲起来。

花满楼柔声道："你已用不着再躲，只要到了这里，你就已安全了。"

"真的？"小姑娘眨着大眼睛，仿佛有点不信，"追我的那个人不但凶得很，而且还带着刀，随时都可能杀人的！"

花满楼笑了笑，道："我保证他绝不会在我这里杀人。"

小姑娘还是在慌张，还准备问他："为什么？"

可是她已没法子再问，追她的人已追到这里来，追上了楼。

他身材很高大，上楼时的动作却很轻快。

他手里果然提着柄刀，眼睛里也带着种比刀还可怕的凶光，一看到这小姑娘，就瞪起眼来厉声大喝："这下子我看你还能往哪里跑？"

小姑娘正在往花满楼身后跑，花满楼正在微笑着，道："她既已到了这里，就不必再跑了。"

提刀的大汉瞪了他一眼，发现他只不过是个很斯文、很秀气的年轻人，立刻狞笑道："你知道老子是谁？敢来管老子的闲事？"

花满楼的态度还是同样温和，道："你是谁？"

大汉挺起了胸，道："老子就是'花刀太岁'崔一洞，老子给你一刀，你身上就多了一个洞！"

花满楼道："抱歉得很，阁下这名字我从来也没有听说过，我身上也不必再增加别的洞了，无论大洞小洞我已都不想再要。"

小姑娘忍不住"扑哧"一声笑了！

崔一洞却已变了颜色，突然狂吼："你不想要也得要！"

他反手抖起了一个刀花，刀光闪动间，他的刀已向花满楼的胸膛上直刺了过来。

花满楼身子连动都没有动,只动了两根手指。

他突然伸出手,用两根手指一夹,就夹住了崔一洞的刀。

这柄刀好像立刻就在他手指间生了根。

崔一洞用尽了全身力气,竟还是没法子把这柄刀拔出来。他的冷汗却已流了出来。

花满楼还是在微笑着,柔声道:"这柄刀你若是肯留在这里,我一定代你好好保管,我这里大门总是开着的,你随时都可以来拿。"

崔一洞满头冷汗,突然跺了跺脚,放开手里的刀,头也不回地冲下楼去,下楼时远比上楼时还要快得多。

小姑娘银铃般笑了起来,她看着花满楼时,显得又佩服,又惊异:"我真没看出来你居然有这么大的本事。"

花满楼笑了笑,道:"不是我有本事,是他没本事!"

小姑娘道:"谁说他没本事?江湖中有好多人都打不过他,连我都打不过他。"

花满楼道:"你?"

小姑娘道:"我虽然打不过他,可是也有很多大男人打不过我,我就是江南的上官飞燕。"

她立刻又自己摇了摇头,叹着气道:"这名字你当然也不会听说过的!"

花满楼走过去,将手里的刀轻轻放在靠墙边桌子上,忽又回过头,问道:"他为什么要追你?"

上官飞燕咬着嘴唇,迟疑着,终于嫣然而笑,道:"因为我偷了他的东西。"

花满楼并没有觉得吃惊,反而笑了。

上官飞燕抢着道:"我虽然是个小偷,但他却是个强盗,我从来也不偷好人的,我专偷强盗。"

她垂下头，用眼角偷偷地瞟着花满楼，又道："我只希望你不要看不起我，不要讨厌我。"

　　花满楼微笑着，道："我喜欢你，我喜欢说实话的人。"

　　上官飞燕眨着眼，道："说实话的人可不可以在这里多坐一会儿？"

　　花满楼道："当然可以。"

　　上官飞燕好像松了口气，嫣然道："那我就放心了，我刚才真怕你会把我赶出去。"

　　她走到窗口，深深地呼吸着，风中充满了花香，窗外暮色渐浓，屋子已暗了下来。

　　上官飞燕轻叹了口气，道："一天过得真快，现在天又黑了。"

　　花满楼道："嗯。"

　　上官飞燕道："你为什么还不点灯？"

　　花满楼笑道："抱歉得很，我忘了有客人在这里。"

　　上官飞燕道："有客人你才点灯？"

　　花满楼道："嗯。"

　　上官飞燕道："你自己晚上难道从来不点灯的？"

　　花满楼微笑道："我用不着点灯。"

　　上官飞燕道："为什么？"

　　她转过身，看着花满楼，眼睛里已充满了惊异之色。

　　花满楼的表情却还是很愉快，很平静，他慢慢地回答："因为我是个瞎子。"

　　暮色更浓了，风中仍充满了芬芳的花香。

　　但上官飞燕已完全怔住。

　　"我是个瞎子。"

这虽然只不过是很平凡的五个字，可是上官飞燕这一生中却从来也没有听过比这五个字更令她惊奇的话。

她瞪着眼看着花满楼，就是这个人，他对人类和生命充满了热爱，对未来也充满了希望，他随随便便伸出两根手指一夹，就能夹住别人全力砍过来的刀锋，他一个人独自生活在这小楼上，非但完全不需别人的帮助，而且随时都在准备帮助别人。

上官飞燕实在不能相信这人竟会是个瞎子，她忍不住再问了句："你真的是个瞎子？"

花满楼点点头，道："我七岁的时候就瞎了。"

上官飞燕道："可是你看来一点也不像。"

花满楼又笑了，道："要什么样的人才像瞎子？"

上官飞燕说不出来。她看见过很多瞎子，总认为瞎子一定是个垂头丧气、愁眉苦脸的人，因为这多彩多姿的世界，对他们说来，已只剩下一片黑暗。

她虽然没有说出心里的话，但花满楼却显然已明白了她的意思。

他微笑着又道："我知道你一定认为瞎子绝不会过得像我这么开心的。"

上官飞燕只有承认。

花满楼道："其实做瞎子也没有什么不好，我虽然已看不见，却还是听得到，感觉得到，有时甚至比别人还能享受更多乐趣。"

他脸上带着种幸福而满足的光辉，慢慢地接着道："你有没有听见过雪花飘落在屋顶上的声音？你能不能感觉到花蕾在春风里慢慢开放时那种美妙的生命力？你知不知道秋风中常常都带着种从远山上传来的木叶清香？"

上官飞燕静静地听着他说的话，就像是在倾听着一首轻柔美妙的歌曲。

花满楼道:"只要你肯去领略,就会发现人生本是多么可爱,每个季节里都有很多足以让你忘记所有烦恼的赏心乐事。"

上官飞燕闭上了眼睛,忽然觉得风更轻柔,花也更香了。

花满楼道:"你能不能活得愉快,问题并不在于你是不是个瞎子,而在于是不是真的喜欢你自己的生命?是不是真的想快快乐乐地活下去?"

上官飞燕抬起头,在朦胧的暮色中,凝视着他平静而愉快的脸。

现在她眼睛里的表情已不再是惊异和怜悯,而是尊敬与感激。

她感激这个人,并不是为了他救了她,而是因为他已使得她看清了生命的真正意义。

她尊敬这个人,也不是因为他的武功,而是因为他这种伟大的看法与胸襟。

但她还是忍不住要问:"你家里已没有别的人?"

花满楼微笑道:"我的家是个很大的家族,家里有很多人,每个人都很健康,很快乐。"

上官飞燕道:"那你为什么要一个人住在这里?"

花满楼道:"因为我想试试看,能不能一个人真正独立。因为我不愿别人处处让着我,帮助我,不愿别人把我当作个瞎子。"

上官飞燕道:"你……你在这里真的能一个人过得很好?"

花满楼道:"我在这地方已住了八个月,我从来也没有像这么样愉快过。"

上官飞燕轻轻叹息一声,道:"但是除了冬天的雪、春天的花之外,你还有什么呢?"

花满楼道:"我有很充足的睡眠,有很好的胃口,有这间很好的屋子,还有一张声音很好的古琴,这些本已足够,何况我还有个很好的朋友。"

上官飞燕道:"你的朋友是谁?"

花满楼脸上又发出了光,道:"他姓陆,叫陆小凤。"

他微笑着,又道:"你千万不要以为他是女人,他的名字虽然叫小凤,但却是条不折不扣的男子汉。"

上官飞燕道:"陆小凤?……这名字我好像也听说过,却不知道他究竟是个什么样的人。"

花满楼笑得更愉快:"他也是个很奇怪的人,你只要见过他一面,就永远再也不会忘记,他不但有两双眼睛和耳朵,有三只手,还长着四条眉毛。"

两双眼睛和耳朵,当然是说他能看见的和听见的都比别人多。

三只手也许是他的手比任何人都快,都灵活。

但"四条眉毛"是什么意思呢?上官飞燕就实在不懂了。

她决心以后一定要想法子去看看这个有着四条眉毛的陆小凤。

第一章

有四条眉毛的人

01

黄昏，黄昏后。

这正是龙翔客栈最热闹的时候，楼下的饭厅里每张桌上都有客人，跑堂的伙计小北京忙得满头大汗，连嗓子都有点哑了。

楼上是四六二十四间客房，也已全都客满。

客人们大多数都是佩刀挂剑的江湖好汉，谁也不懂得这平时很冷落的地方，怎么会突然变得热闹了起来。

突然间，蹄声急响，两匹快马竟从大门外直闯了进来。

健马惊嘶，满堂骚动，马上的两条青衣大汉却还是纹风不动地坐在雕鞍上。

一匹马的雕鞍旁挂着一副银光闪闪的双钩，马上人紫红的脸，满脸大胡子，眼睛就好像他的银钩一样，锋锐而有光。

他目光四面一闪，就盯在小北京脸上，沉声道："人呢？"

小北京道："还在楼上天字号房。"

紫面虬髯的大汉又问道："九姑娘在哪里？"

小北京道："也还在楼上缠着他。"

紫面大汉不再说话，双腿一夹，缰绳一紧，这匹马就突又箭一般蹿上楼去。

另一匹马上的人动作也不慢。这人左耳缺了半边，脸上一条刀疤从左耳角直划到右嘴角，使得他铁青的脸看来更狰狞可怖。

马一冲上楼，他的人已离鞍而起，凌空倒翻了两个跟斗，突然飞起一脚，"砰"的一声，已踢开了楼梯口旁天字号房的门。

他的人扑进去时，手里已多了对百炼精钢打成的判官笔。

然后他就突然怔住，房里只有一个人，一个女人。

一个完全赤裸的女人，雪白的皮肤，丰满的胸膛，修长结实的腿。

这本是个任何男人一看见她，就会联想到床的女人，但现在却在屋顶上。

屋梁很高，她就四平八稳地坐在上面，表情却急躁得像是条蹲在发烫的白铁皮屋顶上叫春的猫。

她没有叫，只不过因为她的嘴巴已被塞住。

紫面大汉手里的马鞭一挥，鞭梢已灵蛇般将她嘴里含着的一块红丝巾卷了出来。

刀疤大汉已在问："人呢？"

屋梁上的女人喘了几口气，才回答："走了，他好像早就发现我是什么人。"

刀疤大汉立刻追问："往哪边走的？"

屋梁上的女人道："听他的马蹄声，是往北边黄石镇那方向去的。"

她急着又道："你们先把我弄下去，我跟你们一起去追。"

刀疤大汉冷冷道："又没有人拉着你，你自己难道不会下来？"

这句话没说完，他的人又已凌空翻起。

屋梁上的女人更急，大叫道："我下不去，那王八蛋点了我大腿上的穴道。"

但这时两条大汉却已掠出窗外,下面已有人早就准备好另外两匹健马,勒住缰绳在等着。

他们的人一落到马鞍上,两匹马立刻就又箭一般向北面蹿了过去。

屋梁上的女人听到这一阵马蹄声,气得连嘴唇都白了,用力打着屋梁,恨恨道:"王八蛋,一个个全他妈的都是王八蛋……"门是开着的,她看着自己赤裸裸的腿,咬着嘴唇道:"这次占便宜的又不知是哪个王八蛋!"

"是我这个王八蛋。"小北京正笑嘻嘻地走了进来,也眯着眼睛在看着那又白又结实的长腿,然后门就被关了起来。

02

黄石镇是个大镇。这条街本来是条很繁荣热闹的街。

但现在夜已深,新月如钩,淡淡地照在青石板铺成的街道上,那两骑快马急驰而来时,街上已看不见什么人。

刀疤大汉勒马四顾,沉声道:"你想他会不会在这镇上留一宿?"

紫面大汉道:"会。"

"他"也是个人,晚上也要睡觉的,只不过大家都知道他睡觉有个毛病。

刀疤大汉道:"他若已留下来,留在哪里?"

紫面大汉想也不想,道:"迎春阁。"

迎春阁是这里漂亮女人最多的地方。"他"睡觉绝不能没有女人,这就是他的毛病。

每个人岂非都多多少少有点毛病?

迎春阁大门口的灯笼还亮，绯色的灯光，正在引诱着人们到这里来享受一个绯色的晚上。

门半掩。紫面大汉手提缰绳，"的庐"一声，健马就直闯了进去。

一个面黄肌瘦的男人，正坐在院子里的藤椅上打瞌睡。

紫面大汉手里的马鞭忽然已绕上了他的脖子，厉声道："今天晚上这里有没有一个穿着大红披风的年轻人来过？"

这人已被鞭子勒得连气都透不过来，只能不停地点着头。

紫面大汉终于放过了他，道："他还在不在？"

这人喘着气，又点了点头。

紫面大汉道："在哪里？"

这人道："他刚才还在桃花厅跟四个人喝酒，四个人轮流灌他，总算把他灌醉了！"

刀疤大汉动容道："四个什么样的人？"

这人道："四个看样子很凶的人，但是对他倒很客气！"

刀疤大汉道："他们的人呢？"

这人道："见他们送他回房去的，直到现在，还留在他房里！"

紫面大汉已勒转马头，冲入了左面一片桃花林里，桃花林的桃花厅灯还亮着。

桃花厅里的桌子上杯盘狼藉，三四个酒坛子都已空了。

刀疤大汉凌空翻身，一个箭步蹿了进去，一脚踢开了厅后的门，他又怔住。

房里只有四个人，四个人一排，直挺挺地跪在门口，本来已经苍白得全无血色的脸，看见这刀疤大汉，突然一下子涨得通红。

四个人身上穿的衣裳都很华丽，看来平时一定都是气派很大的人，但现在四人的脸上却已都被人画得一塌糊涂。

第一个人额头上画了个乌龟，脸上还配了四个字："我是乌龟。"

第二个人额头上画的是王八："我是王八。"

第三个人："我是活猪。"

第四个人："我是土狗。"

刀疤大汉站在门口，看着他们，看着他们脸上的画和字，突然忍不住放声大笑起来，笑得连腰都弯了下去，好像这一辈子从来也没有看过这么好笑的事。

四个人咬着牙，狠狠地瞪着他，看他们眼睛里那种愤恨怨毒之色，就像是恨不得跳起来一口把他咬死。

但四个人却还是全都直挺挺地跪在那里，非但跳不起来，连动都动不了。

刀疤大汉狂笑道："威风凛凛的江东四杰，几时变成乌龟王八，活猪土狗的？这倒真是怪事。"

紫面大汉已笑着冲出去，拍手大呼道："欢迎大家来参观参观大名鼎鼎的江东四杰现在的威风，无论谁进来看一眼，我都给他九两银子。"

跪在地上的四个人，四张脸突又变得白里透青，冷汗雨点般落了下来。

刀疤大汉笑道："那小子虽然也是个王八蛋，但倒真是个好样的王八蛋。"

紫面大汉道："咱们这一趟走得倒还不冤枉。"

两个人的笑声突然停顿，因为他们又看见外面有个人垂着头走了进来。

一个最多只有十四五岁的小姑娘，虽然打扮得满头珠翠，满脸脂粉，但还是掩不住她脸上那种又可怜、又可爱的孩子气。

她垂着头，轻轻问："两位是不是来找陆大少爷的？"

刀疤大汉沉下了脸，道："你怎么知道？"

这小姑娘嗫嚅着，道："刚才陆大少爷好像已快醉得不省人事了，我刚好坐在他旁边,就偷偷地替他喝了两杯酒!"

刀疤大汉冷笑,道:"看来他在女人堆里人缘倒真不错!"

小姑娘涨红了脸,道:"谁知道他后来忽然又醒了,说我的心还不错,所以就送我一样东西,叫我卖给你们。"

紫面大汉立刻追问:"他送给你的是什么?"

小姑娘道:"是……是一句话。"

紫面大汉皱了皱眉,道:"一句话?一句什么话?"

小姑娘道:"他说这句话至少要值三百两银子,连一文都不能少,他还说,一定要两位先付过银子,我才能把这句话说出来。"

她自己似乎也觉得荒唐,话没说完,脸更红了。

谁知道紫面大汉连考虑都没有考虑,立刻就拿出三张一百两的银票,抛在这小姑娘面前的桌子上,道:"好,我买你这句话。"

小姑娘张大了眼睛,看着这三张银票,简直不相信天下竟真有这么荒唐的人,竟真的肯拿三百两银子买一句话。

紫面大汉道:"你过来,在我耳朵旁边轻轻地说,千万不能让里面那四个畜生听见。"

小姑娘迟疑着,终于走过去,在他耳畔轻轻道:"他说的这句话只有八个字:要找我,先找老板娘。"

紫面大汉皱起了眉,他实在听不懂这句话是什么意思。

世上的老板娘也不知有多少,每家店铺里都有老板娘,这叫他怎么去找?

小姑娘忽然又道:"他还说,你若是听不懂这句话,他还可以另外奉送一句,他说这老板娘是天下最漂亮的一个。"

紫面大汉又怔了一怔,什么话都不再问,向他的伙伴一招手,就大步走了出去。

刀疤大汉已跟着走出来,突又转身,拿起个空酒坛随手一抛。

这空酒坛就恰巧落在第二个人头上，酒坛是绿的。

刀疤大汉大笑，道："这才真正像是不折不扣的活王八。"

世上漂亮的老板娘也有不少，最漂亮的一个是谁呢？

刀疤大汉皱眉道："这小子难道要我们一家家店铺去找，把店里的老板娘全都找出来，一个个地看？"

紫面大汉道："不必。"

刀疤大汉道："你难道还有别的法子？"

紫面大汉沉吟着，道："也许我已猜出了他这句话的意思。"

刀疤大汉道："他是什么意思？"

紫面大汉忽然笑了笑，道："你难道忘了朱停的外号叫什么？"

刀疤大汉又大笑，道："看来我也该弄个酒坛子给他戴上了。"

朱停从来没有做过任何生意，也没有开过店。

他认为无论做什么生意，开什么店，都难免有蚀本的时候，他绝不会冒这个险。

其实他不做生意还有个更重要的理由，那只因为他从来没有过做生意的本钱，但他的外号却叫"老板"。

03

朱停是个很懂得享受的人，而且对什么都很看得开，这两种原因加起来，就使得他身上的肉也一天天增加了起来。

胖的人看来总是很有福气的，很有福气的人才能做老板，所以很多人都叫他老板。

事实上，他也的确是个有福气的人。

他自己的长相虽然不敢恭维,却有个非常美的老婆,他这一生中从来也没有做过一样正经事,却总是能住最舒服的房子,穿最讲究的衣服,喝最好的酒。

他还有件很自傲的事——他总认为自己比陆小凤还懒。

你只要一看见他坐到那张宽大而舒服的太师椅上,世上就很少还有什么事能让他站起来。

因为他无论要做什么事的时候,都要先"停"下来想一想。

只要想开了,世上也就没什么事是非做不可了。

到现在他日子还能过得很舒服,只因为他有双非常灵巧的手,能够做出许许多多奇奇怪怪的东西来,只要你能想得出的东西,他就能做得出。

有一次他跟别人打赌,说他能做出一个会走路的木头人来。

结果他赢了五十桌的燕翅席,外加五十坛陈年的好酒。

这使得他身上的肉至少又增加了五斤。现在他正研究,怎么样才能做得出一个能把人带上天去的大风筝。

以前他曾经想到地底下去看看,现在他却想上天。

就在这时候,他听见了外面的蹄声马嘶,然后就看见了那两条青衣大汉。

这一次那刀疤大汉没有踢门,因为门本来就是开着的。

他一冲进来,就瞪起了眼睛,厉声道:"老板娘呢?"

朱停淡淡道:"你要找老板娘,就应该到对面的杂货铺去,那里才有老板娘。"

刀疤大汉道:"这里也有,你叫老板,你的老婆就是老板娘。"

朱停笑了笑道:"这里的老板娘若知道有'青衣楼'的人特地来找她,一定也会觉得很荣幸。"

他认得这两个人。

"青衣楼"并不是一座楼,青衣楼有一百零八座,每楼都有一百零八个人,加起来就变成个势力极庞大的组织。

他们不但人多势大,而且组织严密,所以只要是他们想做的事,就很少有做不成的。

这两个人都是青衣楼第一楼上有画像的人。

谁也不知道青衣楼第一楼在哪里,谁也没有亲眼看见过那一百零八张画像。

但无论谁都知道,能够在那里有画像的人,就已经能够在江湖上横冲直闯了。

有刀疤的大汉叫"铁面判官"——据说别人一刀砍在他脸上时,连刀锋都砍得缺了个口,那"铁面"这两个字就是这么样来的。

另外一个叫"勾魂手",他的一双银钩也的确勾过很多人的魂。

朱停淡淡地接着道:"只可惜她现在有很要紧的事,恐怕没空见你们。"

铁面判官道:"什么要紧的事?"

朱停道:"她正在和朋友喝酒,陪朋友喝酒岂非是天下第一要紧的事?"

铁面判官道:"你这个朋友是不是姓陆?"

朱停忽然沉下了脸,道:"你最好听清楚些,姓陆的只不过是她的朋友,不是我的。"

铁面判官道:"他们在哪里喝酒?"

朱停道:"好像在那小子住的那家青云客栈里。"

铁面判官看着他,上上下下地看了他几眼,面上忽然露出一丝恶毒的微笑,道:"你老婆在客栈里陪一个有名的大色鬼喝酒,你居然还能在这里坐得住?"

朱停淡淡道:"小孩要撒尿,老婆要偷人,本就是谁也管不了的,我坐不住又能怎么样？上房去翻跟斗？滚在地上爬？"

铁面判官大笑道："你这人倒真看得开，我佩服你。"

他常常大笑，只因为他自己知道笑起来比不笑时更可怕——他笑起来的时候，脸上的刀疤就突然扭曲，看来简直比破庙里的恶鬼还狰狞诡秘。

朱停一直在看着他，道："你有没有老婆？"

铁面判官道："没有。"

朱停笑了笑，悠然道："你若也有个像我这样的漂亮老婆，你也会看得开了。"

04

陆小凤躺在床上，胸口上放着满满的一大杯酒。

酒没有溅出来，只因为他躺在那里，连一动都没有动，看起来几乎已像是个死人，连眼睛都始终没有张开来过。他的眉很浓，睫毛很长，嘴上留着两撇胡子，修剪得很整齐。

老板娘就坐在对面，看着他的胡子。

她的确是个非常美的女人。

弯弯的眉，大大的眼睛，嘴唇玲珑而丰满，看来就像是个熟透了的水蜜桃，无论谁看见，都忍不住想咬一口的。

但是她身上最动人的地方，并不是她这张脸，也不是她的身材，而是她那种成熟的风韵。

只要是男人，就会对她这种女人有兴趣。

但现在她却好像对陆小凤这两撇胡子有兴趣，她已看了很久，忽然吃吃地笑了，道："你这两撇胡子看来真的跟眉毛完全一模一样，难怪别人说你是个有四条眉毛的人。"

她笑得如花枝乱颤，又道："没有看见过你的人，一定想不到你还有两条眉毛是长在嘴上的。"

陆小凤还是没有动，忽然深深地吸了一口气，胸膛上的酒杯立刻被他吸了过去，杯子里满满的一杯也立刻被吸进了嘴，"咕嘟"一声，就到了肚子里。

他再吐出口气，酒杯立刻又回到原来的地方。

老板娘又笑了，道："你这是在喝酒，还是在变戏法？"

陆小凤还是闭着眼睛，不开口，只伸出手来指了指胸口上的空杯子。

老板娘就只好又替他倒了杯酒，忍不住道："喂，你叫我陪你喝酒，为什么又一直像死人一样躺着，连看都不看我一眼？"

陆小凤终于道："我不敢看你。"

老板娘道："为什么？"

陆小凤道："我怕你勾引我！"

老板娘咬着嘴唇，道："你故意要很多人认为我跟你有点不清不白的，却又怕我勾引你，这究竟是为了什么呢？"

陆小凤道："为了你老公！"

老板娘道："为了他？你难道认为他喜欢当活王八？"

陆小凤道："活王八总比死王八好！"

他不让老板娘开口，接着又道："干他这行的人，随时随地都可能被人一刀砍下脑袋来的，他认得的人太多，知道的秘密也太多！"

老板娘也不能不承认，朱停的确替很多人做过很多又秘密、又奇怪的东西！

那些人虽然都相信他的嘴很稳，但死人的嘴岂非更稳？

杀人灭口，毁尸灭迹这种事，那些人本就是随时都能做得出的。

陆小凤道:"他死了之后,你若能为他守一年寡,我就不姓陆!"

老板娘扬起了眉,冷笑道:"你以为我是什么人?是潘金莲?"

陆小凤悠然道:"只可惜就算你是潘金莲,我也不是西门庆!"

老板娘瞪着他,突然站起来,扭头就走。陆小凤还是动也不动地躺着,连一点拉住她的意思都没有。

但老板娘刚走出门,突又冲了回来,站在床头,双手叉腰,冷笑道:"你难道以为我真不懂你的意思,难道以为我是个呆子?"

陆小凤道:"你不是?"

老板娘大声道:"你跟他闹翻了,却又怕他被别人弄死,所以才故意让别人认为我跟你好,我为了要表示清白,为了不想做寡妇,当然就会求你保护他,别人就真要杀他,也不得不考虑考虑了!"

她的火气更大,声音也更大,接着道:"可是你为什么不替我想想,我为什么不明不白地背上这口黑锅?"

陆小凤道:"为了你老公!"

老板娘突然说不出话来了。女人为了自己的丈夫牺牲一点,岂非本就是天经地义的事?

陆小凤淡淡道:"所以只要你老公相信你,别人的想法,你根本就不必去管它!"

老板娘咬着嘴唇,发了半天怔,忍不住道:"你认为他真的会信任我?"

陆小凤道:"他不笨!"

老板娘瞪着他,道:"但他是不是也一定信任你呢?"

陆小凤懒洋洋地叹了口气,道:"这句话你为什么不去问他?"

他又吸了口气,将胸口的一杯酒喝下去,喃喃道:"青衣楼的人若是也不太笨,现在想必已经快到了,你还是快去吧!"

老板娘眼睛里又露出关切之色,道:"他们真要找你,找你干什么？"

陆小凤淡淡道："这也正是我想问他们的，否则我也不会让他们找来了！"

朱停坐在那张太师椅里，痴痴地发呆，心里又不知在胡思乱想些什么！

那些奇奇怪怪的东西，也就是这么样想出来的。

老板娘施施然走了进来，用两根手指头拈着块小手帕，扭动着腰肢，在他面前走了两遍，朱停好像没看见。

老板娘忍不住道："我回来了！"

朱停道："我也看见了！"

老板娘脸上故意作出很神秘的样子，道："我刚刚跟小凤在他房里喝了许多酒，现在头还是有点晕晕的！"

朱停道："我知道！"

老板娘眼珠子转动着，道："但我们除了喝酒之外，并没有做别的事！"

朱停道："我知道！"

老板娘忽然叫了起来，道："你知道个屁！"

朱停淡淡道："屁我倒不知道！"

老板娘的火气又大了起来，大声道："我跟别的男人在他房里喝酒喝了半天，你非但一点也不吃醋，还在这里想什么糊涂心思？"

朱停道："就因为我没有糊涂心思，所以我才不吃醋！"

老板娘的手又叉起了腰，道："一个像他那样的男人，一个像我这样的女人，关在一间小屋子里面，难道真的会一直规规矩矩地坐在那里喝酒？"她冷笑着，又道，"你以为他是什么人？是个圣人？是柳下惠？"

朱停笑了，道："我知道他是个大混蛋，可是我信任他！"

老板娘的火气更大，道："你不吃醋，只因为你信任他，并不是因为信任我？"

朱停道："我当然也信任你！"

老板娘道："可是你更信任他！"

朱停道："莫忘记我们是穿开裆裤的时候就已认得了！"

老板娘冷笑道："你们既然是二三十年的老朋友，为什么忽然就变得像仇人一样，连话都不说一句？"

朱停淡淡道："因为他是个大混蛋，我也是个大混蛋！"

老板娘看着他，终于忍不住"扑哧"一声笑了，摇着头道："你们这两个大混蛋做的事，我非但连一点都不懂，而且简直愈来愈糊涂。"

朱停道："大混蛋做的事，你当然不懂，你又不是混蛋！"

老板娘嫣然道："你总算说了句人话！"

朱停笑了笑，悠然道："你最多也只不过是个小混蛋，很小很小的一个小混蛋！"

05

陆小凤还是闭着眼睛，躺在那里，胸膛上还是摆着满满的一杯酒。

这杯酒是老板娘临走时替他加满的。他自己当然不会为了要倒一杯酒就站起来。

这张床又软又舒服，现在能要他从床上下来的人，天下只怕也没有几个。

他的红披风就挂在床头的衣架上，也不知为了什么，无论春夏秋冬，无论什么地方，他总是要带着这么样一件红披风。

只要看见这件红披风，就可以知道他的人必定也在附近。

铁面判官和勾魂手现在已看到了这件红披风，从窗口看见的。

然后他们的人就从窗口直蹿到床头，瞪着床上的陆小凤。

陆小凤还是像个死人般躺在那里，连一点反应也没有，甚至好像连呼吸都没有呼吸。

铁面判官厉声道："你就是陆小凤？"

还是没有反应。

勾魂手皱了皱眉，冷冷道："这人莫非已死了？"

铁面判官冷笑道："很可能，这种人本来就活不长的！"

陆小凤忽然张开了眼，看了他们一眼，却又立刻闭上，喃喃道："奇怪，我刚才好像看见屋子里有两个人似的！"

铁面判官大声道："这里本来就有两个人！"

陆小凤道："屋子里如真的有人进来，我刚才为什么没有听见敲门的声音？"

勾魂手道："因为我们没有敲门。"

陆小凤又张开眼看了看他们，只看了一眼，忽然问道："你们真的是人？"

铁面判官道："不是人难道是活鬼？"

陆小凤道："我不信。"

勾魂手道："什么事你不信？"

陆小凤淡淡道："只要是个人，到我房里来的时候都会先敲门的，只有野狗才会不管三七二十一就从窗口跳进来！"

勾魂手的脸色变了，突然一鞭子向他抽了下去！他不但是关内擅使双钩的四大高手之一，在这条用蛇皮绞成的鞭子上，也有很深的功夫。

据说他可以一鞭子打碎摆在三块豆腐上的核桃。

陆小凤的人比核桃大得多,而且就像死人般躺在他面前,他这一鞭子抽下去,当然是十拿九稳。

谁知陆小凤突然伸出了手,用两根手指轻轻一捏,就好像老叫花子捏臭虫一样,一下子就把他灵蛇般的鞭梢捏住。

这一手不是花满楼教他的,是他教花满楼的。

勾魂手现在的表情,也就像崔一洞的刀锋被捏住时一样,一阵青,一阵白,一阵红。

他用尽全身力气,还是没法子把这条鞭子从陆小凤两根手指里抽出来。

陆小凤却还是舒舒服服地躺在那里,胸膛上满满的一杯酒,连半滴都没有溅出来。

铁面判官在旁边看着,眼睛里也露出了很吃惊的表情,忽然大笑,道:"好,好功夫!陆小凤果然是名不虚传。"

勾魂手也忽然大笑,放下手里的鞭子,笑道:"我这下子总算试出这个陆小凤是不是真的陆小凤了!"

铁面判官道:"世风日下,人心不古,江湖上的冒牌货也一天比一天多了,陆朋友想必不会怪我们失礼的。"

两个人一搭一档,替自己找台阶下,陆小凤却好像又已睡着。

勾魂手渐渐有点不笑了,轻咳了两声,道:"陆朋友当然也早已知道我们是什么人?"

他好像在提醒陆小凤,莫忘记了"青衣楼"是任何人都惹不起的。

铁面判官道:"我们这次只不过是奉命而来,请陆朋友劳驾跟我们回去一趟,我们非但管接管送,而且保证绝不动陆朋友一根毫发。"

陆小凤终于懒洋洋地叹了口气,道:"我跟你们回去干什么?你们的老板娘又不肯陪我睡觉!"

铁面判官的脸沉了下来,冷冷道:"我们那里没有老板,这里有!"

陆小凤也沉下了脸,道:"你们既然已知道这件事,就该赶快回去告诉你们楼上那姓卫的,叫他最好不要来动朱停,否则我就一把火烧光你们一百零八座青衣楼!"

铁面判官冷笑道:"我们若杀了朱停,岂非对你也有好处?"

陆小凤淡淡道:"你们难道从来也没有听说过,我一向不喜欢寡妇?"

铁面判官道:"只要你答应跟我们去走一趟,我就保证绝不让老板娘做寡妇。"

他这句话刚说完,忽然听见一阵敲门声。

不是外面有人在敲门,敲门的人不知道什么时候已进了屋子。

他也并不是用手敲门的,因为他没有手。

又是黄昏。

夕阳从窗外照进来,恰巧照在敲门的这个人脸上,那根本已不能算是一张脸。

这张脸左面已被人削去了一半,伤口现在已干瘪收缩,把他的鼻子和眼睛都歪歪斜斜地扯了过来——不是一个鼻子,是半个,也不是一双眼睛,是一只。

他的右眼已只剩下了一个又黑又深的洞,额角上被人用刀锋划了个大"十"字,一双手也被齐腕砍断了,现在右腕上装着个寒光闪闪的铁钩,左腕上装着的却是个比人头还大的铁球。

铁面判官和这个人一比,简直就变成了个英俊潇洒的小白脸。

现在他就站在门里面,用右腕上的铁钩轻轻敲门,冷冷道:"我是人,不是野狗,我到别人房里来的时候,总是要敲门的!"

他一说话,被人削掉了的那半边脸,就不停地抽动,又好像是在哭，又好像是在笑。

看到了这个人，连铁面判官都忍不住激灵灵打了个寒噤。

他居然没有发觉这个人是怎么进来的。勾魂手已后退了两步，失声道："柳余恨？"

这人喉咙里发出一连串刀刻铁锈般轻涩的笑声，道："想不到这世上居然还有人认得我，难得，难得！"

铁面判官也已悚然动容，道："你就是那个'玉面郎君'柳余恨？"

这么样的一个人居然叫"玉面郎君"？

这人却点点头，黯然神伤，道："多情自古空余恨，往事如烟不堪提，现在'玉面郎君'早已死了，只可恨柳余恨还活着。"

铁面判官变色道："你……你到这里来干什么？"

他似乎对这人有种说不出的畏惧，竟连说话的声音都变了。

柳余恨冷冷说道："十年前柳余恨也就已想死了，无奈偏偏直到现在还活着，我此来但求一死而已。"

铁面判官道："我为什么要你死？"

柳余恨道："因为你若不要我死，我就要你死……"

铁面判官怔住。勾魂手的脸色也已发青。

就在这时候，他们又听见一阵敲门声。

这次敲门的人是在外面，但忽然间就已走了进来，没有开门就走了进来。

这扇用厚木板做成的门，在他面前，竟像是变成了张薄纸！

他既没有用东西撞，也没有用脚踢。

随随便便地往前面走过来，前面的门就突然粉碎。

可是看起来他却连一点强横的样子也没有，竟像是个很斯文、很秀气的文弱书生，一张白白净净的脸上，总是带着微笑。

现在他正微笑着道："我也是人，我也敲门。"

铁面判官忽然发现他就算在笑的时候，眼睛里也带着种刀锋般的杀气。

勾魂手已又后退了两步，失声道："萧秋雨！"

这人微笑道："好，阁下果然有见识，有眼力。"

铁面判官又不禁悚然动容，道："莫非是'断肠剑客'萧秋雨？"

这人点点头，长叹道："秋风秋雨愁煞人，所以每到杀人时，我总是难免要发愁的！"

铁面判官忍不住问道："发什么愁？"

萧秋雨淡淡道："现在我正在发愁的是，不知道是我来杀你，还是让柳兄来杀你？"

铁面判官突又大笑，但笑声却似已被哽在喉咙里，连他自己听来都有点像是在哭。

勾魂手更已手足无措，不停地东张西望，好像想找一条出路。

突听一人笑道："你在找什么？是不是在找你的那对银钩？"

这人就站在窗口，黑黑瘦瘦的脸，长得又矮又小，却留着满脸火焰般的大胡子，手里拿着一对银钩，正是勾魂手的。

他微笑着，又道："银钩我已经替你带来了，拿去！"

"去"字出口，他的手轻轻一挥，这双银钩就慢慢地向勾魂手飞了过去，慢得出奇，就好像有双看不见的手在下托着似的。

这人连铁面判官都认得，他已失声道："'千里独行'独孤方？"

独孤方也点点头，道："我一向很少进别人的屋子，但这次却例外！"话刚说完，他的人已不见了。

他的人忽然已到了门口，在破门上敲了敲，敲门声刚响起，他的人忽然又出现在窗口，忽然已从窗外跳了进来，微笑道："我也是人，我也敲门。"

门明明已四分五裂,他偏偏还是去敲,敲过了之后,偏偏还是要从窗口跳进来。

勾魂手已接住了他的钩,突然厉声道:"你也是来找我们麻烦的?"

独孤方淡淡道:"我不杀野狗,我只看别人杀。"

他索性搬了张椅子坐下来,就坐在窗口。窗外暮色更浓。

陆小凤却还是舒舒服服地躺在床上,这里无论发生了什么事,都好像跟他完全没有关系。

柳余恨、萧秋雨、独孤方,这三个人他也知道。

江湖中不知道这三个人的只怕还很少,可是现在能让陆小凤从床上下来的人更少,他好像已经准备在这张床上赖定了。

独孤方、萧秋雨、柳余恨,这三个人就算不是江湖上最孤僻的、最古怪的人,也已差不了许多。但现在他们却居然凑到了一起,而且忽然出现在这里,是为了什么呢?

勾魂手的脸虽已发青,却还是冷笑道:"青衣楼跟三位素无过节,三位今天为什么找到我们兄弟头上来?"

萧秋雨道:"因为我高兴!"

他微笑着,又道:"我一向高兴杀谁就杀谁,今天我高兴杀你们,所以就来杀你们!"

勾魂手看了铁面判官一眼,缓缓道:"你若不高兴呢?"

萧秋雨道:"我不高兴的时候,你就算跪下来求我杀你,我也懒得动手的!"

勾魂手叹了口气,就在他叹气的时候,铁面判官已凌空翻身,手里已拿出了他那双黑铁判官笔,扑过去急点柳余恨的"天突""迎香"两处大穴。

他用的招式并不花俏，但却非常准确、迅速、有效！

但柳余恨却好像根本没有看见这双判官笔！

他反而踏上一步，只听"叭"的一声，一双判官笔已同时刺入了他的肩头和胸膛。

可是他左腕的铁球也已重重地打在铁面判官的脸上。铁面判官的脸突然就开了花。

他连呼声都没有发出来，就仰面倒了下去，但柳余恨右腕的铁钩却已将他的身子钩住。

一双判官笔还留在柳余恨的血肉里，虽没有点到他的大穴，但刺得很深。

柳余恨却好像连一点感觉都没有，只是冷冷地看着铁面判官一张血肉模糊的脸，忽然冷冷道："这张脸原来并不是铁的！"

铁钩一扬，铁面判官已从窗口飞了出去，去见真的判官了。

就在这时，勾魂手的那对银钩也飞了起来，飞出了窗外。

他的人却还留在屋子里，面如死灰，双手下垂，两条手臂上的关节处都在流着血。

萧秋雨手里的一柄短剑也在滴着血。

他微笑着，看看勾魂手，道："看来你这双手以后再也勾不走任何人的魂了！"

勾魂手咬着牙，牙齿还是在不停地咯咯作响，忽然大吼道："你为什么还不杀了我？"

萧秋雨淡淡道："因为现在我又不高兴杀你了，现在我要你回去告诉你们楼上的人，这两个月最好乖乖地待在楼上不要下来，否则他恐怕就很难再活着上楼去。"

勾魂手脸色又变了变，一句话都不再说，扭头就往门外去。

谁知独孤方忽然又出现在他面前,冷冷道:"你从窗口进来的,最好还是从窗口出去!"

勾魂手狠狠地看着他,终于跺了跺脚——从窗口进来的两个人,果然又全都从窗口出去了。

柳余恨正痴痴地注视着窗外已渐渐深沉的夜色,那双判官笔还留在他身上。

萧秋雨走过去,轻轻地为他拔了下来,看着他胸膛里流出来的血,冷酷的眼睛里竟似露出了一种惋惜之色!

柳余恨突然长长叹息,道:"可惜……可惜……"

萧秋雨道:"可惜这次你又没有死?"

柳余恨不再开口!

萧秋雨也长长叹息了一声,黯然道:"你这又是何苦?……"

独孤方也叹息着道:"你断的是别人的肠,他断的却是自己的!"

屋子里死了一个人,打得一塌糊涂,陆小凤还是死人不管,好像什么都没有看见。

更奇怪的是,这三个人居然也好像根本不知道床上还躺着个人。

屋子里也暗了下来,他们静静地站在黑暗里,谁也不再开口,可是谁也不走。

就在这时,晚风中突然传来一阵悠扬的乐声,美妙如仙乐。

独孤方精神仿佛一振,沉声道:"来了!"

06

是什么人奏出的乐声如此美妙？

陆小凤也在听，这种乐声无论谁都忍不住要听的。

他忽然发现这本来充满血腥气的屋子，竟然变得充满了香气。比花香更香的香气，从风中吹来，随着乐声传来，一转眼天地间仿佛都已充满着这种奇妙的香气。

然后这间黑暗的屋子也突然亮了起来。

陆小凤终于忍不住张开了眼，忽然发觉满屋子鲜花飞舞。

各式各样的鲜花从窗外飘进来，然后再轻轻地飘落在地上。

地上仿佛忽然铺起了一张用鲜花织成的毯子，直铺到门外。

一个人正慢慢地从门外走了进来。

陆小凤看见过很多女人，有的很丑，也有的很美。但他却从未看见过这么美的女人。

她身上穿着件纯黑的柔软丝袍，长长地拖在地上，拖在鲜花上。

她漆黑的头发披散在双肩，脸色却是苍白的，脸上一双漆黑的眸子也黑得发亮。

没有别的装饰，也没有别的颜色。

她就这样静静站在鲜花上，地上五彩缤纷的花朵，竟似已忽然失去了颜色。

这种美已不是人世间的美，已显得超凡脱俗，显得不可思议。

柳余恨、萧秋雨、独孤方都已悄悄走到墙角，神情都仿佛显得很恭敬。

陆小凤的呼吸好像已经快停止了，但他还是没有站起来。

黑衣少女静静地凝视着他，一双眸子清澈得就像春日清晨玫瑰上的露水，她的声音也轻柔得像是风，黄昏时吹动远山上池水的春风。

但她的微笑却是神秘的，又神秘得仿佛静夜里从远方传来的笛声，缥缥缈缈，令人永远也无法捉摸。

她凝视着陆小凤，微笑着，忽然向陆小凤跪了下去，就像是青天上的一朵白云，忽然飘落在人间。

陆小凤再也没法子躺在床上了，他突然跳起来。

他的人像是忽然变成了一粒被强弓射出的弹子，忽然突破了帐顶，接着又"砰"的一声，撞破了屋顶。

月光从他撞开的洞里照下来，他的人却已不见了。

一个眼睛很大，而样子很乖的小姑娘，就站在黑衣少女的身后，站在鲜花上。

陆小凤突然好像见了鬼似的落荒而逃，这小姑娘也吓了一跳，忍不住悄悄地问："公主对他如此多礼，他为什么反而逃走了呢？他怕什么？"

黑衣少女并没有直接回答这句话。

她慢慢地站了起来，轻抚着自己流云般的柔发，明亮的眼睛里，带着种很奇怪的表情，过了很久，才轻轻地说道："他的确是个聪明人，绝顶聪明！"

第二章

丹凤公主

01

酒杯还在陆小凤手里，杯子里的酒却已有一大半溅在身上。

他刚进霍老头屋里来的时候，霍老头也正在喝酒。

这是间很简陋的小木屋，孤孤单单地建筑在山腰上的一片枣树林里。

屋子虽陈旧，里面却打扫得很干净，布置得居然也很精致。

霍老头的人也正像这木屋一样，矮小、孤单、干净、硬朗，看起来就像是一枚风干了的硬壳果。他正在一张小而精致的椅子上喝酒。

酒很香，屋子里摆着大大小小、各式各样的酒坛子，看来居然全都是好酒。

他看到陆小凤手里的酒杯，就忍不住笑了，摇着头笑道："你难道还怕我不知道你是来喝酒的？还带着个酒杯来提醒我？"

陆小凤也笑了，道："我走的时候几乎连裤子都来不及穿，哪里还有空放下这杯子？杯子里还有酒，丢在路上又太可惜！"

霍老头好像觉得很奇怪，皱着眉问道："什么事能让你急成这样子？"他实在想不通。

陆小凤叹了口气，苦笑道："其实也没有什么事，只不过有个女人到了我房子里！"

霍老头又笑了，道："我记得你屋子里好像天天都有女人去的，你从来也没有被吓跑过一次！"

陆小凤道："这次的这个女人不同！"

霍老头道："有什么不同？"

陆小凤道："什么地方都不同！"

霍老头眯起了眼睛，道："这女人难道是个丑八怪？"

陆小凤立刻用力摇头，道："非但不是丑八怪，而且简直像天仙一样美，像公主一样高贵！"

霍老头道："那你怕她什么？怕她强奸你？"

陆小凤笑道："她若真的要强奸我，就是有人用扫把来赶我，我也不会走了！"

霍老头道："她究竟做了什么事，才把你吓跑的？"

陆小凤又叹了口气，道："她向我跪了下来！"

霍老头张大了眼睛，看着陆小凤，就好像他鼻子上忽然长出了一朵喇叭花一样。

陆小凤却好像怕他听不懂，又解释着道："她一走进我屋子，就忽然向我跪下来，两条腿全都跪了下来！"

霍老头终于也长长叹了口气，道："我一向认为你是个很正常的小伙子，一点毛病也没有，但现在我却开始有点怀疑了！"

陆小凤苦笑道："现在你怀疑我有毛病？"

霍老头道："一个美如天仙的女人，到你屋里去，向你跪了下来，你就被吓得落荒而逃？"

陆小凤点点头，道："不但是落荒而逃，而且是撞开屋顶逃出来的！"

霍老头叹道："看来你脑袋不但有毛病，而且病已经很重。"

陆小凤道："就因为我脑筋一向很清楚，所以我才要逃！"

霍老头道："哦？"

陆小凤道："我说过，她不但人长得漂亮，而且派头奇大！"

霍老头道："她派头有多大？"

陆小凤道："简直比公主还大！"

霍老头道："你见过公主没有？"

陆小凤道："没有，但我却知道，她用的那三个保镖，就算真的公主也绝对请不到！"

霍老头道："那三个保镖是谁？"

陆小凤道："柳余恨、萧秋雨和独孤方！"

霍老头又皱了皱眉，道："是不是那个打起架来不要命的柳余恨？"

陆小凤道："是！"

霍老头道："是不是那个看起来文质彬彬，但力气却比野牛还大的萧秋雨？"

陆小凤道："是！"

霍老头道："是不是那个一向行踪飘忽，独来独往的独孤方？"

陆小凤道："是！"

霍老头道："这三个人全做了她的保镖？"

陆小凤道："是！"

霍老头道："她有这么三个保镖，却向你跪了下去？"

陆小凤道："是！"

霍老头不说话了，倒了杯酒，一口喝下去。

陆小凤也把杯子里剩下的酒一口喝了下去，道："现在你是不是已经想通了？"

霍老头道："是！"

陆小凤道:"你想她为什么要向我下跪呢?"

霍老头道:"她有事求你!"

陆小凤道:"像她这么样一个人,居然不惜跪下来求我,为的是什么事?"

霍老头道:"一件很麻烦的事!"

陆小凤道:"我连看都没有看见过她,为什么要为她去惹麻烦呢?"

霍老头道:"只有笨蛋才会去惹这种麻烦!"

陆小凤道:"我是笨蛋?"

霍老头道:"你不是!"

陆小凤道:"你若是我,遇见这种事怎么办?"

霍老头道:"我也会跟你一样落荒而逃,而且说不定逃得比你还快!"

陆小凤长长吐出口气,微笑道:"看来你虽然已经很老,却还是个老糊涂。"

霍老头道:"你却是个小糊涂!"

陆小凤道:"哦?"

霍老头道:"像她那种人,居然不惜跪下来求你,这件事当然是别人解决不了的!"

陆小凤同意。

霍老头道:"现在她既然已找到了你,你想你还能逃得了?"

陆小凤道:"你认为她还会来找我?"

霍老头道:"说不定她现在就已经找来了!"

陆小凤笑了笑,道:"我别的本事没有,但逃起来却快得很!"

霍老头道:"是不是已经快得没有人能追得上?"

陆小凤道:"能追上我的人至少还不太多!"

霍老头冷笑。

陆小凤道:"你冷笑是什么意思?"

霍老头道:"我冷笑就是冷笑的意思。"

陆小凤道:"你的意思我不懂。"

霍老头道:"你不懂的事多得很。"

陆小凤却又笑了,道:"至少我还懂得分辨你这些酒里哪一坛最好。"

他随随便便地一伸手,果然就挑了坛最好的酒,刚想去拍开泥封,突然"咚、咚、咚",三声大响,前、左、右,三面的墙,竟全都被人撞开一个大洞。

三个人施施然从洞里走了进来,果然是柳余恨、萧秋雨和独孤方。

三个人的神情都很从容,一副心安理得的样子,墙上的三个大洞就好像根本不是他们撞开的,就好像三个刚从外面吃喝饱了的人,开了门,回到自己家里来一样。

萧秋雨甚至还在微笑着,悠然道:"我们没有从窗口跳进来!"

独孤方道:"所以我们不是野狗。"

两个人嘴里说着话,手上已提起张椅子,随手一拗,"喀嚓"一声响,两张很精致的雕花木椅,就已被他们拗得四分五裂。

柳余恨却慢慢地坐到床上,还没有坐稳,又是"喀嚓"一响,床已被他坐塌了。

萧秋雨皱了皱眉,道:"这里的家具不结实。"

独孤方道:"下次千万要记住,不能再到这家店里去买。"

两句话还没有说完,又有五六件东西被砸得粉碎。

陆小凤和霍老头却好像根本没有看见。

霍老头还在慢慢地喝着酒,连一点心疼的样子都没有,这些人砸烂的东西，好像根本不是他的。

片刻之间，屋子里所有的东西都已被这三个人砸得稀烂，十七八坛好酒也被砸得粉碎。

萧秋雨四面看了看，道："这房子看来好像也不太结实，不如拆了重盖！"

独孤方和萧秋雨对望了一眼，转过头，就发现陆小凤和霍老头已坐在屋子前面的空地上，坐的还是刚才那两张椅子，面前的桌上，还摆着刚才那坛酒。

萧秋雨道："色是刮骨钢刀，酒是穿肠毒药，留下总是害人的！"

独孤方道："对，连一坛都留不得！"

他竟大摇大摆地走过来，抓起了桌上这最后一坛酒往地上一摔。

这次酒坛子并没有被他砸碎。酒坛子忽然又回到桌上。

独孤方皱了皱眉，又抓起来，往地上一摔。

这次终于看清楚，酒坛还没有摔到地上，陆小凤突然一伸手，已经接住。

独孤方再摔，陆小凤再接。霎时间独孤方已将这坛酒往地上摔了七八次，但这坛酒还是好好地摆在桌上。独孤方看着这坛酒，好像已经开始在发怔了。

怔了半天，他才转过头，看着萧秋雨苦笑，道："这坛酒里有鬼，摔不破的！"

萧秋雨道："什么鬼？"

独孤方道："当然是酒鬼。"

萧秋雨道："我来试试。"

他居然也走过来，好像也没有看见坐在桌子旁边的两个人，突然抓起酒坛子，用力一抡。

这坛酒突然"呼"的一声，飞出去五六丈。但这坛酒还是没有被摔破。

酒坛子飞出去的时候，陆小凤也跟着飞了出去。

陆小凤刚回到椅子上坐下来的时候，酒坛子也已回到桌上。

萧秋雨再抓起来尽力一抡，这次酒坛子飞得更快、更远。

他本来就是天生的神力，这么样用力一抡，几百斤重的铁都可能被他抡出去。

可是这坛酒却又回来了，跟着陆小凤回来了。

萧秋雨也不禁开始发怔，喃喃道："这坛酒果然有鬼，好像是长着翅膀的酒鬼。"

柳余恨突然冷笑，只冷笑了一声，他的人已到了桌子前，双手抓起了酒坛子，抓得很紧，猛然重重往他自己脑袋上砸了下去。

别人要砸烂的本是这坛酒，他要砸烂的却好像是自己的头。

萧秋雨叹了口气，这下子酒坛固然非破不可，柳余恨的头只怕也不好受。

谁知柳余恨的头既没有开花，酒坛子也没有破。

陆小凤的手已突然伸到他头上，托住了这坛酒。

柳余恨又一声冷笑，突然飞起一脚，猛踢陆小凤的下腹。

他也没有踢着。

陆小凤的人已突然倒翻了起来，从他头顶上翻了过去，落到他背后，手里还是托着这坛酒。

柳余恨反踢一脚，陆小凤就又翻到前面来了，忽然叹了口气，道："这坛酒已经是我们最后一坛酒了，这脑袋也是你最后一个脑袋，你又何苦一定要把它们砸破？"

柳余恨瞪着他，没有瞎的眼睛也好像瞎了的那只眼睛一样，变成了个又黑又深的洞。

萧秋雨忽然笑了笑，道："看来这个人果然是真的陆小凤。"

独孤方道:"哦!"

萧秋雨道:"除了陆小凤之外,又有谁肯为了一坛酒费这么大的力气?"

独孤方大笑道:"不错,像这样的呆子世上的确不多!"

萧秋雨微笑着,将柳余恨手里的酒坛子接下,轻轻地摆在桌上。

突听"啵"的一声,这酒坛突然粉碎,坛子里的酒流得满地都是——刚才柳余恨的两只手和陆小凤的一只手都在用力,这酒坛子休说是泥做的,就算是铁打的,也一样要被压扁。

萧秋雨怔了怔,苦笑道:"天下的事就是这样子的,你要它破的时候,它偏偏不破;你不要它破的时候,它反而破了。"

陆小凤却淡淡道:"这世上无可奈何的事本来就很多,所以做人又何必太认真呢?"

柳余恨独眼里突然露出一种说不出的凄凉辛酸之色,默默地转过身,走了出去。

陆小凤的那句话,仿佛又引起了他久已藏在心底的伤心事。

就在这时候,突听得一种又可爱、又清越的声音,道:"大金鹏王陛下的丹凤公主,特来求见陆小凤陆公子。"

说话的人正是那样子很乖,眼睛很大,穿着五彩衣的小女孩。

她正从那片浓密的枣林子中走出来,满天的星光月色,仿佛都到了她眼睛里。

陆小凤道:"丹凤公主?"

小女孩用一双发亮的眼睛看着他,抿着嘴笑了:"是丹凤公主,不是小凤公主!"

陆小凤看着霍老头叹了口气,喃喃道:"她果然是个真的公主!"

小女孩道:"绝对一点也不假!"

陆小凤道:"她的人呢?"

小女孩又笑了笑，笑得真甜："她生怕又把陆公子吓跑了，所以还留在外面！"

她笑得虽甜，说的话却有点酸。

陆小凤只有苦笑。

小女孩睁着眼，微笑道："现在她正在外面等着，却不知陆公子敢不敢见她。"

霍老头忽然道："他敢！"这深沉而神秘的老人微笑着，悠然接着道，"他若是不去见这位丹凤公主，他所有朋友的屋子只怕都要被他们拆光了！"

02

群星闪烁，上弦月弯弯地嵌在星空里，枣林里流动着一阵阵清香——并不是枣树的香，是花香。

花香是从一条狗身上传出来的，一条非常矫健的、阔耳长腿的猎狗。

它身上披着一串串五色缤纷的鲜花，嘴里还衔着一篮子花。

满篮鲜花中，有金光灿然，是四锭至少有五十两的金元宝。

小女孩接过了花篮，嫣然道："这是我们公主赔偿这位老先生的，就请陆公子替他收下！"

陆小凤眨了眨眼，道："为什么要赔偿给他？因为你们拆了他的房子？"

小女孩点了点头。

陆小凤道："这四锭元宝至少有一百多两，的确不算少了！"

像这样的小木屋，五十两金子就可以盖好几栋，这当然已不能算少。

小女孩道:"一点小意思,但望这位老人家笑纳!"

陆小凤道:"他不会笑纳的!"

小女孩道:"为什么?"

陆小凤道:"因为这一百多两金子若真是你们送给他的,他根本不需要;若算是你们赔偿他这屋子的,又好像不够。"

小女孩道:"这是五十两一锭的金元宝!"

陆小凤道:"我看得出。"

小女孩道:"这还不够赔他的木屋?"

陆小凤道:"还差一点点!"

小女孩道:"差一点是差多少?"

陆小凤道:"究竟差多少,我也算不出来,大概再加三四万两总差不多了!"

小女孩道:"三四万两什么?"

陆小凤道:"当然是三四万两金子。"

小女孩笑了。

陆小凤道:"你不信?"

小女孩吃吃地笑个不停,遇见这么样一个会敲竹杠的人,她除了笑之外,还能怎么样,难道还能真的赔他三四万两黄金?

陆小凤忽然提起刚才他坐着的那张雕花木椅,道:"你知道这是张什么椅子?"

小女孩笑道:"看来好像是张坐人的椅子!"

陆小凤道:"但这张椅子却是四百年前的名匠鲁直亲手为天子雕成的,普天之下已只剩下了十二张,皇宫大内里有五张,这里本来有六张,刚才却被他们砸烂了四张!"

小女孩张大了眼睛,瞪着他手里的这张椅子,渐渐已有点笑不出！

陆小凤道："你知道这木屋以前是谁住过的？"

小女孩摇摇头。

陆小凤道："这本是大诗人陆放翁的夏日行吟处，墙壁上本还有着他亲笔题的诗，现在也已被砸得稀烂。"

小女孩的眼睛张得更大，脸上已忍不住露出惊异之色。

陆小凤淡淡道："所以这木屋里每一片木头，都可以算是无价之宝，你们就算真的拿四五万两金子来赔，也未必够的。"

他笑了笑，接着道："幸好这位老先生连一文钱都不会要你们赔，因为四五万两金子，在他看来跟一文钱是差不了多少！"

小女孩悄悄地伸出舌头来舐了舐嘴唇，吃惊地看着这神秘的老人。

霍老头却还是悠悠闲闲地坐在那里，慢慢地啜着他杯子里剩下的半杯酒，像是觉得这世上再也没有比喝这杯酒更重要的事。

陆小凤忽又转过头向独孤方笑了笑道："我知道阁下的见闻一向很博，阁下当然也听说过世上最有钱的人是谁了？"

独孤方沉吟着，道："地产最多的，是江南花家；珠宝最多的，是关中阎家。但真正最富有的人只怕算是霍休。"

陆小凤道："阁下知不知道他是个什么样的人？"

独孤方道："这个人虽然富甲天下，却喜欢过隐士般的生活，所以很少有人能看见他的真面目，只听说他是个很孤僻、很古怪的老人，而且……"他突然停住口，看着霍老头。

现在每个人终于都已明白，这神秘孤独的老人，就是富甲天下的霍休。

霍老头忽然叹了口气，慢慢地站起来，道："现在既然已有人知道我在这里，这地方我也住不下去了，不如就送给你吧！"

陆小凤看着地上一堆堆破木头,道:"我记得以前也问你要过,你却连借我住几天都不肯!"

霍老头淡淡道:"你自己刚才也说过,这里的东西本都是宝贝,宝贝怎么能送人?"

陆小凤道:"宝贝变成了破木头,就可送人了?"

霍老头道:"一点也不错!"

陆小凤叹了口气,苦笑道:"我现在明白你怎么会发财的了!"

霍老头面不改色,淡淡道:"还有件事你也该明白。"

陆小凤道:"什么事?"

霍老头道:"你逃走的时候,世上也许真的没有人能追上你,只可惜这世上除了人之外,还有很多别的东西,譬如说……"

陆小凤道:"譬如说一条鼻子很灵的猎狗!"

霍老头也叹了口气,道:"你总算还不太笨,将来说不定也有一天会发财的!"

03

漆黑的车子,漆黑的马,黑得发亮。发亮的车马上,也缀满了五色缤纷的鲜花。

小女孩道:"我们的公主就在马车里等你,你上去吧。"

陆小凤道:"上车去?"

小女孩道:"嗯!"

陆小凤道:"然后呢?"

小女孩道:"然后这辆马车就会把你带到一个你从来也没有去过的地方,我保证你到了那地方后,绝不会后悔的!"

陆小凤道:"我当然不会后悔,因为我根本就不会去。"

小女孩又瞪起了眼睛,好像很吃惊,道:"你为什么不去?"

陆小凤道:"我为什么要跟着一个我从来也没有见过的人,到一个我从来也没有去过的地方去?"

小女孩瞪了瞪眼,道:"因为……因为我们会送很多很多金子给你!"

陆小凤笑了。

小女孩道:"你不喜欢金子?"

陆小凤道:"我喜欢金子,却不喜欢为了金子拼命!"

小女孩眼珠子转了转,悄悄道:"车子里很安静,我们公主又是个很美的美人,这段路也很长,在路上说不定会发生很多事的!"

陆小凤微笑道:"这句话好像已经有点让我动心了!"

小女孩眼睛里立刻发出了光,道:"你已经答应上去?"

陆小凤道:"不答应。"

小女孩嘟起了嘴,道:"为什么还不答应?"

陆小凤道:"漂亮的女人我一向很喜欢,但却也不喜欢为了女人去拼命!"

小女孩道:"为了什么你才肯拼命?"

陆小凤道:"为了我自己。"

小女孩道:"除了你自己外,天下就再也没有别人能让你去拼命?"

陆小凤道:"没有。"

小女孩眼珠子又转了转,道:"为了花满楼你也不肯?"

陆小凤道:"花满楼?"

小女孩悠然道:"我想你总该认得花满楼,他现在也就在那地方等你,你若不去,他一定会觉得很失望!"

陆小凤道:"他若要我去,他自己会来找我。"

小女孩道:"只可惜他现在不能来!"

陆小凤道:"为什么?"

小女孩道:"因为他现在连一步路都没法子走!"

陆小凤道:"你是说他已落在你们手里?"

小女孩道:"好像是的!"

陆小凤忽然大笑,就像刚听见一样天下最可笑的事,笑得捧起了肚子。

小女孩忍不住问道:"你笑什么?"

陆小凤笑道:"我笑你,你毕竟还是个小孩子,连说谎都不会说!"

小女孩道:"哦?"

陆小凤道:"你们若能制得住花满楼,天下就没什么事你们做不到了,又何必来找我?"

小女孩淡淡地笑了笑,道:"你这人的确不笨,可是也不太聪明!"

陆小凤道:"哦?"

小女孩道:"你若真的聪明,就早已该明白两件事!"

陆小凤道:"哦?"

小女孩道:"第一,我已经不是孩子了,我是丹凤公主的表姐,她今年才十九,我都已二十。"

陆小凤这次才真的怔住了,上上下下地看着这小女孩,看了好几遍,随便怎么也看不出她已经是个二十岁的少女,她看来简直好像连十二岁都没有。

小女孩又淡淡地接着道:"你应该明白,有些人是天生就长不高的,有些六七十岁的老头子比我还矮一大截,你总该也看见过。"

陆小凤虽然还是不太相信，但也不能不承认世上的确是有这种人的。

小女孩道："第二，你也应该明白，花满楼跟你不一样！"

陆小凤道："他比我聪明！"

小女孩道："但他却是个好人。"

陆小凤道："我不是？"

小女孩道："就因为你不是好人，所以不容易上别人的当，但他却对每个人都很信任，要他上当，就容易得多了！"

陆小凤看着她，又上上下下地看了好几遍，突又问道："你真的已经有二十岁？"

小女孩道："上个月才满二十。"

陆小凤笑了笑，淡淡道："二十岁的人就已应该明白，像我这种坏人，是绝不肯为了朋友去拼命的，随便为了什么样的朋友都不行！"

小女孩瞪着眼，看着他，道："真的？"

陆小凤道："真的。"

陆小凤已坐在马车上，马车已启行。

车厢里也堆满了五色缤纷的鲜花，丹凤公主坐在花丛里，就像一朵最珍贵、最美丽的黑色玫瑰花，她的眸子也是漆黑的，又黑又亮，她还在看着陆小凤。

陆小凤没有看她，他已闭起眼睛，好像准备在车上睡一觉。

丹凤公主忽然笑了笑，柔声道："我刚才还以为你不会上车来的。"

陆小凤道："哦？"

丹凤公主道："我刚才好像听见你在说，你绝不会为了任何朋友拼命！"

陆小凤淡淡道:"我本来就不会为了朋友拼命,但为朋友坐坐马车总没有什么关系的。"

丹凤公主又笑了,她向你笑的时候,就仿佛满园春花忽然在你面前开放。

陆小凤的眼睛刚睁开,立刻又闭了起来。

丹凤公主柔声道:"你好像连看都不愿看我,为什么?"

陆小凤道:"因为这车厢很小,我又是个禁不起诱惑的人。"

丹凤公主道:"你怕我诱惑你?"

陆小凤道:"我也不愿为你去拼命!"

丹凤公主道:"你怎么知道我一定是要你去拼命的?"

陆小凤道:"因为我并不笨。"

丹凤公主拈起了朵鲜花,默默地凝视着,过了很久,才轻轻叹了口气,道:"你说的不错,我们这次来找你,的确是为了要求你去替我们做一件事,可是我并不想诱惑你,也不必诱惑你。"

陆小凤道:"哦?"

丹凤公主道:"因为我知道有种人为了朋友是什么事都肯做的!"

陆小凤道:"是哪种人?"

丹凤公主道:"就是你这种人。"

陆小凤笑了笑,道:"连我自己都不知道自己是哪种人,你反而知道?"

丹凤公主道:"我以前虽然没有见过你,但你的传说我却已听到过很多。"

陆小凤在听着,唯一没有听见过这些传说的人,也许就是他自己。

丹凤公主道:"我听见很多人都说你是个混蛋,但就连他们自己都不能不承认,你是所有混蛋中最可爱的一个。"

陆小凤叹了口气,他实在听不出这是赞赏,还是讥刺。但他的眼睛总算已睁开。

丹凤公主道:"他们都说你外表看来虽然像是茅坑里的石头,又臭又硬,其实你的心却软得像豆腐。"

陆小凤苦笑,他只有苦笑。

丹凤公主忽又笑了笑,道:"传说当然并不一定可靠,但其中至少有一点他们并没有说谎。"

陆小凤忍不住问道:"哪一点?"

丹凤公主嫣然道:"我一直想不通他们为什么要说你有四条眉毛,现在我才总算明白了。"

陆小凤忽然皱了皱眉,他皱眉的时候,胡子好像也皱了起来。

丹凤公主道:"你是不是已经猜到这些话是谁告诉我的?"

陆小凤皱着眉道:"花满楼真的在你们那里?"

丹凤公主道:"我为什么要骗你?反正你很快就会见到他的。"

陆小凤道:"他眼睛虽然看不见,但十里外的危险,他都能感觉得到,我实在想不通他怎么会落入你们的手里的。"

丹凤公主道:"因为他是个好人,又是个男人,一个好男人若是遇见了个坏女人,就难免要上当了。"

陆小凤道:"他遇见了你?"

丹凤公主叹了口气,道:"有时我虽然也想去骗骗人,只可惜我十个加起来,也比不上一个上官飞燕。"

陆小凤道:"上官飞燕?"

丹凤公主道:"上官飞燕是雪儿的姐姐。"

陆小凤道:"雪儿又是谁?"

丹凤公主道:"雪儿就是我的小表妹,也就是刚才去请你来的那个小女孩。"

陆小凤道:"她不是你表姐?"

丹凤公主笑道："她今年才十二岁，怎么会是我表姐？"

陆小凤怔住了，也不知道自己是该哭三声，还是该大笑三声。

他实在想不到自己居然会被一个十二岁的小丫头骗得团团乱转。

有这样的妹妹，姐姐是个什么样的人，也就可想而知了。

丹凤公主看着他脸上那种哭笑不得的表情，又不禁嫣然一笑，道："那小鬼说起谎来，连眼睛都不会眨一眨的，你是不是也上了她的当？"

陆小凤苦笑道："至少我现在总算已想通花满楼是怎么上当的了。"

丹凤公主道："他虽然在我们那里，但我们还是很尊敬他，那不仅因为他是你的好朋友，也因为他确实是个很了不起的人。"

陆小凤道："他的确是的。"

丹凤公主道："你跟他，还有朱停，是不是在很小的时候就认得的？"

陆小凤道："你对我的事好像知道得很多？"

丹凤公主笑了笑，道："老实说，我们为了要找你，至少已准备了七个月。"

陆小凤叹了口气，道："无论谁若是花了七个月的工夫去找一个人，这个人想必都要倒霉了。"

丹凤公主柔声道："但我们并不想害你！"

陆小凤只有苦笑。

丹凤公主道："我们要求你做的事虽然危险，可是我相信你一定能做到。"

她凝视着他，眼睛里充满了仰慕和信心。陆小凤道："你们要我做的究竟是什么事？"

丹凤公主垂下头，迟疑着，道："现在我也不必告诉你，反正你很快就会知道的。"

陆小凤道:"柳余恨、萧秋雨、独孤方,也是为了这件事来的?"

丹凤公主点点头,又笑道:"找他们虽然也不容易,至少总比找你容易得多!"

陆小凤道:"你们找这三个人用的又是什么法子?"

丹凤公主微笑道:"每个人都有弱点的,他们一定也猜不出我能用什么法子请到你!"

她将手里的一朵鲜花送到陆小凤面前,慢慢地接着道:"柳余恨、萧秋雨、独孤方、花满楼,再加上你,这世上若还有什么事是你们五个人做不到的,那才真的是怪事。"

车窗外已经有乳白色的烟雾升起,车厢里的灯光更柔和。

陆小凤凝视着她手里的鲜花,花虽鲜艳,她的手却更美。

她用她这双纤秀柔柔的手,轻轻地将这朵鲜花插在陆小凤的衣襟上,轻轻道:"我看你还是赶快睡觉的好。"

陆小凤道:"为什么?"

丹凤公主垂下了头,声音更轻,更温柔:"因为我已经忍不住要开始诱惑你了。"

车马前行,冲破了浓雾,雾虽浓,却是晨雾,漫漫的长夜已经结束。

陆小凤斜倚在车厢里,似已睡着。

丹凤公主柔声道:"你好好地睡一觉,等你醒来的时候,说不定就可以看见他了。"

陆小凤忍不住又张开眼,道:"他是谁?"

丹凤公主道:"大金鹏王。"

第三章

大金鹏王

01

长廊里阴森而黑暗,仿佛经年看不见阳光。长廊的尽头是一扇很宽大的门,门上的金环却在闪闪地发着光。

他们推开这扇门,就看见了大金鹏王。

大金鹏王并不是个很高大的人。

他的人似已因岁月的流逝,壮志的消磨而萎缩干瘪,就正如一朵壮丽的大鸡冠花已在恼人的西风里刚刚枯萎。

他坐在一张很宽大的太师椅上,椅子上铺满了织锦的垫子,使得他整个人看来就像是一株已陷落在高山上云堆里的枯松。

可是陆小凤并没有觉得失望,因为他的眼睛里还在发着光,他的神态间还是带着种说不出的尊严和高贵。

那条阔耳长腿的猎犬竟已先回来了,此刻正蜷伏在他脚下。

丹凤公主也已轻轻地走过去,拜倒在他的足下,仿佛在低低地叙说此行的经过。

大金鹏王一双发亮的眼睛,却始终盯在陆小凤身上,忽然道:"年轻人,你过来。"

他的声音低沉而有力，他说的话好像就是命令。陆小凤没有走过去。

陆小凤并不是个习惯接受命令的人，他反而坐了下来，远远地坐在这老人对面的一张椅子上。

屋子里的光线也很暗，大金鹏王的眼睛却更亮了，厉声道："你就是陆小凤？"

陆小凤淡淡道："是陆小凤，不是上官丹凤。"

他现在已知道他也姓上官——昔日在他们那王朝族里每个人都是姓上官的，每个人世世代代都为自己这姓氏而骄傲。

大金鹏王突然大笑，道："好，陆小凤果然不愧是陆小凤，看来我们并没有找错人。"

陆小凤道："我也希望我没有找错人。"

大金鹏王道："你找花满楼？"

陆小凤点点头。

大金鹏王道："他很好，只要你答应我一件事，随时都可以见到他。"

陆小凤道："你说的是什么事？"

大金鹏王并没有直接回答这句话。

他凝视着手上一枚形式很奇特的指环，苍老的脸上，忽然闪起了一种奇特的光辉，过了很久，才慢慢地说道："我们的王朝，是个很古老的王朝，远在你们这王朝还没有建立起来的时候，我们的王朝就已存在了。"

他的声音变得更有力，显然在为自己的姓氏和血统而骄傲。

陆小凤并不想破坏一个垂暮老人的尊严，所以他只听，没有说。

大金鹏王道："现在我们的王朝虽已没落，但我们流出来的血，却还是王族的血，只要我们的人还有一个活着，我们的王朝就绝不会被消灭！"

他声音里不但充满骄傲，也充满自信。

陆小凤忽然觉得这老人的确有他值得受人尊敬的地方，他至少绝不是个很容易就会被击倒的人。

陆小凤一向尊敬这种人，尊敬他们的勇气和信心。

大金鹏王道："我们的王朝虽然建立在很遥远的地方，但世代安乐富足，不但田产丰收，深山里更有数不尽的金沙和珍宝。"

陆小凤忍不住问道："那你们为什么要到中土来呢？"

大金鹏王脸上的光辉黯淡了，目光中也露出了沉痛仇恨之意，道："就因为我们的富足，所以才引起了邻国的垂涎，竟联合了哥萨克的铁骑，引兵来犯。"

他黯然接着道："那已是五十年前的事了，那时我年纪还小，先王一向注重文治，当然无法抵抗他们那种强悍野蛮的骑兵，但他却还是决定死守下去，与国土共存亡。"

陆小凤道："是他要你避难到中土来的？"

大金鹏王点点头，道："为了保存一部分实力，以谋日后中兴，他不但坚持要我走，还将国库的财富，分成四份，交给了他的四位心腹重臣，叫他们带我到中土来。"

他面上露出感激之色，又道："其中有一位是我的舅父上官谨，他带我来这里，用他带来的一份财富，在这里购买了田产和房舍，使我们这一家能无忧无虑地活到现在，他对我们的恩情，是我永生也难以忘怀的。"

陆小凤道："另外还有三位呢？"

大金鹏王的感激又变成愤恨，道："从我离别父王的那一天之后，我再也没有看见过他们，但他们的名字，也是我永远忘不了的。"

陆小凤对这件事已刚刚有了头绪，所以立刻问道："他们叫什么名字?"

大金鹏王握紧双拳,恨恨道:"上官木、平独鹤、严立本。"

陆小凤沉吟着,道:"这三个人的名字我从来也没有听说过。"

大金鹏王道:"但他们的人你却一定看见过。"

陆小凤道:"哦?"

大金鹏王道:"他们一到了中土,就改名换姓,直到一年前,我才查出了他们的下落。"

他忽然向他的女儿做了个手势,丹凤公主就从他座后一个坚固古老的柜子里,取出了三卷画册。

大金鹏王恨恨道:"这上面画的,就是他们三个人,我想你至少认得其中两个。"

每卷画上,都画着两个人像,一个年轻,一个苍老——两个人像画的本是同一个人。

丹凤公主摊开了第一卷画,道:"上面的像,是他当年离宫时的形状,下面画的,就是我们一年前查访出的,他现在的模样。"

这人圆圆的脸,满面笑容,看来很和善,但却长着个很大的鹰钩鼻子。

陆小凤皱了皱眉,道:"这人看来很像是关中珠宝阁家的阎铁珊。"

大金鹏王咬着牙,道:"不错,现在的阎铁珊,就是当年的严立本,我只感激上天,现在还没有让他死。"

第二张画上的人颧骨高耸,一双三角眼威棱四射,一看就知道是个很有权力的人。

陆小凤看到这个人,脸色竟然有些变了。

大金鹏王道:"这人就是平独鹤,他现在的名字叫独孤一鹤,青衣楼的首领也就是他……"

陆小凤悚然动容，怔了很久，才缓缓道："这个人我也认得，但却不知道他就是青衣楼第一楼的主人。"

他长长叹息了一声，又道："我只知道他是峨眉剑派的当代掌门。"

大金鹏王恨恨道："他的身份掩饰得很好，世上只怕再也不会有人想到，公正严明的峨眉掌门，竟是个出卖了他故国旧主的乱臣贼子！"

第三张像画的是个瘦小的老人，矮小，孤单，干净，硬朗。

陆小凤几乎忍不住叫了起来："霍休！"

大金鹏王道："不错，霍休，上官木现在用的名字，就是霍休！"

他接着又道："别人都说霍休是个最富传奇性的人，五十年前，赤手空拳出来闯天下，忽然奇迹地变成了天下第一富豪，直到现在为止，除了你之外，江湖中人只怕还是不知道他那庞大的财富是怎么得来的！"

陆小凤脸色忽然变得苍白，慢慢地后退了几步，坐到椅上。

大金鹏王凝视着他，慢慢道："你现在想必已能猜出我们要求你做的是什么事了。"

陆小凤沉默了很久，长长叹息，道："但我却还是不知道你要的究竟是什么？"

大金鹏王握紧双拳，用力敲打着椅子，厉声道："我什么都不要，我要的只是公道！"

陆小凤道："公道就是复仇？"

大金鹏王铁青着脸，沉默着。

陆小凤道："你是不是要我替你去复仇？"

大金鹏王又沉默了很久，忽然长长叹了口气，黯然道："他们已全都是快进棺材的老人，我也老了，难道我还想去杀了他们？"

他自己摇了摇头，否定了自己这句话，又道："可是我也绝不能让他们这样逍遥法外。"

陆小凤没有说什么，他什么都不能说。

大金鹏王又厉声道："第一，我要他们将那批从金鹏王朝带出来的财富，归还给金鹏王朝，留作他日复兴的基础。"

这要求的确很公道。

大金鹏王道："第二，我要他们亲自到先王的灵位前，忏悔自己的过错，让先王的在天之灵，也多少能得到些安慰。"

陆小凤沉思着，长叹道："这两点要求的确都很公道。"

大金鹏王展颜道："我知道你是个正直公道的年轻人，对这种要求是绝不会拒绝的。"

陆小凤又沉思了很久，苦笑道："我只怕这两件事都很难做得到。"

大金鹏王道："若连你也做不到，还有谁能做得到？"

陆小凤叹道："也许没有人能做得到。"

他很快地接着又道："现在这三个人都已经是当今天下声名最显赫的大人物，若是真的这么样做了，岂非已无异承认了自己当年的罪行？他们的声名、地位和财富，岂非立刻就要全部都被毁于一旦！"

大金鹏王神情更黯然，道："我也知道他们自己是当然绝不会承认的。"

陆小凤道："何况他们非但财力和势力，都已经大得可怕，更且他们自己都有着一身深不可测的武功。"

大金鹏王道："先王将这重任交托给他们，也就因为他们本就是金鹏王朝中的一流高手！"

陆小凤道："这五十年来，他们想必也在随时提防着你去找他们复仇，所以他们的武功又不知精进了多少？"

他又叹了口气，接着道："我常说当今天下武功真正能达到巅峰的，只有五六个人，霍休和独孤一鹤完全都包括在其中。"

女人毕竟是好奇的，丹凤公主忍不住问道："还有三四个人是谁？"

陆小凤道："少林方丈大悲禅师、武当长老木道人，内外功都已达于化境，但若论剑法之犀利灵妙，还得数南海飞仙岛'白云城主'叶孤城和'万梅山庄'的西门吹雪。"

丹凤公主凝视着他，道："你自己呢？"

陆小凤笑了笑，什么都没有说——他已不必说。

大金鹏王忽又长长叹息，黯然道："我也知道这件事的困难和危险，所以我并不想勉强你来帮助我们，你不妨多考虑考虑。"

他眉宇间充满悲愤，握紧双拳，厉声道："但我们自己，无论如何也要跟他们拼一拼的，只要我们有一个人活着，就要跟他们拼到底。"

陆小凤叹道："我明白。"

大金鹏王沉默了很久，忽又勉强笑了笑，大声道："不管怎么样，陆公子总是我们的贵客，为什么还不上酒来？"

丹凤公主垂头道："我这就叫人去准备。"

大金鹏王道："要最好的波斯葡萄酒，将花公子也一起请来。"

丹凤公主道："是。"

大金鹏王看着陆小凤，神情又变得骄傲而庄严，缓缓道："不管怎么样，你已是我们的朋友，金鹏王朝的后代，从来也不曾用任何事来要挟朋友。"

银樽古老而高雅，酒是淡紫色的。

陆小凤静静地看着丹凤公主将酒倾入古朴的高杯里，花满楼就坐在他身旁。

他们并没有说什么，只互相用力握了握手。

这就已足够说明一切。酒已倾满，只有三杯。

大金鹏王抬头笑道："我已有多年不能喝酒，今天破例陪两位喝一杯。"

丹凤公主却摇了摇头，道："我替你喝，莫忘记你的腿。"

大金鹏王瞪起了眼，却又终于苦笑，道："好，我不喝，幸好看着别人喝酒也是种乐趣，好酒总是能带给人精神和活力。"

丹凤公主微笑着向陆小凤解释，道："家父只要喝一点酒，两腿就立刻要肿起来，会变得寸步难行，我想两位一定会原谅他的。"

陆小凤微笑举杯。

丹凤公主转过身，背着她的父亲，忽然向陆小凤做了个很奇怪的表情。陆小凤看不懂。

丹凤公主也已微笑举杯，道："这是家父窖藏多年的波斯葡萄酒，但望能合两位的口味。"

她自己先举杯一饮而尽，又轻轻叹了口气，道："果然是好酒。"

很少有主人会自己再三称赞自己的酒，丹凤公主也绝不是个喜欢炫耀自己的人。

陆小凤正觉得奇怪，忽然发觉他喝下去的并不是酒，只不过是种加了颜色的糖水。

他忽然明白了丹凤公主的意思，却又怕花满楼看不见她的表情。

花满楼却在微笑着，微笑着喝下他的酒，也叹了口气，道："果然是好酒！"

陆小凤笑了，道："我简直从来也没有喝过这么好的酒！"

大金鹏王大笑，第一次真正愉快的大笑，道："这的确是人间难求的好酒，但你们这两个年轻人也的确配喝我这种好酒。"

陆小凤又很快地喝了三杯，忽然笑道："这么好的酒，当然是不能白喝的。"

大金鹏王的眼睛亮了，看着他，道："你的意思是说……"

陆小凤长长吸了口气，道："你要的公道，我一定去尽力替你找回来！"

大金鹏王忽然长身而立，踉跄冲到他面前，用双手扶住他的肩，一双苍老的眼睛里，已充满了感激的热泪，连声音都已哽咽："谢谢你们，谢谢你们，谢谢你……"

他反反复复不停地说着两句话，也不知已说了多少遍。

丹凤公主在旁边看着，也不禁扭转身子，悄悄地去拭泪。

过了很久，大金鹏王才比较平静了些，又道："独孤方和独孤一鹤虽然同是独孤，但他们却仇深如海，柳余恨的半边脸就是被阎铁珊削去的，萧秋雨却是柳余恨的生死之交，你只要能为我们做这件事，他们三个赴汤蹈火，也跟你走。"

陆小凤却道："他们最好还是留在这里。"

大金鹏王皱眉道："为什么？"

陆小凤叹了口气，道："我也知道他们全都是武林中的一流高手，可是，若要他们去对付独孤一鹤和霍休，实在无异要他们去送死。"

大金鹏王道："你……你难道不要别的帮手？"

他轻轻拍了拍花满楼的肩，微笑道："我们本来就是老搭档。"

大金鹏王看着花满楼，仿佛有点怀疑。

他实在不信这瞎子能比柳余恨、萧秋雨、独孤方那样的高手还强，只怕无论谁都不信。

陆小凤已接着又道："除了他之外，我当然还得去找两三个人！"

大金鹏王道："找谁？"

陆小凤沉吟着，道："先得找朱停。"

大金鹏王道："朱停？"他显然没有听见过这名字。

陆小凤笑了笑，道："朱停并不能算是个高手，但现在却很有用。"

大金鹏王在等着他解释。

陆小凤道："你既然找到了他们，他们说不定已发现了你，你要找他们算账，他们也很可能先下手为强，将你杀了灭口！"

大金鹏王冷笑道："我不怕！"

陆小凤叹了口气，道："你不怕，我怕，所以我一定要找朱停来，只有他可以把这地方改造成一个谁都很难攻进来的城堡。"

大金鹏王道："他懂得制造机关消息？"

陆小凤微笑道："只要他肯动手，他甚至可以制造出一张会咬人的椅子。"

大金鹏王也笑了，道："看来你的确有很多奇怪的朋友。"

陆小凤道："现在我只希望我能说动一个人出来帮我做这件事。"

大金鹏王目光闪动，道："他也很有用？"

陆小凤道："他若肯出手，这件事才有成功的机会。"

大金鹏王道："这个人是谁？"

陆小凤道："西门吹雪。"

长廊里更阴森黝黯，已经是下午。

丹凤公主垂着头，漆黑的头发春泉般披在双肩，轻轻道："刚才的事，我真不知道该怎么样谢谢你。"

陆小凤道："你说的是刚才那杯酒？"

丹凤公主的脸红了红，垂着头道："现在你也许已看得出，家父是个很好胜的人，而且再也受不了打击，所以我一直不愿让他知道真相。"

陆小凤道："我明白。"

丹凤公主幽幽地叹息着，道："这地方除了他老人家日常起居的客厅和卧房外，别的房子几乎已完全是空的了，就连那些窖藏多年的好酒，也都已陆续被我们卖了出去。"

她的头垂得更低："我们家里几乎完全没有能生产的人，要维持这个家，已经很不容易，何况，我们还要去做很多别的事，为了去找你，甚至连先母留给我的那串珍珠，都被我典押给别人了。"

陆小凤叹了口气，道："我本来还不很清楚你们的情况，可是那杯酒，却告诉了我很多事。"

丹凤公主忽然抬起头，凝视着他，道："就因为你已知道我们的情况，所以才答应？"

陆小凤道："当然也因为他已将我当作朋友，并没有用别的事来要挟我！"

丹凤公主看着他，美丽的眼睛里似已露出了感激的泪珠。

所以她很快地垂下头，柔声说道："我一直都看错了，我一直都以为你是个绝不会被情感打动的人！"

花满楼一直在微笑着，他听得多，说得少，现在才微笑着道："我说过，这个人看来虽然又臭又硬，其实他的心却软得像豆腐。"

丹凤公主忍不住嫣然一笑，道："其实你也错了！"

花满楼道："哦？"

丹凤公主道："他看起来虽然很硬，但却一点也不臭。"

这句话没说完，她自己的脸已红了，立刻改变话题，道："客房里实在简陋得很，只希望两位不要在意。"

陆小凤轻轻咳嗽，道："也许我们根本不该答应留下来吃晚饭的。"

丹凤公主忽又嫣然一笑，道："莫忘记我们还有你为我们留下来的四锭金子。"

陆小凤目光闪动着，道："那时你们已知道霍老头就是你们要找的人？"

丹凤公主道："直到你说出来，我们才知道。"

陆小凤的表情忽然变得很严肃，道："但你们又怎会知道独孤一鹤就是青衣楼的主人？这本是江湖中最大的秘密！"

丹凤公主迟疑着，终于回答："因为柳余恨本是他左右最得力的亲信之一，昔年风度翩翩的'玉面郎君'变成今天这样子，也是为了他。"

陆小凤的眼睛亮了，似乎忽然想通了很多事。

丹凤公主轻轻叹息，又道："多情自古空余恨，他本是个伤心人，已伤透了心！"

02

客房很大，但除了一床一几，几张陈旧的椅子外，就几乎已完全没有别的陈设。

花满楼坐了下来，他虽然看不见，却仿佛总能感觉到椅子在哪里。

陆小凤看着他，忽然问道："你从来没有坐空过？"

花满楼微笑道："你希望我坐空？"

陆小凤也笑了，道："我只希望你坐下去的时候，忽然发现自己坐在一个女人身上。"

花满楼道："这种经验你比我丰富。"

陆小凤淡淡道："这种经验你若也跟我一样多，也许就不会上当了！"

花满楼道："上谁的当？"

陆小凤道:"你已忘了上官飞燕?"

花满楼笑了笑,道:"我没有上当,我自己愿意来的。"

陆小凤很惊讶,道:"你自己愿意来的?为什么?"

花满楼道:"也许因为我最近过的日子太平凡,也很想找一两件危险而有趣的事来做做!"

陆小凤冷冷道:"也许你只不过是被一个很会说谎的漂亮女人骗了!"

花满楼笑道:"她的确是个很会说谎的女孩子,但却对我说了实话。"

陆小凤道:"她早已将这件事告诉了你?"

花满楼点点头。

陆小凤道:"也许她已发现对付你这种人最好的法子,就是说实话。"

花满楼道:"也许。"

陆小凤道:"她的目的就是要你来,你既然来了,她就已达到目的。"

花满楼微笑道:"你好像存心要让我生气?"

陆小凤道:"你不生气?"

花满楼笑道:"我为什么要生气?他们用马车接我来,用贵宾之礼接待我,这里风和日丽,院子里鲜花开得很旺盛,何况,现在你也来了,我就算真的是上了她的当,也已没什么好抱怨的。"

陆小凤忍不住笑道:"看来要你生气,的确很不容易。"

花满楼忽然问道:"你真的想去找西门吹雪?"

陆小凤道:"嗯!"

花满楼道:"你能说动他出手替别人做事?"

陆小凤苦笑道:"我也知道天下好像再也没有什么能打得动他的

事，但我总得去试试。"

花满楼道："然后呢？"

陆小凤道："现在我还没有想到别的，只想到外面到处去走走，到处去看看。"

花满楼道："你是想看什么？"

陆小凤道："也许我最想看的就是上官飞燕。"

花满楼还在微笑着，但笑容中似乎已有了些忧虑之意，淡淡道："你看不到她的！"

陆小凤道："为什么？"

花满楼道："自从我来了之后，就再也没有听过她的声音，她好像已离开了这里。"

陆小凤看着他，眼睛里仿佛也有了些忧虑之色。

花满楼却又笑了笑，道："她好像是个很不容易安定下来的女人。"

陆小凤忽然也笑了，道："其实女人又有哪个不是这样子的？"

屋子里已刚刚暗了下来，花满楼一个人静静地坐在那里，看来还是那么愉快，那么平静。

他永远是愉快而满足的，因为无论在什么地方，他都能领略到一些别人领略不到的乐趣。

现在他正在享受着这暮春三月里的黄昏。

然后他就听到了一阵敲门声。

敲门声刚响起，人已推开门走了进来，是两个人，独孤方和萧秋雨。

但脚步声却只有一个人的，独孤方的脚步简直比春风还轻。

花满楼微笑道："两位请坐，我知道这里还有几张椅子！"

他既没有问他们的来意，也没有问他们是谁，无论谁走进他的屋子，他都一样欢迎，都一样会将自己所有的一切和这个人分享。

独孤方却沉下了脸，冷冷道："你怎么知道我们是两个人？你究竟是不是个真的瞎子？"

他本来认为绝不会有人听到他脚步声的，他对自己的轻功一向很自负！所以他现在很不高兴。

花满楼却是同样愉快，微笑着道："有时连我自己也不信我是个真的瞎子，因为我总认为只有那种虽然有眼睛，却不肯去看的人，才是真的瞎子。"

萧秋雨也在微笑，道："你忘了还有一种人也是真的瞎子。"

花满楼道："哪种人？"

萧秋雨道："死人。"

花满楼笑道："你怎么知道死人是真的瞎子？也许死人也同样能看见很多事，我们都还没有死，又怎么会知道死人的感觉？"

独孤方冷冷道："也许你很快就会知道了！"

萧秋雨悠然道："我们并不认得你，跟你也没有仇恨，但现在却是来杀你的！"

花满楼非但没有吃惊，甚至连一点不愉快的表情都没有，他还是在微笑着，淡淡地笑道："其实我也早就在等着两位了！"

独孤方道："你知道我们要来杀你？"

花满楼道："陆小凤并不笨，可是他得罪的人却远比他自己想象中多得多，因为他有时说话简直就像是个大炮。"

独孤方冷笑。

花满楼道："谁也不愿意别人认为他还不如个瞎子，何况是两位这么样的高手，这当然是件不能忍受的事，两位当然会找我这个瞎子比一比高下！"他神情还是同样平静，慢慢地接着道，"江湖好汉最忍不得的，本就是这口气！"

独孤方道:"你呢?"

花满楼道:"我不是好汉,我只不过是个瞎子。"

独孤方虽然还在冷笑,但脸上却已忍不住露出很惊异的表情。

这瞎子知道的事实在太多了。

萧秋雨道:"你知道我们要来,还在这里等着?"

花满楼道:"一个瞎子又能跑到哪里去?"

独孤方突然厉喝道:"去死!"

喝声中他已出手,一根闪亮亮的练子枪已毒蛇般刺向花满楼咽喉。

断肠剑也已出手!

他出手很慢,慢就没有风声,瞎子是看不到剑的,只能听到一剑刺来时所带起的风声。

这一剑却是根本没有风声,这一剑才是真正能令瞎子断肠的剑。

何况还有毒蛇般的练子枪,在前面抢攻。练子枪纵然不能一击而中,这一剑却是绝不会失手的。

可是萧秋雨想错了。

这瞎子除了能用耳朵听之外,竟似还有种奇妙而神秘的感觉。

他仿佛已感觉到真正致命的并不是枪,而是剑——他既看不到,也听不到的这一剑!

剑没有刺过来,他已突然翻身,练子枪从他肩上扫过去的时候,他的双手已"啪"的一声,夹住了剑锋。

"咯、咯"两响,一柄百炼精钢长剑,已突然断成了三截——别人的肠未断,他的剑却已断了。

最长的一截还夹在花满楼手里,他反手,练子枪就已缠住了剑锋。

花满楼的人却已滑出三丈,滑到窗口,恰巧坐在窗下的一张椅子上。

独孤方怔住,萧秋雨的脸在暮色中看来,已惊得像是张白纸。

花满楼微笑着,道:"我本不想得罪萧先生的,但萧先生的这一剑,对一个瞎子说来,未免太残忍了些,我只希望萧先生换过一柄剑后,出手时能给别人留下两三分退路。"

03

花园里的花木本来确实很多,但现在却已有很多花枝被折断。

陆小凤现在才知道丹凤公主带去的那些鲜花是从什么地方来的了。

就在这时候,他又看见了那个小女孩。

上官雪儿就站在花丛里,站在斜阳下。淡淡的斜阳,照着她丝绸般柔软光滑的头发。

她看起来还是很乖很乖的样子,就像是从来也没有说过半句谎话。

陆小凤笑了,忍不住过去招呼,道:"喂,小表姐。"

上官雪儿回头看了他一眼,也笑了笑,道:"喂,小表弟。"

陆小凤道:"你好!"

上官雪儿道:"我不好!"

陆小凤道:"为什么不好?"

上官雪儿道:"我有心事,很多心事。"

陆小凤忽然发觉她那双明亮的大眼睛里,好像真的带着种说不出的忧郁,甚至连她那甜甜的笑容,都似已变得有点勉强。

他忍不住问道:"你有什么心事?"

上官雪儿道:"我在担心我姐姐。"

陆小凤道:"你姐姐?上官飞燕?"

上官雪儿点点头。

陆小凤道:"你担心她什么?"

上官雪儿道:"她忽然失踪了。"

陆小凤道:"什么时候失踪的?"

上官雪儿道:"就是花满楼到这里来的那一天,也就是我们出去找你的那一天。"

陆小凤瞪着眼,道:"你既然担心,为什么不出去找她?"

上官雪儿道:"因为她说过她要留在这里等我们回来的。"

陆小凤道:"她说的话你全都相信?"

上官雪儿道:"当然相信。"

陆小凤忍不住笑道:"她既然没有出去,又怎么会忽然不见了呢?"

上官雪儿道:"我也想不通,所以我正在找她。"

陆小凤道:"在这花园里找?"

上官雪儿道:"嗯!"

陆小凤道:"她难道会在这花园里躲起来,而且已躲了好几天?"

上官雪儿道:"我不是在找她的人,我是在找她的尸首。"

陆小凤皱眉道:"她的尸首?"

上官雪儿道:"我想她一定已经被人杀了,再把她的尸首埋在这花园里!"

陆小凤道:"这是你们自己的家,难道也会有人杀她?"

上官雪儿道:"这里虽然是我们自己的家,但家里却有别人。"

陆小凤道:"别的什么人?"

上官雪儿道:"譬如说你的朋友花满楼。"

陆小凤道:"你认为花满楼也会杀人?"

上官雪儿道:"为什么不会?每个人都可能杀人的,甚至连老王爷都有可能!"

陆小凤道:"老王爷也可能杀她?为什么?"

上官雪儿道:"就因为我不知道为什么,所以我才要找!"

陆小凤轻轻叹了口气,道:"你想得太多了,一个十二岁的小女孩,本不该想得这么多的!"

上官雪儿看着他,看了很久,才慢慢地问道:"谁说我只有十二岁?"

陆小凤道:"你表姐说的。"

上官雪儿道:"她说的话你相信,我说的话你为什么就不相信?"

陆小凤道:"因为……"

上官雪儿冷笑道:"是不是因为我天生看来就像是个会说谎的人?"

陆小凤又笑了,道:"至少你看来绝不像是个二十岁的女人。"

上官雪儿又看了他很久,忽然叹了口气,道:"你这人最大的毛病就是自作聪明,该相信的你不信,不该相信的你反而相信了。"

这句话没说完,她的人影一闪,已消失在花丛里。

暮色苍茫,连那最后的一抹夕阳,也已看不见了,大地已渐渐被笼罩在黑暗里。

满园鲜花,也渐渐失去了颜色。

陆小凤面对着雾一般茫茫的暮色,忽然觉得这地方仿佛本就在雾里。人也在雾里。

04

暮色更浓，屋子里没有燃灯。

陆小凤进来的时候，花满楼还坐在窗口，仿佛正在享受着那窗外吹进来的春风，春风中带着的香气，他随时随地都享受着生命。

陆小凤忽然问道："他们已来过？"

花满楼道："谁来过？"

陆小凤道："独孤方和萧秋雨。"

花满楼道："你知道他们会来？"

陆小凤笑了笑，道："柳余恨不会为了这种事来杀你，可是他们——他们也杀不了你。"

花满楼凝视着他，微笑道："你好像算得很准。"

陆小凤笑道："我若算不准，刚才为什么要溜出去？"

花满楼道："你故意激他们来，故意溜出去，让他们有机会来杀我？"他叹了口气，苦笑着道，"像你这样的朋友，倒也真难找得很。"

陆小凤忽然也叹了口气，道："你那位上官飞燕，也真难找。"

花满楼道："你找过她？"

陆小凤道："连她妹妹都找不到她，我去找又有什么用？"

花满楼安详平静的脸上，又露出一抹忧虑之色，对这个突然失踪了的女孩子，他显然已有了种很不寻常的感情，就算想隐藏也隐藏不了。

这种感情若是到了一个人心里，就好像沙粒中有了颗珍珠一样，本就是任何人都一眼就可以看出来的。

陆小凤当然也看得出，立刻又故意问道："你见过她妹妹没有？"

花满楼道："没有。"

陆小凤道:"看来你运气还不错,至少比我的运气好些。"

花满楼道:"她妹妹是个小捣蛋?"

陆小凤苦笑道:"岂止是个小捣蛋,简直是个小妖怪,非但说起谎来可以把死人都骗活,而且还有疑心病。"

花满楼道:"小姑娘也会有疑心病?"

陆小凤道:"她的疑心病简直比老太婆还重,她甚至怀疑她的姐姐已经被人谋害了,甚至怀疑你和大金鹏王就是凶手。"

他本来是想让花满楼开心些的,所以他自己也笑了。

可是花满楼却连一点开心的样子都没有。

陆小凤又忍不住道:"你说她这种想法是不是很滑稽?"

花满楼道:"不滑稽。"

陆小凤道:"上官飞燕也只不过是个小姑娘,最多也只不过会说谎而已,十八九岁的女孩子,谁不会说谎呢?别人为什么要谋害这么样一个女孩子,又有谁能下得了这种毒手?"

花满楼沉默着,过了很久,才缓缓道:"现在我只有一个希望。"

陆小凤道:"什么希望?"

花满楼微笑着,道:"我只希望他们今天晚上用的不是假酒。"

这句话本不该花满楼说的,他本来也不是个喜欢喝酒的人。

陆小凤看着他,忽然觉得他的笑容好像也变得有点神秘起来。

无论什么人,只要到了这里,好像都立刻会变得有点神秘,有点古怪。

陆小凤眨了眨眼,也故意装出像是很神秘的腔调,压低声音道:"我也有个希望。"

花满楼忍不住问道:"什么希望?"

陆小凤道:"我只希望他们今天晚上请我们吃的不是人肉包子,喝的不是迷魂酒!"

第四章

盛宴

01

盛宴。宴席就摆在大金鹏王刚才接见的花厅里,酒菜丰富而精致。

酒是真酒,真正上好的陈年花雕。

陆小凤举杯一饮而尽,忽然叹息着道:"这虽然也是好酒,但比起刚才的波斯葡萄酒来,就差得远了。"

大金鹏王大笑,道:"那种酒只宜在花前月下,浅斟慢饮,你阁下这样子喝法,就未免有些辜负了它。"

花满楼微笑道:"他根本不是在喝酒,是在倒酒,根本连酒是什么味道,都没有感觉出来,好酒拿给他喝,实在是糟蹋了。"

大金鹏王又大笑,道:"看来你倒真不愧是他的知己。"

这主人今天晚上非但兴致很高,而且又换了件用金线绣着团龙的锦袍,看来已真的有点像是国王在用盛宴款待他出征前的大将。

丹凤公主也显得比平时更娇艳,更美丽。

她亲自为陆小凤斟满了空杯,嫣然道:"我倒觉得就要像这样子喝酒才有男子汉的气概,那些喝起酒来像喝毒药一样的男人,绝没有一个女孩子会看上眼的!"

大金鹏王忽然板起了脸，道："女孩子难道都喜欢酒鬼？"

丹凤公主眼珠子转了转，道："喝酒当然也有点坏处。"

大金鹏王道："只有一点坏处？"

丹凤公主点点头，道："一个人酒若是喝得太多，等到年纪大了，腿有了毛病，不能再喝酒时，看见别人喝酒就会生气，一个人常常生气总不是好事。"

大金鹏王还想板着脸，却已忍不住失笑道："说老实话，我年轻时喝酒也是用倒的，我保证绝不会比你倒得慢。"

聪明的主人都知道，用笑来款待客人，远比用丰盛的酒菜更令人感激。

所以懂得感激的客人就该知道，要怎么样才能让主人觉得自己笑得值得。

陆小凤又倒了一杯酒下去，忽然道："我准备明天一早就去找西门吹雪。"

大金鹏王抚掌道："好极了。"

陆小凤道："这人是个怪物，一定要我自己去才找得出来，朱停就不必了。"

他从身上找出张又脏又皱的纸，铺开，用筷子蘸了蘸酱油，在纸上画了个龙飞凤舞的"凤"字，然后就交给丹凤公主，道："你随便找个人带着这张纸去见他，他就会跟那个人来的。"

丹凤公主迟疑着，道："我听说你们已经有很久不说话了。"

陆小凤道："我并没有想到跟他说话，只不过要他来而已，那完全是两回事。"

丹凤公主瞪着眼，道："他不跟你说话，可是一看见你的花押，他就肯跟一个陌生人到陌生的地方来？"

陆小凤道："绝无问题。"

丹凤公主失笑道:"看来这位朱先生倒也可以算是个怪人。"

陆小凤道:"岂止是个怪物,简直是个混蛋。"

丹凤公主折起了这张纸,竟赫然是张五千两的银票。

她忍不住道:"这张银票还能不能兑现?"

陆小凤道:"你认为这是偷来的?"

丹凤公主的脸红了红,道:"我只不过觉得,你们本来既然是好朋友,你用这种法子去请他,他会不会觉得你看不起他?会不会生气?"

陆小凤道:"他不会。"

他笑了笑,接着道:"这个人唯一的好处,就是无论你给他多少钱,他都绝不会生气。"

丹凤公主嫣然道:"这只因为他并不是个伪君子,你也不是。"

你明明知道你的朋友在饿着肚子时,却偏偏要恭维他是个可以不食人间烟火的神仙,是条宁可饿死也不求人的硬汉。

你明明知道你的朋友要你寄钱给他时,却只肯寄给他一封充满了安慰和鼓励的信,还告诉他自力更生是件多么高贵的事。

假如你真的是这种人,那么我可以保证,你唯一的朋友就是你自己。

上官丹凤不是这种人,她显然已明白了陆小凤的意思。

除了有一张美丽的脸之外,她居然还有一颗能了解别人、体谅别人的心——这两样东西本来是很难在同一个女孩子身上找到的。

只有最聪明的女人才知道,体谅和了解,永远比最动人的容貌还能令男人动心。

陆小凤忽然发现自己竟好像愈来愈喜欢这女孩子了,直到现在为止,他心里居然还在想着她。

现在夜已很深，屋子里没有点灯，春风轻轻地从窗外吹进来，送来了满屋花香。

陆小凤一个人躺在床上，眼睛还睁得很大。如此深夜，他为什么还不睡？莫非他还在等人？

他等的当然不会是花满楼，花满楼刚刚才跟他分手没多久。

夜更静，静得仿佛可以听见露珠往花瓣上滴落的声音，所以他听见了走廊上的脚步声。

脚步声很轻，但他的心却忽然跳得很快了，这时脚步声已停在他门外。

门没有闩，一个人轻轻地推开门，走进来，又轻轻地将门掩起。

屋子里暗得很，连这个人的身材是高是矮都分辨不清。

但陆小凤却没有问她是什么人，好像早已知道她是什么人。

脚步声更轻，更慢，慢慢地走到他的床头，慢慢地伸出手来，轻轻地摸着他的脸。

她的手冰冷而柔软，还带着种鲜花的芬芳。

她摸到了陆小凤的胡子，才证实了躺在床上的这个人确实是陆小凤。

陆小凤刚听见衣服落在地上的声音，就已感觉到一个赤裸的身子钻进了他的被窝。

她的身子本来也是冰凉而柔软的，但忽然间就变得发烫起来，而且还在发着抖，就像是跳动的火焰一样，刺激得陆小凤连咽喉都似被堵塞住。

过了很久，他才轻轻叹了口气，喃喃说道："我警告过你，我是禁不起诱惑的，你为什么还是要来？"

她没有说话，她身子抖得更厉害。

他忍不住翻过身，紧紧拥抱着她，她缎子般光滑的皮肤上，立刻被刺激得起了粒粒麻点，好像是春水被吹起了一阵阵漩涡。

她的胸膛已紧紧贴住他的胸膛，她的胸膛就像是鸽子般娇嫩而柔软。

陆小凤忽然推开了她，失声道："你不是……你是什么人？"

她还是不肯开口，身子却已缩成一团。

陆小凤伸出手，刚碰到她的胸膛，又像是触了电般缩回去，道："你是小表姐！"

她终于不能不承认了，吃吃地笑了起来，道："我知道你是小表弟。"

陆小凤就像是突然中了箭般，突然从床上跳起来，道："你来干什么？"

上官雪儿道："我为什么不能来，你刚才以为我是谁？"

听她的声音，她好像已生气了。

一个女孩子最不能忍受的事，也许就是一个男人在跟她亲热时，却将她当作了别人。

陆小凤的嘴并不笨，但是在这种情况下，他实在不知道该说什么。

上官雪儿冷笑了一声，又道："她能来，我为什么不能来，你说？"

陆小凤叹了口气，道："因为我跟你一比，简直就像个老头子。"

上官雪儿道："我到这里，为的就是要证明给你看，我已经不是孩子了，要你相信我不是在说谎，你难道以为我喜欢你？告诉你，少自我陶醉！"

她的声音愈说愈大，愈说愈气，已好像要哭出来的样子。

陆小凤的心又软了，刚伸出手，轻轻揉了揉她的头发，刚想说两句安慰她的话……

忽然间，房门又被推开，黑暗的房子立刻亮了起来。

一个人手里举着灯，站在门口，穿着件雪白的袍子，脸色却比她的白袍子还苍白。

上官丹凤！

陆小凤几乎忍不住要钻到床底下去，他实在受不了她看着他时的那种眼色。

雪儿脸上的表情，也好像一个正在厨房里偷冰糖吃，恰巧被人撞见了的孩子。

可是她立刻又挺起了胸，赤裸裸地站起来，歪着嘴向陆小凤笑了笑，道："你为什么不早点告诉我她要来，我本来可以早点走的。"

上官丹凤看着她，连嘴唇都已气得发抖，想说话，却又说不出。

雪儿也已披上了长袍，昂着头，从她面前走过，忽又歪着嘴对她笑了笑，道："其实你也用不着生气，男人本来就全都是这样子的。"

上官丹凤没有动，也没有开口，她全身都似僵硬。雪儿的脚步声终于已渐渐远去。

上官丹凤还是站在那里，瞪着陆小凤，美丽的眼睛似已有了泪光，喃喃道："这样也好，我总算看清了你是个什么样的男人。"她跺一跺脚，扭头就走。

可是陆小凤已赶过去，拉住了她。

上官丹凤咬着嘴唇，道："你……你还有什么话说？"

陆小凤叹了口气，道："我本来也不必说什么的，因为你应该明白，我本是在等你。"

上官丹凤垂下头，听着，过了很久，也轻轻叹了口气，道："我本来是想来的。"

陆小凤道："现在呢？"

上官丹凤道："现在……现在我却要走了。"

她忽又抬起头，凝视着陆小凤，眼睛里带着种又复杂，又矛盾的表情，也不知是在埋怨，还是在惋惜。

陆小凤苦笑道："你真的相信我会跟雪儿……"

上官丹凤用指尖轻轻掩住了他的嘴，柔声道："我知道你不会，可是今天晚上……今天晚上我已不能留在这里。"

无论谁看见这种煞风景的事，都绝不会再对别的事有兴趣了。

陆小凤当然明白她的意思，他已放开手。

上官丹凤忽然踮起脚尖，在他脸上亲了亲，轻轻说道："你也应该知道我本来并不想走的。"

陆小凤忽然笑了，微笑着道："现在你最好还是快点走，否则我说不定会……"

上官丹凤不等他的话说完，已从他怀抱中溜了出去，忽又回眸一笑，道："我警告你，那小丫头可真是个小妖精，你下次看见她时也最好快点走，我吃醋的时候会咬人的。"

夜更深，更静，天地间充满了宁静与和平。人的心呢？

02

上午。青石板的街道已刚刚被太阳晒得发烫，两旁的店铺还有几家未曾开门。

大城里的人，又有几个还能习惯那种"日出而作"的生活？陆小凤和花满楼正站在发烫的青石板上。

丹凤公主用缀满鲜花的马车，一直将他们送到这里才回头的。

"我们一有消息，就会通知你。"

"我知道，我等你。"

我等你——有她这么样一个女孩子在等你，你还有什么可埋怨的。

花满楼忽然笑着道："我看你只怕迟早总免不了要被她咬一口的了。"

陆小凤瞪了他一眼，也忍不住笑道："这个人的耳朵简直比兔子还要灵呢，下次我倒要提防着他些。"

花满楼微笑着道："她说的那小妖精，也就是上官飞燕的妹妹？"

陆小凤苦笑道："像她那样的小妖怪，无论在什么地方都很难找出第二个。"

花满楼沉吟着，终于忍不住问道："她有没有找到她姐姐？"

陆小凤道："好像还没有——我刚才应该问问上官丹凤的，她也许会知道你那只燕子飞到哪里去了？"

花满楼又笑了笑，道："你不问也好，问了说不定也要被她咬一口。"

陆小凤道："我虽然没有问，但雪儿却已应该问过。"

花满楼道："看样子她也没有问出来！"

他虽然在微笑，但脸上却又掩不住露出了忧虑之色。

陆小凤沉思着，忽又问道："你知不知道上官飞燕有多大年纪？"

花满楼道："她说过，她是属羊的，今年才十八。"

陆小凤用指尖抹着他的胡子，喃喃道："一个十八岁的女孩子，会不会有一个二十岁的妹妹？"

花满楼笑道："这就得看情形了。"

陆小凤怔了怔，道："看情形？"

花满楼道："若连你这样聪明的人，都会问出这么笨的话来，十八岁的女孩子为什么不会有二十岁的妹妹？二十岁的妹妹说不定还会生出八十岁的儿子来！"

陆小凤也笑了，忽然用力拍了拍他的肩，道："十八岁的姐姐显然绝不会有二十岁的妹妹，上官飞燕也就绝不会有意外。"

花满楼道："哦？"

陆小凤道："雪儿说不定根本就知道她姐姐在哪里，却故意用那些话来唬我，现在我才知道，她说的话连一个字都不能相信。"

花满楼又笑了笑，仿佛已不愿再讨论这件事，他忽然改变话题，问道："你不是说你要到这里来找人？"

陆小凤点点头。

花满楼道："西门吹雪好像并不是住在这里的！"

陆小凤道："他本来就不在这里，我找的是别人！"

花满楼道："你找谁？"

陆小凤道："你很少在外面走动，也许还不知道江湖中有两个很奇怪的老头子，一个上知天文，下知地理，古往今来所有奇奇怪怪的事，他都知道一点；另一个的本事更大，无论你提出多奇怪困难的问题，他都有法子替你解决。"

花满楼道："你说的是大通和大智？"

陆小凤道："你也知道他们？"

花满楼淡淡道："我虽然是个瞎子，却一点也不聋。"

陆小凤苦笑道："有时我倒真希望你还是聋一点的好。"

这时他们已走到阴凉的屋檐下，对面正有一个和尚垂着头，规规矩矩地走过来。

这和尚长得倒也是方面大耳，很有福相，身上所穿的却又破又脏，脚上一双草鞋更已几乎烂通了底。

陆小凤看见了这和尚，立刻迎上去，笑道："老实和尚，你好！"

老实和尚抬头看见了他，也笑了，道："你最近有没有变得老实些?"

陆小凤笑道:"等你不老实的时候,我就会老实了。"

老实和尚遇着了他,好像只有苦笑。

陆小凤又道:"看样子你今天好像特别开心,莫非有什么喜事?"

老实和尚苦笑道:"老实和尚怎么会有喜事?像你这样不老实的小伙子才会有喜事。"

陆小凤道:"但今天却好像是例外。"

老实和尚皱了皱眉,又叹了口气,道:"今天的确是例外。"

看他的表情,无论谁都看得出他已不愿陆小凤再问下去。

只可惜陆小凤偏偏有点不识相,还是在问道:"为什么?"

老实和尚苦着脸,讷讷道:"因为……因为我刚做过一件不太老实的事。"

他本来不想说的,却又不能不说,因为他是个老实和尚。

所以陆小凤更觉得奇怪,更要问下去:"你也会做不老实的事?"

老实和尚道:"这还是我平生第一次。"

陆小凤觉得更有趣了,压低声音,道:"你做了什么事?"

老实和尚的脸似已有点发红,嗫嚅着道:"我刚去找过欧阳。"

陆小凤道:"欧阳是什么人?"

老实和尚看着他,表情忽然变得很奇怪,竟好像有点沾沾自喜的样子,又好像对陆小凤的无知很同情,摇着头道:"你怎么连欧阳都不知道?"

陆小凤道:"我为什么一定要知道?"

老实和尚悄悄道:"因为欧阳就是欧阳情。"

陆小凤道:"欧阳情又是何许人也?"

老实和尚的脸更红,结结巴巴地说道:"她是个……是个很出名的……妓女。"

他好像已连吃奶的力气都用了出来，才总算说出了最后这两字。

陆小凤几乎忍不住要跳了起来，他做梦也想不到这老实和尚也会去找妓女。

可是他心里虽然觉得又惊奇，又好笑，脸上却偏偏不动声色，反而淡淡道："其实这也算不了什么，这种事本来就很平常的。"

老实和尚反而吃了一惊，忍不住道："这种事还很平常？"

陆小凤正色道："和尚既没有老婆，也没有小老婆，一个身强力壮的人，若连妓女都不能找，你叫他们怎么办？难道去找尼姑？"

老实和尚已听得怔住。

陆小凤接着道："何况，高僧和名妓不但是妙对，而且本来就有种很密切的关系。"

老实和尚忍不住问道："什么关系？"

陆小凤道："高僧是做一天和尚，撞一天钟，名妓却是做一天钟，撞一天和尚……这种关系难道还不够密切么？"话还没有说完，他自己忍不住笑得弯了腰。

老实和尚却已气得发了呆，呆呆地怔了半天，才叹息着，喃喃道："我佛慈悲，为什么叫我昨晚上遇见孙老爷，今天早上又遇见陆小凤？"

陆小凤忽然不笑了，急急问道："你看见了孙老爷？他在哪里？我正要找他。"

老实和尚却好像没听见他的话，嘴里还是念念有词，道："阿弥陀佛，看来坏事真是万万做不得的，我真该死，菩萨应该罚我爬回去。"

他念着念着，忽然伏在地上，竟真的一路爬着走了。

陆小凤也只有看着他苦笑，全没有半点别的法子。

花满楼忍不住走过来，问道："他真的在爬？"

陆小凤叹了口气，苦笑道："这个人若说要爬十里，就绝不会只爬九里半的，因为他是个老实和尚。"

花满楼笑道："看来他不但是个老实和尚，还是个疯和尚。"

陆小凤道："但他却是在装疯，其实他心里比谁都清楚。"

花满楼道："孙老爷又是何许人也？"

提起孙老爷，陆小凤的兴致又高了，道："这孙老爷的全名应该是龟孙子大老爷。"

花满楼失笑道："他怎么会起这么样个好名字？"

陆小凤道："因为他自己常说他自己没钱的时候虽然是龟孙子，但有钱的时候就是大老爷了，他又恰巧姓孙，所以别人就索性叫他孙老爷。"

花满楼笑道："你认得的怪物倒真不少。"

陆小凤道："幸好十个怪物，倒有九个都不太讨厌，这孙老爷尤其不讨厌。"

花满楼道："你要找的究竟是大通大智，还是他？"

陆小凤道："大通大智本是两个怪物，从来也没有人见过他们，更没有人知道他们的行踪，除了孙老爷外，谁也找不到他们！"

花满楼道："想不到这孙老爷的本事倒不小。"

陆小凤道："这个人从小就吃喝嫖赌，浪荡逍遥，平生没做过一件正经事，也没有别的本事，就凭这一样本事，已经足够他逍遥半生了。"

花满楼道："为什么？"

陆小凤道："因为无论谁要找大通大智，都得把他从各种地方赎出来。"

花满楼道："赎出来？为什么要赎出来？"

陆小凤道："这个人花起钱来比谁都凶，所以他大老爷总是做不了三天，就要变成龟孙子，等到没钱付账时，他就把自己押在那里，等着别人去赎,这样的日子他居然一过就是十年,我想不佩服他都不行。"

花满楼笑道:"看来这个人不但有本事,而且还很有福气。"

陆小凤道:"一点也不错,若要是没福气的人过他这种日子,不出半年准会发疯。"

花满楼道:"现在你准备到哪里去赎他?"

陆小凤道:"我当然要先去找欧阳。"

花满楼道:"欧阳?"

陆小凤笑了,悠然道:"连欧阳你都不知道?欧阳就是……"

欧阳情。怡情院里的花牌上,第一个名字就是她。

据说她最大的本事,就是对什么人都一样,不管你是和尚也好,是秃子也好,只要你有钱,她就会把你当作世界上最可爱的人——干她这行的,只要有这一样本事,就已足够了。

何况她长得又的确不丑,白生生的脸,乌油油的头发,笑起来脸上一边一个酒窝,一双眼睛总是笑眯眯地看着你,让你觉得无论花多少银子在她身上,都一点也不冤枉。

现在她正笑眯眯地看着陆小凤,看着陆小凤的小胡子,就好像从来也没有见过这么英俊的男人,这么漂亮的胡子。

陆小凤却被她看得有点飘飘然了,口袋里的银票,也好像已长出翅膀要往外飞。

欧阳情笑得更甜,道:"你以前好像从没有到这里来过?"

陆小凤道:"从来也没有。"

欧阳情道:"你一来就找我?"

陆小凤道:"我第一个找的就是你!"

欧阳情垂下了头,轻轻道:"这么样说来,难道我们真的有缘?"

陆小凤道:"一点也不假!"

欧阳情眼波流动，道："可是，你又怎么会知道有我这么样一个人的？"

陆小凤道："有个神仙今天早上在梦里告诉我，说我们八百年前就有缘了。"

欧阳情惊笑道："真有这回事？"

陆小凤说道："连半点都不假，那神仙是个和尚，看样子就很老实，他还说连他自己都来找过你呢！"

欧阳情居然还是面不改色，嫣然道："昨天晚上倒真有个和尚来过，我到床上睡觉时，他就在这里坐着看了我一夜，我还以为他有什么毛病，却想不到他竟是神仙。"

她忽然走过来，坐到陆小凤腿上，轻抚着陆小凤的小胡子，咬着嘴唇笑道："只不过这一点你可千万不能学他。"

陆小凤道："我不是神仙。"

欧阳情附在他耳旁，轻咬着他的耳朵，吃吃地笑道："其实做神仙也没什么好处，只要你这朋友出去，我就可以让你觉得比神仙还快活。"

花满楼一直微笑着，静静地坐在较远一个角落里，他好像已不愿让这出戏再演下去，忽然道："我们是来找孙老爷的，你一定知道孙老爷在哪里？"

欧阳情道："孙老爷，听说他还在隔壁的潇湘院，等着人去赎他，你一出去就可以找到潇湘院的了。"她希望花满楼快走。

但是陆小凤却先推开她站了起来。

欧阳情皱起眉，道："你也要去？"

陆小凤叹了口气，道："我也不想去，只可惜非去不可。"

欧阳情道："你要去赎他？"

陆小凤道："不是去赎他，是陪着他一起等人来赎。"

他苦笑拍了拍腰袋,又道:"老实说,现在我们身上剩下的钱,连买块大饼都不够。"

欧阳情虽然还在笑,但却已经变成另一种笑了,一种让你一看见就再也坐不住的假笑。陆小凤却好像看不出,忽又笑道:"但我们既然有缘,我又怎么能走?我看不如还是让他……"

欧阳情立刻打断了他的话,道:"我们既然有缘,将来应该还是会在一起的,现在你还是去找他吧,我……我忽然觉得有点不舒服,我肚子疼。"

陆小凤走过来,迎着从东面吹过来的春风,长长地吸了一口气,微笑着道:"你若要摆脱一个女人,最好的法子就是让她自己说肚子疼,一个出来玩玩的男人,至少应该懂得三种法子能让女人肚子疼。"

花满楼淡淡道:"我一向知道你的办法很多,但直到今天才知道你完全不是个君子。"

陆小凤道:"为什么?"

花满楼道:"你明明知道她是个什么样的女人,为什么一定要当面揭穿她?"

陆小凤道:"因为我不喜欢虚情假意的人。"

花满楼道:"可是她不能不虚情假意,她要活下去,假如她对每个人都有真情,在这种地方怎么能活得下去?"他微笑着,接着道,"你够义气,够朋友,甚至已可算是个侠客,但你却有个最大的毛病。"

陆小凤只有听着。

花满楼道:"这世上有很多人虽然很可恶,很可耻,但他们做的事,有的也是被逼不得已的,你最大的毛病,就是从来没有替他们想过。"

陆小凤看着他,过了很久,才轻轻地叹息了一声,道:"有时我的确不喜欢跟你在一起。"

花满楼道："哦？"

陆小凤道："因为我总觉得我这人还不错，可是跟你一比，我简直就好像是个混蛋了。"

花满楼微笑道："一个人若知道自己是混蛋，那么他总算还有药救。"

"我是个混蛋，一等一的大混蛋，空前绝后的大混蛋，像我这样的混蛋，一百万个人里，都找不出一个。"他们一走进潇湘院，就听见有人在楼上大叫大喊。

花满楼道："孙老爷？"

陆小凤笑道："一点也不错，自己知道自己是混蛋的人并不多。"

花满楼笑道："所以他还有药救。"

陆小凤道："现在我只希望他还不太醉，还能站得起来。"

孙老爷虽然已站不起来，幸好还能坐起来。

现在他就直挺挺地坐在陆小凤刚雇来的马车里，两眼发直，瞪着陆小凤，道："你就算急着要去找那两个老怪物，至少也该先陪我喝杯酒的。"

陆小凤叹了口气，道："我只奇怪，那些人明明知道你已囊空如洗，为什么还要给你酒喝？"

孙老爷咧开嘴一笑，道："因为他们知道迟早总有你这种冤大头会去赎我。"

其实他自己的头绝不比任何人的小，没有看见过他的人，几乎很难想象他这么样一个又瘦又小的人，会长着这么样一个大脑袋。

陆小凤道："像你现在这样子，是不是还能马上找得到他们？"

孙老爷傲然道:"当然,无论那两个怪物多古怪,我却偏偏正好是他们的克星——可是我们得先约法三章。"

陆小凤道:"你说。"

孙老爷道:"一个问题五十两,要十足十的银元宝,我进去找时,你们只能等在外面,有话要问时,也只能在外面问。"

陆小凤苦笑道:"我实在不懂,他们为什么从来也不愿见人?"

孙老爷又笑了,道:"因为他们觉得世上的人除了我之外,全都是面目可憎的大混蛋,却不知天下最大的一个混蛋就是我。"

03

山窟里阴森而黑暗,洞口很小,无论谁都只有爬着才能进去。孙老爷就是爬进去的。

陆小凤和花满楼在外面已等了很久,陆小凤已等得很不耐烦。

花满楼却微笑着道:"我知道你一定已等得着急了,可是你为什么不想想,这里的风景多美,连风吹在身上都是舒服的,一个人能在这里多停留一会儿,岂非是福气?"

陆小凤道:"你怎么知道这里的风景好?"

花满楼道:"我虽然看不见,却能领略得到,所以我觉得,只有那些虽然有眼睛却不肯看的人,才是真正的瞎子。"

陆小凤说不出话来了。

就在这时,山窟里已传出孙老爷的声音,道:"可以开始了。"

第一块五十两重的银子抛进去,第一个问题是:"五十年前,世上是不是有个金鹏王朝?"

过了片刻，山窟里就传出一个低沉而苍老的声音："金鹏王朝本在极南一个很小的国度里，他们的风俗奇特，同姓为婚，朝中当权的人，大多复姓上官，这王朝虽然古老而富庶，但五十年前已覆没，王族的后代，据说已流亡到中土来。"

陆小凤吐出口气，仿佛对这答复很满意，于是又抛了锭银子进去，开始问第二个问题："除了王族的后代外，当时朝中的大臣，还有没有别人逃出来的？"

"据说还有四个人，受命保护他们的王子东来，其中一人也是王族，叫上官谨，还有三人是大将军平独鹤、司空上官木和内库总管严立本。"

这问题还有点补充："这王朝所行的官制，和我们汉唐时相差无几。"

第三个问题是："他们后来的下落如何？"

"到了中土后，他们想必就隐姓埋名，因为新的王朝成立后，曾经派遣过刺客到中土来追杀，却无结果，当时的王子如今若是还活着，也已是个行将就木的老人了。"

陆小凤沉吟了很久才问出第四个问题："若有件极困难的事定要西门吹雪出手，要用什么法子才能打动他？"

这次山窟里沉默了很久，才说出了四个字的回答："没有法子。"

城里"上林春"的竹叶青和腊牛肉、五梅鸽子、鱼羊双鲜，都是远近驰名的，所以他们现在正在上林春。

陆小凤是个很讲究吃，也很懂得吃的人。

"没有法子，这算是什么回答？"陆小凤喝了杯竹叶青，苦笑道，"这一桌子酒菜最多也只有五两银子，这见鬼的回答却要五十两。"

花满楼淡淡地微笑着，道："他说没有法子，难道就真的没有法子？"

陆小凤道："西门吹雪既有钱，又有名，而且还是个彻底的自由汉，从来也不管别人的闲事，再加上六亲不认，眼高于顶，你对这个人能有什么法子？"

花满楼道："但有时他却会为了一个素不相识的人，奔波三千里去复仇。"

陆小凤道："那是他自己高兴，他若不高兴，天王老子也说不动他。"

花满楼微笑道："无论如何，我们这次总算没有空跑一趟，我们总算已知道，大金鹏王说的那些事，并不是空中楼阁。"

陆小凤道："就因为他说的不假，所以这件事我们更非管不可；就因为我们要管这件事，所以更少不了西门吹雪。"

花满楼道："他的剑法真有传说中那么可怕？"

陆小凤道："也许比传说中还可怕，从他十五岁时第一次出手，直到现在，还没有一个人能在他剑下全身而退的。"

花满楼道："这件事为什么一定非他不可？"

陆小凤道："因为我们要对付的既不是普通人，也不是一个人。"

他又倒了杯酒下去，接着道："独孤一鹤若真是青衣楼的大老板，他手下就至少有五六个很难对付的人，何况，峨眉派本身就已高手如云！"

花满楼道："我也听说过峨眉七剑，三英四秀，都是当今武林中，后起一代剑客中的佼佼者。"

陆小凤道："阎铁珊'珠光宝气阁'的总管霍天青，却比他们七个人加起来还难对付，这个人年纪不大，辈分却极高，据说连关中大侠山西雁，都得叫他一声师叔的。"

花满楼道:"这种人怎么肯在严立本手下做事?"

陆小凤道:"因为他昔年在祁连山被人暗算重伤,严立本曾经救过他的命。"

花满楼道:"霍休常年踪影不见,他那庞大的财产,当然也有极可靠的人照顾,那些人当然也不是好对付的。"

陆小凤道:"一点也不错。"

花满楼道:"所以我们非把西门吹雪找出来不可。"

陆小凤道:"完全说对了。"

花满楼沉吟着,道:"我们能不能用激将法,激他出来和这些高手一较高低?"

陆小凤道:"不能。"

花满楼道:"为什么?"

陆小凤道:"因为这人非但软硬不吃,而且聪明绝顶就跟我一样。"

他笑了笑,接着道:"若有人对我用激将法,也是连半点用都没有的。"

花满楼又沉默了很久,缓缓道:"我有个法子,倒也可以去试一试。"

陆小凤道:"什么法子?"

这个法子花满楼还没有说出来,就忽然听见门口发生一阵骚动,一阵惊呼。

一个人踉踉跄跄地从门外冲进来,一个血人。

四月的春阳过了,正午已偏西,斜阳从门外照进来,照在这个人身上,照得他满身的鲜血都发出了红光,红得令人连骨髓都已冷透。

血是从十七八个地方同时流出来,头顶上、鼻子里、耳朵里、眼睛里、嘴里、咽喉上、胸膛上、手腕上、膝盖上、双肩上,都在流着血。

就连陆小凤都从未看见过一个人身上有这么多伤口,这简直令人连想都不敢想。

这人也看见了他,突然冲过来,冲到他前面,用一双已被鲜血染红了的手,一把抓住他的肩,喉咙里"咯咯"地响,像是想说什么。

可是他连一个字都没说出来,他的咽喉已被割断了一半,但他却还活着。

这是奇迹?还是因为他在临死前还想看陆小凤一面,还想告诉陆小凤一句话?

陆小凤看着他狰狞扭曲的脸,突然失声而呼:"萧秋雨!"

萧秋雨喉咙里仍在不停地"咯咯"直响,流着血的眼睛里,充满了焦急、恐惧、愤怒、仇恨。

陆小凤道:"你是不是想说什么?"

萧秋雨点点头,突然发出了一声绝望的惨呼,就像是一匹孤独、饥饿、受了伤的狼,垂死前在冰天雪地中所发出的那种惨呼一样。

然后他的人突然一阵抽搐,仿佛有一根看不见的鞭子,重重地抽在他身上。

他想告诉陆小凤的,显然是件极可怕的秘密,可是他永远说不出来了。

他倒下去时,四肢已因痛苦绞成了一团,鲜红的血,已渐渐变成紫黑色。

陆小凤跺了跺脚,振起双臂,高大的身子就像是飞鹏一样,掠过了四五张桌子,从人们的头顶上飞出,掠到门外。

青石板铺成的长街上,也留着一串鲜血,从街心到门口。

"刚才有辆马车急驰而过,那个人就是从马车上被推下来的。"

"是辆什么样的马车？"

"黑马车，赶车的好像是条青衣汉子。"

"从哪边去的？"

"西边。"

陆小凤什么也不说，迎着斜阳追出去，奔过长街，突然又听见左边的那条街上传来一阵惊呼，一阵骚动。

一辆漆黑的马车，刚闯入一家药铺，撞倒了四五个人，撞翻了两张桌子。

现在马已倒了下去，嘴角还在喷着浓浓的白沫子。

赶车的人也已倒了下去，嘴角流的却是血，紫黑色的血，一滴滴落在他的衣襟上。

青布衣裳，他的脸也已扭曲变形，忽然间，淡黄的脸已变成死黑色。

陆小凤一把拉开了车门，车厢里的座位上，竟赫然摆着一对银钩。

银钩上系着条黄麻布，就像是死人的招魂幡，上面的字也是用鲜血写出来的："以血还血！"

"这就是多管闲事的下场！"

银钩在闪闪地发着光。

花满楼轻抚着钩锋，缓缓道："你说这就是勾魂手用的钩？"

陆小凤点点头。

花满楼道："勾魂手就是死在萧秋雨手上的？"

陆小凤长长叹息，道："以血还血！"

花满楼道："但另外一句话，却显然是警告我们不要多管闲事的。"

陆小凤冷笑道："青衣楼的消息倒真快，但却看错人了。"

花满楼也叹了口气，道："他们的确看错了人，青衣楼本不该做出这种笨事的，难道他们真的认为这样子就能吓倒你？"

陆小凤道："这样做只对一个人有好处。"

花满楼道："对谁？"

陆小凤道："大金鹏王！"

这世上有种人天生就是宁折不弯的牛脾气，你愈是吓唬他，要他不要管一件事，他愈是非管不可的。

陆小凤就是这种人。

现在你就算用一百八十把大刀架在他脖子上，这件事他也管定了。

他紧紧握着银钩，忽然道："走，我们这就去找西门吹雪，现在我也想出了一种法子对付他。"

花满楼道："什么法子？"

陆小凤道："这次他若一定不肯出手，我就放火烧了他的万梅山庄。"

第五章

悲歌

01

万梅山庄还没有梅花。

现在是四月,桃花和杜鹃正开放,开在山坡上。

面对着满山遍地的鲜花,花满楼几乎不愿再离开这地方了,他安详宁静的脸上,忽然有了无法形容的光彩,就仿佛初恋的少女看见自己的情人时一样。

陆小凤忍不住道:"我并不想煞风景,可是天一黑,西门吹雪就不见客了。"

花满楼道:"连你也不见?"

陆小凤道:"连天王老子都不见。"

花满楼道:"若他不在呢?"

陆小凤道:"他一定在,每年他最多只出去四次,只有在杀人时才出去。"

花满楼道:"所以他每年最多只杀四个人。"

陆小凤道:"而且杀的都是该杀的人。"

花满楼道:"谁是该杀的人,谁决定他们是不是该杀的?"他忽然叹了口气,道:"你去找他,我情愿在这里等你。"

陆小凤没有再说什么,他很了解这个人。

从来也没有人看见花满楼发过脾气,可是他若决定了一件事,也从来没有任何人能够改变他的主意。

他面对着满山鲜花,慢慢地接着道:"你见到他时,最好先试试我的法子,再试你的。"

屋子里看不见花,却充满了花的芬芳,轻轻的、淡淡的,就像是西门吹雪这个人一样。

陆小凤斜倚在一张用常青藤编成的软椅上,看着他。杯中的酒是浅碧色的,他身上雪白的衣裳轻而柔软。

一阵阵比春风还轻柔的笛声,仿佛很近,又仿佛很远,却看不见吹笛的人。

陆小凤叹了口气,道:"你这人这一生中,有没有真的烦恼过?"

西门吹雪道:"没有。"

陆小凤道:"你真的已完全满足?"

西门吹雪淡淡道:"因为我的要求并不高。"

陆小凤道:"所以你从来也没有求过人?"

西门吹雪道:"从来没有。"

陆小凤道:"所以有人来求你,你也不肯答应?"

西门吹雪道:"不肯。"

陆小凤道:"不管是什么人来求你,不管求的是什么事,你都不肯答应?"

西门吹雪道:"我想要去做的事,根本就用不着别人来求我,否则不管谁都一样。"

陆小凤道:"若有人要放火烧你的房子呢?"

西门吹雪道:"谁会来烧我的房子?"

陆小凤道:"我。"

西门吹雪笑了。他很少笑,所以他的笑容看来总仿佛带着种说不出的讥讽之意。

陆小凤道:"我这次来,本来是要你帮我去做一件事的,我答应过别人,你若不肯出去,我就放火烧你的房子,烧得干干净净。"

西门吹雪凝视着他,过了很久,才缓缓道:"我的朋友并不多,最多的时候也只有两三个,但你却一直是我的朋友。"

陆小凤道:"所以我才来求求你。"

西门吹雪淡淡地道:"所以你不管什么时候要烧我的房子,都可以动手,也不管从哪里开始都行。"

陆小凤怔住了,他也很了解这个人。

这个人说出来的话,就像是射出去的箭一样,从来也不会回头的。

西门吹雪道:"我后面的库房里,有松香和柴油,我建议你最好从那里开始烧,最好在晚上烧,那种火焰在晚上看起来一定很美。"

陆小凤忽然道:"你有没有听说过大通、大智这两个人?"

西门吹雪冷冷道:"听说这世上还没有他们答不出的问题,天下的事他们难道真的全知道?"

陆小凤道:"你不信?"

西门吹雪道:"你相信?"

陆小凤道:"我问过他们,要用什么法子才能打动你,他们说没有法子,我本来也不信,但现在看起来,他们倒真的了解你。"

西门吹雪看着他,忽又笑了笑,道:"这次他们就错了。"

陆小凤道:"哦?"

西门吹雪道:"你并不是完全没有法子打动我!"

陆小凤道:"我有什么法子?"

西门吹雪微笑着,道:"只要你把胡子刮干净,随便你要去干什么,我都跟你去。"

02

朋友们以后再看见陆小凤,也许再不会认得他了。

这个本来有四条眉毛的人,现在只剩下了两条,他本来长胡子的地方,现在已变得像是个刚出生的婴儿一样光滑。只可惜花满楼看不见。

他当然也看不见跟着陆小凤一起来的西门吹雪,却微笑着道:"西门庄主?"

西门吹雪道:"花满楼。"

花满楼点点头,道:"只恨在下身带残疾,看不见当代剑客的风采。"

西门吹雪凝视着他,忽然道:"阁下真的看不见?"

花满楼道:"庄主想必也该听说过,花满楼虽有眼睛,却瞎如蝙蝠。"

西门吹雪道:"阁下难道竟能听得见我的脚步声?"

他也正如独孤方一样,忍不住要问这句话。他对自己的轻功和剑法,都同样自负,他的轻功也实在值得他自负。

花满楼道:"据在下所知,当今天下,最多只有四五个人行动时能完全不发出任何声音,庄主正是其中之一。"

西门吹雪道:"但你却知道我来了!"

花满楼笑了笑,道:"那只因庄主身上带着的杀气!"

西门吹雪道:"杀气?"

花满楼淡淡道:"利剑出鞘,必有剑气,庄主平生杀人几许?又怎么会没有杀气?"

西门吹雪冷冷道:"这就难怪阁下要过门不入了,原来阁下受不了我这种杀气!"

花满楼微笑道:"此间鲜花之美,人间少见,庄主若能多领略领略,这杀气就会渐渐消失于无形中的。"

西门吹雪冷冷道:"鲜花虽美,又怎能比得上杀人时的血花?"

花满楼道:"哦?"

西门吹雪目中忽然露出一种奇怪的光亮,道:"这世上永远都有杀不尽的背信无义之人,当你一剑刺入他们的咽喉,眼看着血花在你剑下绽开,你若能看得见那一瞬间的灿烂辉煌,就会知道那种美是绝没有任何事能比得上的。"他忽然转身,头也不回地走了。

暮霭苍茫,仿佛在花丛里撒下了一片轻纱,他的人忽然间就已消失在暮色里。

花满楼忍不住轻轻叹息了一声,道:"现在我才明白,他是怎么会练成那种剑法的了。"

陆小凤道:"哦?"

花满楼道:"因为他竟真的将杀人当作了一件神圣而美丽的事,他已将自己的生命都奉献给这件事,只有杀人时,他才是真正活着,别的时候,他只不过是等待而已。"

陆小凤沉思着,忽然也轻轻叹息,道:"幸好他杀的人,都是该杀的。"

花满楼微笑着,没有再说什么。

这时无边的夜色忽然已笼罩了大地。

疏星刚升起,一弯蛾眉般的下弦月,正挂在远远的树梢。风中还带着花香，夜色神秘而美丽。

花满楼慢慢地走在山坡上，仿佛也已落入一个神秘而美丽的梦境里。

陆小凤却忍不住道："你为什么不问我，此行是不是已有收获？"

花满楼笑了笑，道："我知道你已说动了他。"

陆小凤道："你知道？怎么会知道的？"

花满楼道："他既没有留你，也没有送你，你却也没有生气，当然是因为你们已经约好了相见之地。"

陆小凤道："你也知道我用的是什么法子？"

花满楼道："当然是我的法子。"

陆小凤道："为什么？"

花满楼道："因为他虽无情，你却有情，他知道你绝不会烧他房子的，何况，你就算真的烧，他也不会放在心上。"

陆小凤笑了，微笑着叹了口气，道："不管你多厉害，有一样事你还是永远也想不到的。"

花满楼道："什么事？"

陆小凤摸了摸他本来留着胡子的地方，道："你慢慢地猜，猜中时我再告诉你。"

花满楼笑了，道："我若已猜出来，又何必还要你告诉我？"

陆小凤也笑了，可是他还没有开口，忽然发现花满楼安详平静的微笑，竟在这一瞬间忽然变得说不出的奇特僵硬。

他忍不住问道："你又发现了什么？"

花满楼没有回答，也没有听见他的话，却仿佛在倾听着遥远处一种神秘的声音，一种只有他才能听见的声音。

他忽然改变方向，向山坡后走了过去。

陆小凤只有跟着他走，夜色更暗，星月都已隐没在山峰后。

忽然间,他也听见了一阵缥缈的歌声,带着种淡淡的忧郁,美得令人心碎。

歌词也是凄凉、美丽而动人的,是叙说一个多情的少女,在垂死前向她的情人,叙说她这一生的飘零和不幸。

陆小凤并没有仔细去倾听这歌词,因为他觉得花满楼的神情太奇怪,他又忍不住要问:"你以前听见过这首歌?"

花满楼终于点了点头,道:"我听人唱过!"

陆小凤道:"听谁唱过?"

花满楼道:"上官飞燕。"

陆小凤常常说,这世上可以让他完全信赖的东西一共就只有十二样,其中有一样就是花满楼的耳朵。

别人连亲眼看见的事,有时都会看错,可是花满楼却从来没有听错过。

他虽然没有说出来,但他脸上的表情,却已无异告诉了陆小凤,现在唱歌的也正是上官飞燕。

这个已神秘失踪了的少女,怎么会又忽然出现在这里?为什么要一个人躲在这月夜荒山里,唱这首凄凉幽怨的歌曲?

她是唱给谁听的?

难道她也像歌词中的那身世飘零的孤女一样,在垂死前向她的情人叙说她命运的凄苦不幸?

陆小凤并没有再问下去,因为这时黑暗中已忽然出现了一点灯光。

歌声正是从灯火闪动处传来的。

花满楼已展动身形,向那边飞掠了过去,他虽然看不见这盏孤灯的光,可是他飞掠的方向却完全没有错误。

灯火愈来愈近了，陆小凤已可分辨出那是一间小小的庙宇，供奉的也不知道是山神？还是土地？

就在这时，歌声竟突然停顿，天地间突然变得说不出的空虚寂静。

陆小凤看了花满楼一眼，忍不住道："她若真的在唱给你听，就不会走的。"

可是她已走了。灯光还亮着，阴森森的山神庙里，却已看不见人影。

黑脸的山神提着钢鞭，跨着猛虎，在暗淡的灯光下看来，仿佛正待挥鞭痛惩世上的奸贼，为善良的人们抱不平。

油漆剥落的神案上，有个破旧的铜盆，盆中盛满了清水，水上漂浮着一缕乌丝。

花满楼道："你在看什么？"

陆小凤道："桌上有一盆水，水里还有几根头发。"

花满楼道："头发？"

头发很柔软，还残留着一种少女的发香。

陆小凤道："是女人的头发，刚才好像有个女孩子在这里，一面唱着歌，一面用这盆水作镜子梳头，但现在她的人却不见了。"

花满楼慢慢地点了点头，仿佛早已想到她绝不会在这里等他。

陆小凤道："在这种地方、这种时候，她居然还有心情梳头，显然是个很爱漂亮的女孩子。"

花满楼淡淡道："十七八岁的女孩子，又有谁不爱漂亮？"

陆小凤道："上官飞燕岂非正是个十七八岁的女孩子？"

花满楼道："她本来就爱漂亮。"

陆小凤看着他，试探着道："你以前当然摸过她的头发。"

花满楼笑了笑——笑有很多种，他这种笑的意思，就是承认。

陆小凤道："这是不是她的头发？"

他相信花满楼的指尖，也和耳朵同样灵敏，他亲眼看见花满楼用指尖轻轻一触，就可以分辨出一件古董的真假。

花满楼已接过那根头发，正在用指尖轻轻抚摸，脸上忽然又露出种很奇怪的表情，竟分不出是欢喜？还是悲伤？

陆小凤道："这的确是她的头发？"

花满楼点了点头。

陆小凤道："她刚才既然还在这里，还能梳头唱歌，可见她还好好地活着。"

花满楼又笑了笑——笑有很多种，可是他这种笑，却也分不出是欢喜？还是悲伤？

她刚才既然在这里，为什么不等他？她若不知道他会来，又是在为谁而歌唱？

陆小凤暗中叹息，也不知该安慰安慰他？还是假装不懂。

有风吹过，从门外吹进来，那提着钢鞭、跨着黑虎的黑面山神像，突然从中间裂开，一条四尺长的钢鞭，突然断成八九截。

接着，巨大的山神像也一块块地粉裂，一块块落在地上。

尘土迷漫中，陆小凤忽然发现山神像后的墙壁上，竟有个人被挂在半空中。

一个死人，身上的血渍还没有干，一对判官笔从他胸膛上插进去，将他活生生地钉在那里，判官笔飘扬着两条招魂幡一样的黄麻布。

"以血还血！"

"这就是多管闲事的榜样！"

同样的两句话，同样用鲜血写出来的，血渍似已干透。

陆小凤不用再看这死人的脸，已知道他是什么人了。

独孤方！

不是柳余恨，是独孤方，一心求死的人还未死，不想死的人却已死了。

陆小凤恨恨道："神像早已被人用内力震毁，这死人正是摆在这里，等着我们来看的。"

花满楼的脸色苍白，终于忍不住问道："死的是不是上官飞燕？"

陆小凤道："死的是独孤方，我实在没想到第二个死的是他。"

花满楼沉思着，道："他为什么会到这里来？上官飞燕又为什么会到这里来？难道她也是被人所害？难道她已落在青衣楼手里？"

陆小凤皱眉，道："你平时一向很想得开的，一遇到她的事，为什么就偏偏要往坏处去想？"

花满楼沉默了很久，才长长叹息，道："这是不是因为我太关心她？"

是的！若是太关心了，就难免要想，若是想得太多，就难免要钻牛角尖了。

所以愈是相爱的人，愈容易发生误会，在分离时也就愈痛苦。

陆小凤勉强笑了笑，道："不管怎么样，她总算还活着，一个人的脖子若有柄刀在架着，又怎么还能唱出那么好听的歌？"

歌唱得并不好听，因为是陆小凤唱的。

"人生得意须尽欢，

　莫使金樽空对月……"

他用筷子敲着酒杯，反反复复地唱着，唱来唱去就只有这两句。

他唱一遍，花满楼就喝一杯，终于忍不住道："我并不是说你唱得不好，可是你能不能换两句唱唱？"

陆小凤道："不能！"

花满楼道:"为什么?"

陆小凤道:"因为我只会唱这两句。"

花满楼笑了,道:"别人都说陆小凤惊才绝艳,聪明绝顶,无论什么样的武功,都一学就会,可是你唱起歌来,却实在比驴子还笨。"

陆小凤道:"你若嫌我唱得不好,你自己为什么不唱?"

他就是逼花满楼,要花满楼唱,因为他从未看过花满楼这么样想不开,也从未看过花满楼这么样喝酒。

酒并不好,山村野店里,怎么会有好酒?

但无论什么样的酒,至少总比没有酒好,花满楼突然举杯一饮而尽,高声而歌:

"云一緺,玉一梭,澹澹衫儿薄薄罗,轻颦双黛螺。

秋风多,雨相和,帘外芭蕉三两窠,夜长人奈何。"

这首"长相思"本是南唐后主李煜为怀念他的亡妻大周后而作,凄恻缠绵的歌词里,带着种叙不尽的相思之意。

陆小凤忽然发现花满楼是真的已爱上那个神秘而美丽的女孩子了,他从来不说,只因为爱得深。他爱得深,只因为他从未爱过。

可是上官飞燕呢?

她的行踪实在太诡秘,做的事也实在太奇怪,就连陆小凤都摸不透她的心意,又何况已陷入情网的花满楼。

陆小凤忽然笑道:"我唱得虽不好,你唱得却更糟,我唱的至少还能让你发笑,你唱的却让我连笑都笑不出了。"

花满楼道:"所以我们不如还是喝酒,今朝有酒,且醉今朝。"

他们举起杯,忽听一人道:"哪位是陆小凤大少爷?"

夜已深了,人已散了,这山村野店里,本已不会再有人来,更不会有人来找陆小凤。

但这个人却偏偏来了，偏偏是来找陆小凤的。

看他的打扮，仿佛是山里的猎户，手里提着个竹篮，篮子里装着一只已烤好的山鸡。

陆小凤忍不住问道："你找陆小凤干什么？"

猎户将竹篮放在桌上，道："这是陆大少爷的姑妈特地买下来，叫我送来给陆大少爷下酒的。"

陆小凤怔了怔，道："我的姑妈？"

猎户竟也似怔了怔，道："你就是陆小凤陆大少爷？"

陆小凤点点头，道："只不过我既不是大少爷，也没有姑妈。"

猎户道："一定有的，绝不会错。"

陆小凤道："为什么？"

猎户道："那位姑娘若不是你的姑妈，为什么要花五两银子买下这几只山鸡，又花五两银子叫我送来，只不过……"

陆小凤道："只不过怎么样？"

猎户用眼角瞅着他，忍着笑道："她说陆大少爷是个有四条眉毛的人，我一看就会认得的，可是你却像只有两条眉毛。"

陆小凤板着脸，自己却也忍不住笑了，道："你几时看见过有四条眉毛的人？"

猎户也笑了，道："就因为我没有看见过，所以想来看看，倒并不是完全为了那五两银子。"

陆小凤道："我姑妈是个什么样的人？"

猎户道："是个小姑娘。"

陆小凤失声道："是个小姑娘？你这么大的人，会不会有个姑妈是小姑娘？"

猎户苦笑道："我本来也不相信的，可是她说她年纪虽不大，辈分却很高，她还说她有个侄孙子叫花满楼，今年已五十多了。"

陆小凤看了看花满楼，想笑，又不好意思笑出来。

花满楼却笑了笑，道："不错，我的确是有这么一位姑婆。"

猎户又怔了怔，道："你就是花满楼？你今年已有五十多？"

花满楼道："我保养得好，所以看来年纪轻。"

猎户忍不住问道："要怎么保养，我……我可不可以学学？"

花满楼淡淡道："那也容易，我只不过每天吃五十条蚯蚓、二十条壁虎，外加三斤人肉。"

猎户看着他，连眼珠子好像都要掉了下来，突然回转身，头也不回地跑了出去，落荒而逃了。

陆小凤终于忍不住大笑。

花满楼也笑道："你说得不错，看来那小妖怪说起谎来，的确连死人都要被她骗活。"

他说话的时候，有意无意间用筷子指了指左边的窗户。

陆小凤的人已飞身而起，凌空一翻，又推开了窗户——一个梳着两条辫子的小女孩，正躲在窗外掩着嘴偷偷地笑。

上官雪儿的眼睛还是那么大，样子还是那么乖，可是已笑不出了。

陆小凤揪着她的辫子，把她拉了进来，道："就是这个小妖怪，不但要做我的姑妈，还要做你的姑婆。"

雪儿噘着嘴，道："人家只不过是说着玩的，就算你开不起玩笑，也不必拿人家的辫子出气。"

花满楼微笑道："何况人家总算花了十两银子请你，这山鸡的味道也不错，你就算不感激，最少也该对人家客气些。"

雪儿嫣然道："还是我这侄孙子有良心，总算说了句公道话。"

陆小凤大笑，道："原来有良心的人，还是要比没良心的晚一辈。"

他大笑着松开手,雪儿就像是小狐狸似的,立刻就从他胁下溜了。

只可惜她溜得还不够快,陆小凤又揪住了她的辫子,把她抓小鸡一样抓回来,按在椅子上,板起脸道:"我有句话要问你,你最好老老实实的,不许说谎。"

雪儿眨着眼,好像很委屈的样子,道:"我根本从来也没有说一句谎话。"

陆小凤道:"你现在说的这句话就是谎话。"

雪儿生气了,大声道:"我说的话你既然连一句都不信,你又何必跟我说话?"

陆小凤也知道跟这小妖怪斗嘴是件多愚蠢的事,只好板起脸,道:"我问你,你为什么要一直在后面跟着我们?"

雪儿道:"我根本没有跟你们,就算要跟,也跟不上。"这句倒是真话。

陆小凤道:"你怎么找到我们的?"

雪儿道:"我知道你们要来找西门吹雪,所以就先来了!"

陆小凤道:"你一直在这里等?"

雪儿道:"人家已经等了一整天,衣服也没有换,澡也没有洗,身上都发臭了,你若不信来嗅嗅看。"

花满楼又笑了,陆小凤只好干咳了几声,道:"你等我们干什么?"

雪儿道:"因为我有件秘密,一定要告诉你。"

陆小凤道:"什么秘密?"

雪儿撇着嘴,又好像要哭出来的样子,忽然从身上拿出一只打造得很精巧的金燕子,道:"你看,这就是我那天晚上在花园里找到的！"

陆小凤看了看,却看不出这算是什么秘密。

雪儿又道:"这是我爹还没有死的时候,送给我姐姐的,我姐姐总是拿它当宝贝一样,用条金链子挂在身上,我要她借给我挂两天,她都死也不肯,但现在……现在却被我在地上捡到了。"

陆小凤道:"也许是她不小心掉在地上的。"

雪儿用力摇了摇头,道:"绝不会,这一定是人家在搬她的尸体时,无意间落下来的。"

她眼睛里已有了泪光,果然像是很悲伤的样子,连声音都已有些嘶哑。

陆小凤道:"难道你真的认为你姐姐已死了?"

雪儿咬着嘴唇,又用力点了点头,哽咽着道:"我不但知道她已经死了,而且还知道是谁杀了她的。"

陆小凤道:"是谁?"

雪儿恨恨道:"就是我那个倒霉表姐。"

陆小凤道:"上官丹凤?"

雪儿道:"就是她,她不但杀了我姐姐,而且还害死了萧秋雨、独孤方和柳余恨。"

陆小凤道:"这三个人全都是被她害死的?"

雪儿点点头,道:"我亲眼看见的,她跟柳余恨在一家客栈的屋里面,说着说着话,忽然用她的飞凤针,一抬手就把柳余恨杀了,还把他的死尸藏在床底下。"

陆小凤叹了口气,道:"想不到求死不得的柳余恨,这次竟死得这么快!"

雪儿道:"飞凤针本就是她拿手的独门暗器,见血封喉,毒得要命,我姐姐想必也就是被她这种暗器害死的,却不知她把姐姐的死尸藏到哪里去了。"这句话没说完,她的泪已流了下来。

陆小凤又叹了口气,道:"你这些话说得真是又合情,又合理,简直完全跟真的一样,只可惜我还是连一句都不信。"

雪儿这次居然没有生气,只是流着泪,道:"我就知道你不会相信我的,你……你……你根本已经被她迷住了。"

陆小凤看着她,决心反而有些动摇,忍不住又问道:"她跟你姐姐也是表姐妹,为什么要害死你姐姐?"

雪儿咬着牙道:"谁知道她是为了什么?也许她一直在恨我姐姐,因为我姐姐又比她聪明,又比她漂亮。"

陆小凤道:"柳余恨呢?他岂非一直都忠心耿耿地替她做事,她为什么要杀柳余恨?"

雪儿恨恨道:"像她这种比毒蛇还毒的女人,连我姐姐都能下得了毒手,还有什么人是她不能杀的?"

陆小凤叹道:"我知道你恨她,可是……"

雪儿突然打断了他的话,冷笑道:"你以为我恨她是为了你,你以为我是在吃醋?她表面对我虽然好,其实从小就在背地里欺负我……"

陆小凤忽然也打断了她的话,道:"她今年才十九,你却已二十,你既然比她大,她怎么能欺负你?"

雪儿说不出话来了。

陆小凤又不忍了,柔声道:"你若真的在替你姐姐着急,现在就可以放心了,因为我知道她还没有死!"

雪儿咬着嘴唇,道:"可是她害死柳余恨的时候,我的确是亲眼在窗子外面看见的,因我……"她声音突然停顿,整个人都已呆住。

那个已被上官丹凤藏到床底下的柳余恨,竟然又出现了。

03

夜雾凄迷，月色朦胧。柳余恨正慢慢地从朦胧月光下走进来，走进了这小小的酒店。

他那狰狞丑恶的脸，在月光下看来，更是说不出的狰狞可怕。

可是他的神情却很安详，声音也很柔和，看着雪儿道："你在外面若已玩够了，就跟我回去吧，王爷特地要我来接你回去的。"

雪儿睁大了眼，吃吃道："你……你没有死？"

柳余恨目中又掠过一抹悲伤之色，黯然道："死，有时也并不是件容易的事！"

雪儿道："我表姐呢？"

柳余恨道："她也希望你快些回去，你现在年纪还小，等你长大了，再出来玩也不迟；你看你表姐，现在她随便想到哪里去，都没有人会管她的。"

雪儿看着他，好像很害怕的样子，忽然拉住陆小凤的手，大叫道："求求你，不要让这个人带我回去，我情愿跟你在一起。"

柳余恨道："那也得等你长大些，现在你还是个孩子，大人们有正事要做，你怎么能跟着去！"

外面传来车辚马嘶，一辆马车，停在门外，正是陆小凤也坐过的那辆。

柳余恨道："你还是快上车吧，在车上好好地睡一觉，就到家了！"

雪儿终于走了，连回头都没有回头。

陆小凤看她上了马车，看到她可怜巴巴的样子，也不禁叹了口气，喃喃道："她本来明明是个很可爱的女孩子，为什么总是喜欢说谎呢？"

花满楼一直静静地坐着，忽然道："每个人说谎都有原因的，有的人说谎是想骗别人，有的人说谎却是想骗自己。"

他叹息着，接着道："还有些更可怜的人，说谎只不过是为了要博取别人的同情，想要别人注意她。"

陆小凤道："这是不是因为她从小就缺少别人的爱护和同情？"

花满楼道："是的。"

陆小凤叹息着，苦笑道："你说得不错，有些人就算做错事，也是值得原谅的，也许我早就应该为他们多想一想……"

他的话还没有说完，忽然发现柳余恨又出现在门外，看着他，缓缓道："雪儿有句话要我来转告你。"

陆小凤在听着，他忽然发现这可怕的人的眼睛里，似也露出种温暖的笑意，道："她说她刚才忘记告诉你，你没有胡子的时候，看起来还比你有胡子时候年轻得多，也漂亮多了。"

04

陆小凤用指尖摸着嘴唇上刚长出来的胡茬子，这一路上他都在摸，从燕北一直摸到了山西，好像只恨不得他的胡子快点长出来。

花满楼微笑道："你知道我从来也没有为自己看不见而难受过，但现在我倒真想看看你胡子刮光了之后，究竟是什么样子？"

陆小凤道："是种又年轻、又漂亮的样子。"

花满楼道："那么你以前为什么要留胡子？"

陆小凤道:"因为我已经够漂亮了,只怕世上的女人都一个个被我迷死。"

花满楼笑道:"这两天你火气好像不小,是不是在对你自己生气?"

陆小凤冷冷道:"我为什么要生自己的气?"

花满楼道:"因为你觉得自己有点对不起那个又可怜、又可爱、又会说谎的小女孩,还有点不放心,不知道她回去后是不是会被人欺负,受人的气。"

陆小凤霍然站起身来,刚刚想走出去,已有人送来了两份帖子:"敬备菲酌,为君洗尘,务请光临。"

下面的具名是"霍天青"。

简简单单的几句话,字写得很端正,墨很浓,所以每个字都是微微凸起来的,眼睛看不见的人,用指尖也可以摸得出。

花满楼微笑道:"看来这位霍总管倒真是个很周到的人。"

陆小凤淡淡道:"岂止周到而已!"

送帖子来的,是个口齿伶俐的小伙子,在门外躬身道:"霍总管已吩咐过,两位若是肯赏光,就要小人准备车在这里等着,送两位到珠光宝气阁府去,霍总管已经在恭候两位的大驾。"

陆小凤道:"他怎么知道我来了?"

小伙子笑了笑,道:"这里周围八百里以内,无论大大小小的事,霍总管还很少有不知道的。"

第六章

珠光宝气

01

酒筵摆在水阁中,四面荷塘,一碧如洗,九曲桥栏却是鲜红的。

珍珠罗的纱窗高高支起,风中带着初开荷叶的清香。

已经是四月了。

花满楼静静地领略着这种豪富人家特有的空阔和芬芳,他当然看不见霍天青的模样,但却已从他的声音中判断出他是个怎么样的人。

霍天青的声音低沉而有力,说话时缓慢而温和,他说话的时候,希望每个人都能很注意地听,而且都能听得很清楚。

这正表示他是个很有自信、很有判断力的人,无论做什么事都有他自己的原则,他虽然很骄傲,却不想别人认为他骄傲。

花满楼并不讨厌这个人,正如霍天青也并不讨厌他。

另外的两位陪客,一位是阎家的西席和清客苏少卿,一位是关中联营镖局的总镖头"云里神龙"马行空。

马行空在武林中享名已很久,手上的功夫也不错,并不是那种徒有盛名的人,令花满楼觉得很奇怪的是,他对霍天青说话时,声音里总带着种说不出的谄媚讨好之意。

一个像他这种凭本事打出天下来的武林豪杰,本不该有这种态度。

苏少卿反而是个很洒脱的人，既没有酸腐气，也不会拿肉麻当有趣。霍天青特地介绍他是个饱学的举人，可是听他的声音，年纪却仿佛很轻。

主人和客人加起来只有五个，这正是花满楼最喜欢的一种请客方式，显见得主人不但殷勤周到，而且很懂得客人的心理。

可是直到现在，酒菜还没有摆上来，花满楼虽然不着急，却也不免有点奇怪。

水阁里的灯并不多，却亮如白昼，因为四壁都悬着明珠，灯光映着珠光，柔和的光线，令人觉得说不出的舒服。

苏少卿谈笑风生，正在说南唐后主的风流韵事："据说他和小周后的寝宫里，就是从不燃灯的。小说上记载，江南大将获李后主宠姬，夜见灯，辄闭目说：烟气。易以蜡烛，亦闭目，说：烟气更重。有人问她：宫中难道不燃灯烛？她说道：宫中水阁，每至夜则悬大宝珠，光照一室，亮如日中。"

霍天青微笑道："后主的奢靡，本就太过分了，所以南唐的覆亡也就是迟早间的事。"

苏少卿淡淡道："多情人也本就不适于做皇帝。"

马行空笑道："但他若有霍总管这种人做他的宰相，南唐也许就不会灭亡了。"

陆小凤忽然叹了口气，道："看来这只怪李煜早生了几百年，今日若有他在这里，一定比我还要急着喝酒。"

花满楼笑了。

霍天青不禁失笑说道："酒菜本已备齐，只可惜大老板听说今天有陆小凤和花公子这样的客人，也一定要来凑凑热闹。"

陆小凤道："我们在等他？"

霍天青道:"你若等得不耐烦,我们也不妨先摆上些菲食饮酒。"

马行空立刻抢着说道:"再多等等也没关系,大老板难得有今天这么好的兴致,我们怎么能扫他的兴!"

突听水阁外一人笑道:"俺也不想扫你们的兴,来,快摆酒,快摆酒。"

一个人大笑着走进来,笑声又尖又细……白白胖胖的一张脸,皮肤也细得像处女一样,只有脸上一个特别大的鹰钩鼻子,还显得很有男子气概。

花满楼在心里想:"这人本来是大金鹏王的内库总管,莫非竟是个太监?"

马行空已站起来,赔笑道:"大老板你好!"

阎铁珊却连看都没有看他一眼,一把就拉住了陆小凤的手,上上下下地打量着,忽又大笑着,说道:"你还是老样子,跟上次俺在泰山观日峰上看见你时,完全没有变,可是你的眉毛怎么只剩下两条了?"

他说话时时刻刻都不忘带点山西腔,好像唯恐别人认为他不是山西土生土长的人。

陆小凤目光闪动,微笑着道:"俺喝了酒没钱付账,所以连胡子都被酒店的老板娘刮去当粉刷子了。"

阎铁珊大笑道:"他奶奶的,那骚娘儿们一定喜欢你胡子擦她的脸。"

他又转过身,拍着花满楼的肩,道:"你一定就是花家的七童了,你几个哥哥都到俺这里来过,三童、五童的酒量尤其好。"

花满楼微笑道:"七童也能喝几杯的。"

阎铁珊抚掌道:"好,好极了!快把俺藏在床底下的那几坛老汾酒拿来,今天谁若不醉,谁就是他奶奶的小舅子。"

山西的汾酒当然是老的，菜也精致，光是一道活鲤三吃——干炸奇门、红烧马鞍桥，外加软斗代粉，就已足令人大快朵颐。

阎铁珊用一双又白又嫩的手，不停地夹菜给陆小凤，道："这是俺们山西的拿手名菜，虽然不是什么好东西，在外地他奶奶的真吃不着。"

陆小凤道："大老板的老家就是山西？"

阎铁珊笑道："俺本就是个土生土长的土人，这几十年来，只到泰山去过那么一次，去看他奶奶的日出，但是俺看来看去，就只看见了个大鸡蛋黄，什么意思都没有。"

他一口一个"他奶奶的"，也好像在尽量向别人证明，他是个大男人、大老粗。

陆小凤也笑了，他微笑着举杯，忽然道："却不知严总管又是哪里人？"

马行空立刻抢着道："是霍总管，不是严总管。"

陆小凤淡淡道："我说的也不是珠光宝气阁的霍总管，是昔年金鹏王朝的内库总管严立本。"

他瞬也不瞬地盯着阎铁珊，一字字接着道："这个人大老板想必是认得的。"

阎铁珊一张光滑柔嫩的白脸，突然像弓弦般绷紧，笑容也变得古怪而僵硬。

平时他本来也是喜怒不形于色的人，可是陆小凤的话，却像是一根鞭子，一鞭子就抽裂了他几十年的老疮疤，他致命的伤口又开始在流血。

陆小凤的眼睛里已发出了光，慢慢地接着道："大老板若是认得这个人，不妨转告他，就说他有一笔几十年的旧账，现在已有人准备找他算了。"

阎铁珊紧绷着脸，忽然道："霍总管。"

霍天青居然还是声色不动，道："在。"

阎铁珊冷冷道："花公子和陆公子已不想在这里待下去，快去为他们准备车马，他们即刻就要动身。"

不等这句话说完，他已拂袖而起，头也不回地大步走了出去。

可是他还没有走出门，门外忽然有个人挡住了他的去路，冷冷道："他们还不想走，你也最好还是留在这里！"

一人长身直立，白衣如雪，腰旁的剑却是黑的，漆黑、狭长、古老。

阎铁珊瞪起眼，厉声喝问："什么人敢如此无礼？"

"西门吹雪！"

02

西门吹雪，这名字本身就像是剑锋一样，冷而锐利。

阎铁珊竟也不由自主后退了两步，突然大喝："来人呀！"

除了两个在一旁等着斟酒的垂髫小童和不时送菜上来的青衣家奴外，这水阁内外都静悄悄的，连个影子都看不见。

但是阎大老板这一声呼喝后，窗外立刻有五个人飞身而入，发光的武器——一柄吴钩剑、一柄雁翎刀、一条练子枪、一对鸡爪镰、三节镔铁棍。

五件都是打造得非常精巧的外门兵刃，能用这种兵刃的，无疑都是武林高手。

西门吹雪却连看都没有看他们一眼，冷冷道："我的剑一离鞘，必伤人命，你们一定要逼我拔剑吗？"

五个人中，已有三个人的脸色发青，可是不怕死的人，本就到处都有的。

突听风声急响，雁翎刀已卷起一片刀花，向西门吹雪连劈七刀。

三节棍也化为一片卷地狂风，横扫西门吹雪的双膝。

这两件兵刃一刚烈，一轻灵，不但招式犀利，配合得也很好，他们平时就常常在一起练武的。

西门吹雪的瞳孔突然收缩，就在这一瞬间，他的剑已出鞘！

霍天青没有动，只是静静地看着陆小凤，陆小凤不动，他也绝不动！

马行空却已霍然长身而起，厉声道："霍总管好意请你们来喝酒，想不到你们竟是来捣乱的。"

喝声中，他伸手往腰上一探，已亮出了一条鱼鳞紫金滚龙棒，迎风一抖，伸得笔直，笔直地刺向花满楼的咽喉。

他看准了花满楼是个瞎子，以为瞎子总是比较好欺负的。

只不过他这条滚龙棒上，也实在有与众不同的招式，一棒刺出后，只听"咯"的一声，龙嘴里又有柄薄而锋利的短剑弹了出来。

花满楼静静地坐着，等着，突然伸出两根手指一夹，又是"咯"的一响，这柄百炼精钢的龙舌短剑，已断成了三截。

马行空脸色变了变，一抖手，滚龙棒回旋反打，一双龙角急点花满楼左耳后脑。

花满楼叹了口气，袍袖已飞云般挥出，卷住了滚龙棒，轻轻一带。

马行空的人就已倒在桌上，压碎了一大片碗碟，花满楼再轻轻往前一送，他的人就突然飞起，飞出了窗外，"扑通"一声，跌在荷池里。

苏少卿不禁失声道:"好功夫!"

花满楼淡淡道:"不是我的功夫好,而是他差了些,云里神龙昔年的武功,如今最多已只不过剩下五成,莫非是受过很重的内伤?"

苏少卿道:"好眼力,三年前他的确吃了霍总管一记劈空掌。"

花满楼道:"这就难怪了。"

他这才终于明白,马行空为何会是这样一个谄媚讨好的人,在刀头舐血的朋友,若是武功已失去大半,就不得不找个靠山,能找到"珠光宝气阁"这种靠山,岂非再稳当也没有。

苏少卿忽然道:"我也想请教花公子闻声辨位、流云飞袖的功夫,请!"

"请"字出口,他忽然将手里的筷子,斜斜地刺了出来。

这个温文儒雅的少年学士,此刻竟以牙筷作剑,施展出正宗的内家剑法,眨眼间就已向花满楼刺了七剑。

陆小凤没有动,只是静静地看着霍天青,霍天青不动,他也绝不动。

地上已经有三个人永远不能动了,雁翎刀斜插在窗棂上,三节棍已飞出窗外,练子枪已断成了四截。

剑拔出来的时候,剑尖还带着血。

西门吹雪轻轻地吹了吹,鲜血就一连串从剑尖上滴落下来。

他脸上虽然还是全无表情,但一双冷漠的眼睛,却已在发着光,冷冷地看着阎铁珊,冷冷道:"你本该自己出手的,为什么定要叫别人送死!"

阎铁珊冷笑道:"因为他们的命我早已买下了。"

他一挥手,水阁内外又出现了六七个人,他自己目光闪动,似已在找退路。

现在他说话已完全没有山西腔,也不再骂人了,但声音却更尖、更细,说出来的每个字都像是根尖针,在刺着别人的耳膜。

陆小凤忽然笑了笑,道:"原来大老板也是位内功深湛的高手。"

霍天青也笑了笑,淡淡道:"他的武功这里只怕还没有一个人比得上。"

陆小凤道:"只可惜无论他武功多高都没有用。"

霍天青道:"为什么?"

陆小凤道:"因为他有个致命的弱点。"

霍天青道:"什么弱点?"

陆小凤道:"他怕死!"

苏少卿已攻出了第二式连环七剑,剑光轻灵,变化奇巧,剑剑不离花满楼耳目方寸间。

花满楼还是坐在那里,手里也拿起根牙筷,只要他牙筷轻轻一动,就立刻将苏少卿凌厉的攻势轻描淡写地化解了。

苏少卿第二次七剑攻出,突然住手,他忽然发现这始终带着微笑的瞎子,对他所用的剑法,竟像是比他自己还要懂得多。

他一剑刺出,对方竟似早已知道他的下一招,他忍不住问道:"阁下也是峨眉传人?也会峨眉剑法?"

花满楼摇摇头,微笑道:"对你们来说,剑法有各种各派,招式变化都不同,但是对瞎子说来,世上所有的剑法,却都是一样。"

这本是武学中最奥妙的道理,苏少卿似懂非懂,想问,却连问都不知道应该怎么问。

花满楼却已在问他:"阁下莫非是峨眉七剑中的人?"

苏少卿迟疑着,终于道:"在下正是苏少英。"

花满楼笑道:"果然是三英四秀中的苏二侠。"

突听西门吹雪冷冷道:"这个人既然也是学剑的,为什么不来找我?"

苏少英的脸色忽然苍白,"咯"的一响,连手里的牙筷都被他自己拗断了。

西门吹雪冷笑道:"传言中峨眉剑法,独秀蜀中,莫非只不过是徒有虚名而已?"

苏少英咬了咬牙,霍然转身,正看见最后一滴鲜血,从西门吹雪的剑尖滴落。

陆小凤和霍天青还是互相凝视着,静静地坐在那里,好像都在等着对方先动。

地上却已有七个人永远不能动了,七个人中,没有一人不是一等一的武林高手,但却已都在一瞬间,被西门吹雪的剑洞穿了咽喉。

阎铁珊眼角的肌肉已开始颤抖,直到现在,别人才能看出他的确是个老人。

可是他对这些为他拼命而死的人,并没有丝毫伤感和同情。

他还没有走,只因为他还没等到十拿九稳的机会,现在也还没到非走不可的时候。

还能出手的四个人,本已没有出手的勇气,看见苏少英走过来,立刻让开了路。

苏少英的脚步还是很稳定,只不过苍白的脸上,已全无血色。

西门吹雪冷冷地看着他,冷冷道:"你用的是什么剑?"

苏少英也冷笑着,道:"只要是能杀人的剑,我都能用。"

西门吹雪道:"很好,地上有剑,你选一柄。"

地上有两柄剑,剑在血泊中。

一柄剑窄长锋利,一柄剑宽厚沉重。

苏少英微微迟疑，足尖轻挑，一柄剑就已凭空弹起，落在他手里。

峨眉剑法本以轻灵变化见长，他选的却是较重的一柄。

这少年竟想凭他年轻人的臂力，用沉猛刚烈的剑法，来克制西门吹雪锋锐犀利的剑路。

这选择本来是正确的，独孤一鹤门下的弟子，每个人都已被训练出良好的判断力。

可是这一次他却错了，他根本就不该举起任何一柄剑来。

西门吹雪凝视着他，忽然道："再过二十年，你剑法或可有成！"

苏少英道："哦？"

西门吹雪道："所以现在我已不想杀你，再过二十年，你再来找我吧。"

苏少英突然大声道："二十年太长久了，我等不及！"

他毕竟是个血气方刚的少年，只觉得胸中一阵热血上涌，手里的剑连环击出，剑法中竟似带着刀法大开大阖的刚烈之势。

这就是独孤一鹤独创的"刀剑双杀七七四十九式"，他投入峨眉门下时，在刀法上已有了极深厚的功力，经过三十年的苦心，竟将刀法的刚烈沉猛，融入峨眉灵秀清奇的剑法中。

他这七七四十九式独创的绝招，可以用刀使，也可以用剑，正是普天之下，独一无二的功夫。

这种功夫竟连陆小凤都没有见过。

西门吹雪的眼睛更亮了，看见一种新奇的武功，他就像是孩子们看见了新奇的玩具一样，有种无法形容的兴奋和喜悦。

他直等苏少英使出了三七二十一招，他的剑才出手。

因为他已看出了这种剑法的漏洞，也许只有一点漏洞，但一点漏洞就已足够。

他的剑光一闪，就已洞穿了苏少英的咽喉。

剑尖还带着血，西门吹雪轻轻地吹了吹，血就从剑尖滴落下来。

他凝视着剑锋，目中竟似已露出种寂寞萧索之意，忽然长长叹息了一声，道："你这样的少年为什么总是要急着求死呢？二十年后，你叫我到何处去寻对手？"

这种话若是从别人嘴里说出来，一定会有人觉得肉麻可笑，可是从他嘴里说出来，却仿佛带着种说不出的悲凉肃杀之意。

花满楼忽然道："既然如此，你又何必杀他？"

西门吹雪沉下了脸，冷冷道："因为我只会杀人的剑法。"

花满楼只有叹息，因为他知道这个人说的并不是假话，这个人使出的每一剑都是绝剑，绝不留情，也绝不留退路。

"不是你死，就是我死！"他一剑刺出，就不容任何人再有选择的余地，连他自己都没有选择的余地！

一阵风从水阁外吹进来，还是带着荷叶的清香，却已吹不散水阁里的血腥气了。

西门吹雪忽然转身，面对着阎铁珊冷冷道："你不走，我不出手，你一动，就得死！"

阎铁珊居然笑了，道："我为什么要走？我根本不知道你们这样做是为了什么？"

陆小凤叹了口气，道："你应该知道的！"

阎铁珊道："但我却不知道。"

陆小凤道："严立本呢？他也不知道？"

阎铁珊的眼角突又开始跳动，白白胖胖的脸，突然露出种奇特而恐惧的表情来，看来又苍老很多，过了很久，他才叹息着，喃喃道：

"严立本早已死了,你们又何苦再来找他?"

陆小凤道:"要找他的人并不是我们。"

阎铁珊道:"是谁?"

陆小凤道:"大金鹏王。"

听见了这名字,阎铁珊看来已奇特的脸,竟突然变得更诡异可怖,肥胖的身子突然陀螺般滴溜溜一转,水阁里突然又闪耀出一片辉煌的珠光。

珠光辉映,几十缕锐风突然暴雨般射了出来,分别击向西门吹雪、花满楼、陆小凤。

就在这时,珠光中又闪出了一阵剑气。

剑气森寒,剑风如吹竹,"唰、唰、唰、唰"一阵急响,剑气与珠光突然全都消失不见,却有几十粒珍珠从半空落下来,每一粒都被削成了两半。

好快的剑。但这时阎铁珊的人竟已不见了。

陆小凤也已不见了。

水阁外的荷塘上,却似有人影闪动,在荷叶上轻轻一点,就飞起。

有两条人影,但两条人影却似粘在一起的,后面的一个人,就像是前面一人的影子。

人影闪动,突又不见,但水阁里却已响起一阵衣袂带风声。

然后阎铁珊就忽然又出现了。

陆小凤也出现了——忽然间,他已坐在刚才的位子上,就像是从来也没有离开过。

阎铁珊也站在刚才的地方,身体却已靠在高台上,不停地喘息,就在这片刻间,他仿佛又衰老了许多。走入这水阁时,他本是个容光焕发的中年人,脸上光滑柔细,连胡子都没有,但现在看来,无论谁都已能看得出他是个七八十岁的老人。他脸上的肉松弛，眼皮松松地垂下来，眼睛也变得黯淡无光，喘息着，叹着气，黯然道："我已经老了……老了……"

陆小凤看着他，也不禁叹息了一声，道："你的确已老了。"

阎铁珊道："你们为什么要这样子对付一个老人？"

陆小凤道："因为这老人以前欠了别人的债，无论他多老，都要自己去还的。"

阎铁珊突又抬起头，大声道："我欠的债，当然我自己还，但我几时欠过别人什么？"

陆小凤道："也许你没有欠，但严立本呢？"

阎铁珊的脸又一阵扭曲，厉声道："不错，我就是严立本，就是那个吃人不吐骨的严总管，但自从我到这里之后，我……"

他的声音突然停顿，扭曲变形的脸，却又突然奇迹般恢复平静。

然后每个人就会看到一股鲜血从他胸膛上绽开，就像是一朵灿烂的鲜花突然开放。

等到鲜血飞溅出来后，才能看见他胸膛上露出的一截剑尖。

他低着头，看着这截发亮的剑尖，仿佛显得很惊讶，很奇怪。

可是他还没有死，他的胸膛还在起伏着，又仿佛有人在拉动着风箱。

霍天青的脸色也已铁青，霍然长身，厉声喝问："是谁下的毒手？"

"是我！"银铃般清悦的声音，燕子般轻巧的身法，一个人忽然从窗外一跃而入，一身黑鲨鱼皮的水靠，紧紧裹着她苗条动人的身材，身上还在滴着水，显然是刚从荷塘里翻到水阁来的。

阎铁珊勉强张开眼，吃惊地看着她，用尽全身力气，说出了三个字："你是谁？"

她已扯下了水靠的头巾，一头乌云般的柔发披散在双肩，衬得她的脸更苍白美丽。

可是她眼睛里却充满了仇恨与怨毒，狠狠地瞪着阎铁珊，厉声道："我就是大金鹏王陛下的丹凤公主，就是要来找你算一算那些旧债的人。"

阎铁珊吃惊地看着她，眼珠忽然凸出，身子一阵抽搐，就永远不能动了，但那双已凸出眼皮外的眼睛里，却还带着种奇特而诡异的表情，也不知是惊讶，是愤怒，还是恐惧。

他还是没有倒下去，因为剑还在他胸膛里。

剑是冷的，血也冷了。

丹凤公主终于慢慢地转过身，脸上的仇恨和怨毒，都已变成一种淡淡的悲哀。

她想招呼陆小凤，却突然听见西门吹雪冷冷道："你也用剑？"

丹凤公主怔了怔，终于点点头。

西门吹雪道："从今以后，你若再用剑，我就要你死！"

丹凤公主显然很吃惊，忍不住问道："为什么？"

西门吹雪道："剑不是用来在背后杀人的，若在背后伤人，就不配用剑！"

他突然挥手，"叭"的一响，他的剑尖击中了阎铁珊胸膛上的剑尖。

阎铁珊倒了下去，他胸膛上的剑已被击落，落在水阁外。

西门吹雪的人也已到了水阁外，他提起那柄还带着血的剑，随手一抖，剑就突然断成了五六截，一截截落在地上。又有风吹过，夜雾刚从荷塘上升起，他的人已忽然消失在雾里。

03

霍天青又坐下来,动也不动地坐着,铁青的脸上,仿佛戴着铁青的面具。

但陆小凤却知道没有表情往往也就是最悲伤的表情,他轻轻叹息了一声,道:"阎铁珊本是金鹏王朝的叛臣,所以这件事并不仅是私怨而已,本不是别人所能插手的。"

霍天青慢慢地点了点头,道:"我明白。"

陆小凤道:"所以你也不必责备自己。"

霍天青沉默着,过了很久,忽然抬起头,道:"但你却是我请来的。"

陆小凤道:"我是的。"

霍天青道:"你若没有来,阎铁珊至少现在还不会死。"

陆小凤道:"你的意思是……"

霍天青冷冷道:"我也并没有别的意思,只不过想领教领教你'双飞彩翼陆小凤'的轻功,和你那'心有灵犀一点通'的独门绝技而已。"

陆小凤苦笑道:"你一定要逼我跟你交手?"

霍天青道:"一定。"

陆小凤叹了口气,丹凤公主已突然转身冲过来,大声道:"你为什么要找他?你本该找我的。"

霍天青道:"你?"

丹凤公主冷笑道:"阎铁珊是我杀了他的,从背后杀了他的,你不妨试试看,我是不是只有在背后杀人的本事?"她刚受了西门吹雪一肚子气,无处发泄,竟找上霍天青了。

霍天青看着她,缓缓道:"阎铁珊欠你的,我会替他还清,所以你已可走了。"

丹凤公主道:"你不敢跟我交手?"

霍天青道:"不是不敢,是不想。"

丹凤公主道:"为什么?"

霍天青淡淡道:"因为你根本不是我的对手!"

丹凤公主脸都气红了,突然伸出一双纤纤玉指,竟以毒龙夺珠式,去抓霍天青的眼睛。

她的手指虽柔若春葱,但她用的招式却是极狠毒、极辛辣的,出手也极快。

霍天青肩不动,腿不举,身子却已突然移开七尺,抱起了阎铁珊的尸体,大声道:"陆小凤,日出时我在青风观等你。"一句话还未说完,他的人已在水阁外。

丹凤公主咬着嘴唇,跺了跺脚,气得连眼泪都仿佛已要掉下来。

陆小凤却忽然对她笑了笑,道:"你若使出你的飞凤针来,他也许就走不掉了。"

丹凤公主道:"飞凤针?什么飞凤针?"

陆小凤道:"你的独门暗器飞凤针。"

丹凤公主瞪着他,忽然冷笑道:"原来我不但会在背后杀人,还会用暗器杀人!"

陆小凤道:"暗器也是种武器,武林中有很多君子也用这种武器。"

丹凤公主道:"可是我从来也没有用过,我连'飞凤针'这三个字都没听过。"

这回答陆小凤倒不觉得意外,他问这件事,也只不过要证实那小妖怪说的又是否谎话而已。

丹凤公主却连眼圈都红了，咬着嘴唇道："我知道你是在生我的气，所以才故意说这些话来编派我。"

陆小凤道："我为什么要生你的气？"

丹凤公主道："因为你认为我根本不该来的，更不该杀了阎铁珊。"她像是受了很大的委屈，眼睛里又涌出了泪光，恨恨道："因为你永远也不知道他把我们的家害得有多惨，若不是他忘义背信，我们本来还可以有复国仇的机会，但现在……现在……"

这句话还没有说完，她眼泪已终于忍不住珠串般挂满了脸。

陆小凤什么也不能再说了。

谁说眼泪不是女人最有效的武器？尤其是美丽的女人，她的泪珠远比珍珠更珍贵。

第七章

市井七侠

01

月夜，上弦月。还未到子时，距离日出最少还有三个时辰。

陆小凤已回到客栈，在房里叫了一桌子好酒好菜，笑道："不管怎么样，我至少还可以痛痛快快地大吃大喝一顿。"

花满楼道："你应该睡一觉的。"

陆小凤道："若有霍天青那么样一个人约你日出决斗，你睡不睡得着？"

花满楼道："我睡不着。"

陆小凤笑了，道："你这人最大的好处，就是你从来也不说谎话；只可惜你说的老实话，有时却偏偏像是在说谎。"

花满楼道："我睡不着，只因为我根本完全不了解他！"

陆小凤道："他的确是个很难了解的人！"

花满楼道："你识得他已有多久？"

陆小凤道："快四年了，四年前阎铁珊到泰山去观日出，他也跟着去的，那天我恰巧约好了个小偷，在泰山绝顶上比赛翻跟斗。"

花满楼道："你了解他多少？"

陆小凤道："一点点。"

花满楼道:"你说他年纪虽轻,辈分却很高?"

陆小凤道:"你有没有听说过'天松云鹤、商山二老'?"

花满楼道:"商山二老久已被尊为武林中的泰山北斗,我就算是聋子,也该听过的。"

陆小凤道:"据说他就是商山二老的小师弟。"

花满楼动容道:"商山二老如今就算还活着,也该有七八十岁,霍天青最多是不到三十,他们师兄弟之间的年龄相差为什么如此悬殊?"

陆小凤笑了笑,道:"夫妻间相差四五十岁的都有,何况师兄弟?"

花满楼道:"所以'关中大侠'山西雁成名虽已垂四十年,算辈分却还是他的师侄!"

陆小凤道:"一点也不错。"

花满楼道:"昔日天禽老人威震八方,但平生却只收了商山二老这两个徒弟,怎么会忽然又多出个霍天青来的?"

陆小凤笑道:"花家本来明明只有六童,怎么忽然又多出个你来?"

父母生儿子,师父要收徒弟,这种事的确本就是谁都管不着的。

花满楼面上却已现出忧虑之色,道:"山西雁我虽未见过,却也知道他的轻功、掌法,号称关中双绝,却不知霍天青比他如何。"

陆小凤道:"我也没见过霍天青出手,可是看他夹起阎铁珊那么重的一个人,还能施展燕子三抄水的轻功,就凭这一手,天下就已没有几个人比得上!"

花满楼道:"你呢?"

陆小凤没有回答这句话,他从来也不愿回答这种话。事实上,除了他自己外,世上几乎没有第二个人知道他的武功究竟如何?

但这次花满楼却似已决定要问个究竟,又道:"你有没有把握胜过他？"

陆小凤还是没有回答，只倒了杯酒，慢慢地喝了下去。

花满楼忽然叹了口气，道："你没有把握，所以你连酒都不敢喝得太多。"

陆小凤平时的确不是这样子喝酒的。

自从到了这里后，丹凤公主居然也变得很乖的样子，一直坐在旁边，静静地听着，片刻忽然问道："你刚才说你在泰山绝顶，跟一个小偷约好了翻跟斗，那小偷是谁？"

陆小凤笑了，道："是个偷王之王，偷尽了天下无敌手，但被他偷过的人，非但不生气，而且还觉得很光荣。"

丹凤公主道："为什么？"

陆小凤道："因为够资格被他偷的人还不多，而且他从来也不偷真正值钱的东西，他偷，只不过因为是在跟别人打赌。"

他又笑了笑，接着道："有一次别人跟他赌，说他一定没法子把那个天字第一号守财奴陈福州的老婆用的马桶偷出来。"

丹凤公主也忍不住嫣然而笑，道："结果呢？"

陆小凤道："结果他赢了。"

丹凤公主道："你为什么要跟他比赛翻跟斗？"

陆小凤道："因为我明知一定偷不过他，却又想把他刚从别人手上赢来的五十坛老酒赢过来！"

丹凤公主嫣然道："这就对了，这就叫以己之长，攻彼之短，你为什么不能用这种法子对付霍天青？你本来就不一定非跟他拼命不可的。"

陆小凤却叹了口气，道："这世上有种人是你无论用什么花招对付他，都没有用的，西门吹雪就是这种人，霍天青也是。"

丹凤公主道："你认为他真的要跟你一决生死？"

陆小凤的情绪很沉重，道："阎铁珊以国士待他，这种恩情他非报答不可，他本已不惜一死。"

丹凤公主道："但你却不必跟他一样呀！"

陆小凤笑了笑，似已不愿再讨论这件事，站起来慢慢地走到窗口。

窗子本就是支起来的，他忽然发现不知何时已有个穿着长袍，戴着小帽的老人，搬了张凳子坐在外面的天井里抽旱烟。

夜已很深，这老人却连一点睡觉的意思都没有，悠悠闲闲地坐在那里，好像一直要坐到天亮的样子。

陆小凤忽然笑道："风寒露冷，老先生若有雅兴，不妨过来跟我们喝两杯以遣长夜。"

这老人却连睬都不睬，就像是个聋子，根本没听见他的话。陆小凤只有苦笑。

丹凤公主却生气了，冷笑道："人家好意请你喝酒，你不喝也不行。"

她忽然又冲到窗口，一挥手，手里的一杯酒就向老人飞了过去，又快又稳，杯里的酒居然连一点都没有溅出来。

老人突然冷笑，一招手，就接住了酒杯，竟将这杯酒一下子全都泼在地上，却把空酒杯一片片咬碎，吞下肚子里，就好像吃蚕豆一样，还嚼得"咯噔咯噔"地响。

丹凤公主看呆了，忍不住道："这个老头子莫非有毛病？不吃酒，反倒吃酒杯。"

陆小凤目光闪动，微笑着道："这也许因为酒是我买的，酒杯却不是。"

就在这时，院子外面又有个人走了进来，竟是个卖肉包子的小贩。

如此深夜，他难道还想到这里来做生意？

丹凤公主眨了眨眼，道："喂，你的肉包子卖不卖？"

小贩道:"只要有钱,当然卖!"

丹凤公主道:"多少钱一个?"

小贩道:"便宜得很,一万两银子一个,少一文都不行。"

丹凤公主脸色变了变,冷笑道:"好,我就买两个你这一万两银子一个的肉包子,你送过来!"

小贩道:"行。"

他刚拿起两个包子,墙角忽然有条黄狗蹿出来,冲着他"汪汪"地叫。

小贩瞪眼道:"难道你也跟那位姑娘一样,也想买我的肉包子?你知不知道肉包子本来就是用来打狗的。"

他真的用肉包子去打这条狗,黄狗立刻不叫了,衔起肉包子,咬了两口,突然一声惨吠,在地上滚了滚,活狗就变成了条死狗。

丹凤公主变色道:"你这包子里有毒?"

小贩笑了笑,悠然道:"不但有毒,而且还是人肉馅的。"

丹凤公主怒道:"你竟敢拿这种包子出来卖?"

小贩翻了翻白眼,冷冷道:"我卖我的,买不买却随便你,我又没有逼着你买。"

丹凤公主气得脸都红了,几乎忍不住想冲出去,给这人几个耳刮子。

陆小凤却悄悄握住了她的手,就在这时,突听一人曼声长吟:"如此星辰如此夜,为谁风露立中宵?"

一个满身酸气的穷秀才,背负着双手,施施然走进了院子,忽然向那卖包子的小贩笑了笑,道:"今天你又毒死几个人?"

小贩翻着白眼,道:"我这包子只有狗吃了才会被毒死,毒不死人的,不信你试试?"

他抛了个包子过去,穷秀才竟真的接住吃了下去,摸着肚子笑道:"看来你这包子非但毒不死人,而且还能治病!"

只听墙外一人道:"什么病?"

穷秀才道:"饿病。"

墙外那人道:"这病我也有,而且病得厉害,快弄个包子来治治。"

小贩道:"行。"

他又拿起个包子往墙头一抛,墙头就忽然多了个蓬头乞丐,一张嘴,恰巧咬住了这包子,再一闭嘴,包子竟被他囫囵吞下了肚。

小贩双手不停地抛出七八个包子,他抛得快,这乞丐也吞得快,忽然间七八个包子全都不见了,完全都被又瘦又小的乞丐吞下了肚。

穷秀才笑道:"这下子看来总该已将你的饿病治好了吧?"

乞丐苦着脸,道:"我上了你们当了,这包子虽然毒不死人,却可以把人活活胀死。"

院子外居然又有人笑道:"胀死也没关系,胀死的、饿死的、被老婆气死的,我都有药医。"

一个卖野药的郎中,背着个药箱,提着串药铃,一瘸一拐地走进来,竟是个跛子。

这冷冷清清的院子,就像是有人来赶集一样,忽然间热闹了起来,到后来居然连卖花粉的货郎、挑着担子的菜贩都来了。

丹凤公主看得连眼睛都有点发直,她虽然没有什么江湖历练,但现在也已看出这些人都是冲着他们而来的。

奇怪的是,这些人全都挤在院子里,并没有进来找他们麻烦的意思。

她忍不住悄悄地问:"你看这些人是不是来替阎铁珊报仇的?"

陆小凤摇了摇头,微笑道:"阎大老板怎么会有这种朋友!"

丹凤公主道:"可是我看他们并不是真的郎中小贩,他们身上好像都有功夫。"

陆小凤淡淡道:"市井中本就是藏龙卧虎之地,只要他们不来找我们,我们也不必去管人家的闲事。"

花满楼忽然笑了笑,道:"你几时变成个不爱管闲事的人了?"

陆小凤也笑了笑,道:"刚刚才变的。"

02

更鼓传来,已过三更。

那抽旱烟的老头子忽然站起来,伸了个懒腰,道:"约我们来的人,他自己怎么还不来?"

原来他既不是聋子,也不是哑巴。

但丹凤公主却更奇怪,是谁约这些人来的?为什么要约他们来?

穷秀才道:"长夜已将尽,他想必已经快来了。"

卖包子的小贩道:"我来看看。"

他忽又双手不停,将提笼里的包子全都抛出来,几十个包子,竟一个叠一个,笔直地叠起七八尺高。

这小贩一纵身,竟以金鸡独立式,站在这叠肉包子上,居然站得四平八稳,纹风不动。

他不但一双手又快又稳,轻功也已可算是江湖中一等一的高手。

丹凤公主叹了口气,喃喃道:"看来闯江湖的确不是件容易事,我总算明白了。"

花满楼微笑道:"能明白总是好的。"

突听那小贩大叫一声,道:"来了!"

这一声"来了"叫出来,每个人都好像精神一振,连丹凤公主的心跳都已加快,她实在也早就想看看来的这是什么人。

可是她看见了这个人后,却又有点失望。

少女们的幻想总是美丽的,在她想象中,来的纵然不是风度翩翩的少年侠客,至少也应该是威风八面,身怀绝技的江湖豪侠。

谁知来的却是个秃顶的老头子,一张黄惨惨的脸,穿着件灰扑扑的粗布衣裳,说长不长,说短不短,刚好盖着膝盖,脚上白布袜、灰布鞋,看着恰巧也像是个从乡下来赶集的土老头。

但他一双眼睛却是发亮的,目光炯炯,威棱四射。

奇怪的是,院子里这些人本来明明是在等他的,可是他来了之后,又偏偏没有一个人过去跟他招呼,只是默默地让出了一条路。

这秃顶老人目光四下一打量,竟突然大步向陆小凤这间房走过来。

他走得好像并不快,但三脚两步,忽然间就已跨过院子,跨进了门。

房门本就是开着的,他既没有敲门,也没有跟别人招呼,就大马金刀地在陆小凤对面坐下,提起了地上的酒坛子嗅了嗅,道:"好酒。"

陆小凤点点头,道:"确是好酒。"

秃顶老人道:"一人一半?"

陆小凤道:"行。"

秃顶老人什么话也不再说,就捧起酒坛子,对着嘴,咕噜咕噜地往嘴里倒。

顷刻间半坛子酒就已下了肚,他黄惨惨的一张脸上,忽然变得红光满面,整个人都像是有了精神,伸出袖子来一抹嘴,道:"真他娘的够劲。"

陆小凤也没说什么,接过酒坛子就喝,喝得绝不比他慢,绝不比任何人慢。

等这坛酒喝完了，秃顶老人突然大笑，道："好，酒够劲，人也够劲。"

陆小凤也伸出袖子来一抹嘴，道："人够劲，酒才够劲。"

秃顶老人看着他，道："三年不见，你居然还没喝死。"

陆小凤道："好人不长命，祸害遗千年，我只担心你，你是个好人。"

秃顶老人瞪眼道："谁说我是个好人？"

陆小凤笑了笑，道："江湖中谁不说山西雁又有种、又够朋友，是他娘的第一个大好人。"

秃顶老人大笑，道："你是个大祸害，我是个大好人，这他娘的真有意思。"

丹凤公主看着他，几乎不相信自己的眼睛。

她再也想不到这又秃又土，满嘴粗话的老头子，竟是享名三十年，以一双铁掌威震关中的大侠山西雁。

不管怎么样，一个人能被称为"大侠"，都不是件简单的事。

可是这老人却实在连一点大侠的样子都没有——难道这就正是他的成功之处？丹凤公主想不通。

她忽然发觉自己想不通的事，竟好像愈来愈多。

山西雁的笑声已停顿，目光炯炯，盯着陆小凤，道："你只怕想不到我会来找你？"

陆小凤承认："我想不到。"

山西雁道："其实你一到太原，我就已知道了。"

陆小凤笑了笑，道："这并不奇怪，我来了若连你都不知道，才是怪事。"

山西雁道："可是我直到现在才来找你！"

陆小凤道："你是个忙人。"

山西雁道："我一点也不忙，我没有来，因为你是我师叔的客人，我既然没法子跟他抢着做东，就只好装不知道了。"

陆小凤笑道："我还以为我剃了胡子后，连老朋友都不认得我了。"

山西雁又大笑道："我本就觉得你那两撇骚胡子看着讨厌。"

陆小凤道："你讨厌没关系，有人不讨厌。"

山西雁的笑声停顿："霍天青是我的师叔，江湖中有很多人都不信，但你却总该知道的。"

陆小凤道："我知道。"

山西雁道："外面抽旱烟的那老怪物，姓樊，叫樊鹗，你认不认得？"

陆小凤道："莫非是昔日独闯飞鱼塘，扫平八大寨，一根旱烟袋专打人身三十六大穴、七十二小穴的樊大先生？"

山西雁道："就是他。"

陆小凤道："西北双秀，樊简齐名，那位穷酸秀才，想必也就是'弹指神通'的唯一传人，简二先生了。"

山西雁点点头，道："那穷要饭的、野药郎中、卖包子跟卖菜的小贩、卖花粉的货郎，再加上这地方的掌柜和还在门口卖面的王胖子，七个人本是结拜兄弟，人称'市井七侠'，也有人叫他们山西七义。"

陆小凤淡淡笑道："这些大名鼎鼎的侠客义士们，今天倒真是雅兴不浅，居然全都挤到这小院子来乘凉来了。"

山西雁道："你真不知道他们是来干什么的？"

陆小凤道："不知道。"

山西雁道："他们也都是我的同门，论起辈分来，有的甚至是霍天青的徒孙。"

陆小凤又笑了，道："这人倒真是好福气！"

山西雁道："六十年前，祖师爷创立'天禽门'，第一条大戒，就是要我们尊师重道，这辈分和规矩，都是万万错不得的。"

陆小凤道："当然错不得。"

山西雁道："祖师爷一生致力武学，到晚年才有家室之想。"

陆小凤道："天禽老人竟也娶过妻，生过子？"

山西雁道："这件事江湖中的确很少有人知道，祖师爷是在七十七岁那年，才有后的。"

陆小凤道："他的后代就是霍天青？"

山西雁道："正是。"

陆小凤叹了口气，道："我总算明白了，为什么他年纪轻轻，辈分却高得吓人。"

山西雁道："所以他肩上的担子也重得可怕。"

陆小凤道："哦？"

山西雁的神情忽然变得很严肃，道："他不但延续祖师爷的香灯血脉，唯一能继承'天禽门'传统的人也是他，我们身受师门的大恩，纵然粉身碎骨，也绝不能让他有一点意外，这道理你想必也应该明白的。"

陆小凤道："我明白。"

山西雁长长叹了口气，道："所以他明晨日出时，若是不幸死了，我们'天禽门'上上下下数百弟子也绝没有一个还能活得下去。"

陆小凤皱了皱眉，道："他怎么会死？"

山西雁道："他若败在你手里，你纵然不杀他，他也绝不会再活下去。"

陆小凤道："我也知道他是个性情很刚烈的人，但他却并不是一定会败的！"

山西雁道:"当然不一定。"

陆小凤淡淡道:"他若胜了我,你们'天禽门'上上下下数百子弟,岂非都很有面子?"

山西雁道:"你是我的朋友,我也不愿你败在他手里,伤了彼此的和气。"

陆小凤笑了笑,道:"你真是好人。"

山西雁的脸好像又有点发红,苦笑道:"只要你们一交手,无论谁胜谁败,后果都不堪设想,霍师叔跟你本也是道义之交,这么样做又是何苦?"

陆小凤微笑道:"现在我总算明白你的意思了,你是要我在日出之前,赶快离开这里,让他找不着我。"

山西雁居然不说话了,不说话的意思就是默认。

丹凤公主突然冷笑,道:"现在我也明白你的意思了,你约了这么多人来,就是为了要逼他走,让霍天青不战而胜,否则你们就要对付他。现在距离日出的时候已没多久,他就算能击退你们,等到日出时,他一样没力气去跟霍天青交手了。"她铁青着脸,冷笑又道,"这法子倒的确不错,恐怕也只有你这样的大侠才想得出来!"

山西雁脸上一阵青,一阵白,突然仰面狂笑,道:"好,骂得好,只不过我山西雁虽然没出息,这种事倒还做不出来!"

丹凤公主道:"那种事你既做不出来,他若不愿走,你怎么办?"

山西雁霍然长身而起,大步走了出去,满院子的人全都鸦雀无声,他发亮的眼睛从这些人脸上一个个扫过去,忽然道:"他若不走,你们怎么办?"

卖包子的小贩翻着白眼,冷冷道:"那还不简单,他若不走,我就走。"

山西雁又笑了,笑容中仿佛带着种说不出的悲惨之意,慢慢地点了点头，道："好，你走，我也走，大家都走。"

卖包子的小贩道："既然如此，我又何妨先走一步？"

他的手一翻，已抽出了柄解腕尖刀，突然反手一刀，刺向自己的咽喉。

他的出手不但稳，而且快，非常快。但却还有人比他更快的。

突听"当"的一声，火星四溅，他手里的刀已断成了两截，一样东西随着折断的刀尖掉在地上，竟是陆小凤的半截筷子。

剩下的半截筷子还在他手里，刀是钢刀，筷子却是牙筷。

能用牙筷击断钢刀的人，天下只怕还没有几个。

丹凤公主忽然明白山西雁为什么要这样做，霍天青根本就不是陆小凤的敌手，别人虽然不知道，山西雁却很清楚。

那卖包子的小贩吃惊地看着手里的半截断刀，怔了很久，突然恨恨跺了跺脚，抬头瞪着陆小凤，厉声道："你这是什么意思？"

陆小凤笑了笑，淡淡道："我也没什么别的意思，只不过还有句话要问你！"

卖包子的小贩道："什么话？"

陆小凤道："我几时说过我不走的？"

卖包子的小贩怔住。

陆小凤懒洋洋地叹了口气，道："打架本是件又伤神、又费力的事，我找个地方去睡觉多好，为什么要等着别人打架？"

卖包子的小贩瞪着他，脸上的表情好像要哭，又好像要笑，忽然大声道："好，陆小凤果然是陆小凤，从今天起，无论你要找我干什么，我若皱一皱眉头，我就是你孙子。"

陆小凤笑道："你这样的孙子我也不想要，只要我下次买包子时，你能算便宜一点，就已经很够朋友了。"

他随手抓起了挂在床头的大红披风，又顺便喝了杯酒，道："谁跟我到城外的又一村去吃碗大麻子炖的狗肉去？"

花满楼微笑道："我。"

樊大先生忽然敲了敲他的旱烟袋，道："还有我。"

简二先生道："有他就有我，我们一向是秤不离锤的。"

卖包子的小贩立刻大声道："我也去。"

简二先生道："你专卖打狗的肉包子，还敢去吃狗肉，你不怕那些大狗、小狗的冤魂在你肚子里作怪？"

卖包子的小贩瞪起了眼，道："我连死都不怕，还怕什么？"

山西雁大笑，道："好，你小子有种，大伙儿都一起去吃他娘的狗肉去，谁不去就是他娘的龟孙子！"

花满楼微笑着，缓缓道："看来好人还是可以做得的。"

陆小凤道："偶尔做一次倒没关系，常常做就不行了。"

花满楼忍不住问道："为什么？"

陆小凤板着脸，道："好人不长命，这句话你难道没听说过？"

他虽然板着脸，但眼睛里却似已有热泪盈眶。

丹凤公主看着他们，忽然轻轻地叹了口气，轻轻地喃喃自语："谁说好人做不得，谁就是他娘的龟孙子。"

03

狗肉已卖完了，没有狗肉。可是他们并不在乎！

他们要吃的本来就不是狗肉，而是那种比狗肉更令人全身发热的热情，用这种热情来下酒，世上绝没有任何东西能比得上。

何况日出的时候，还有人用快马追上了他们，送来了一封信。

霍天青的信：

朝朝有日出，今日之约，又何妨改为明日之明日。

人不负我，我又怎能负人？

金鹏旧债，随时可清，公主再来时，即弟远游日也，盛极一时之珠光宝气，已成为明日之黄花，是以照耀千古者，唯义气两字而已。

天青再拜。

就凭这封信，已足下酒百斗，沉醉三日，何况还有那连暴雨都浇不冷的热情。

暴雨。雨正午才开始下的，正午时人已醉了——不醉无归，醉了才走的。

陆小凤将醉未醉，似醉非醉，仿佛连自己都分不清自己是醉是醒。正面对着窗外的倾盆大雨，呆呆地出神。

丹凤公主看着他，忽然道："你若不走，那些人难道真的全都会死在那里？"

陆小凤沉默了很久，才缓缓地道："你懂不懂得'有所不为，有所必为'这两句话的意思？"

丹凤公主道："我当然懂，这意思就是说，有些事你若是认为不该去做，无论别人怎么样威逼利诱，甚至还用刀架在你脖子上，你也绝不要去做；若是你认为应该去做的事，就真要你抛头颅，洒热血，你也非去做不可。"

陆小凤点了点头，道："正因为如此，所以才会有人黥身吞炭，舍命全义，也有人拿八十三斤重的大铁锤，搏杀暴君。"

丹凤公主抢着道："也正因为如此，所以霍天青才会以死报阎铁珊、山西雁和那些卖包子和馒头的，才会不惜为霍天青卖命。"

陆小凤道："不管他们是干什么的，只要能做到这两句话，就已不负'侠义'二字。"

丹凤公主轻轻叹息，道："可是放眼天下，又有几个人真能不负这'侠义'二字？"

花满楼手持杯酒，曼声低吟："盛极一时之珠光宝气，已成明日黄花，是以照耀千古者，唯'义气'两字而已……好一个霍天青，我竟几乎小看了他，当浮一大白。"他真的举杯一饮而尽，仿佛也有些醉了，喃喃道："只可惜那苏少英，他本也是个好男儿，他本不该死的，本不该死的……"

他声音愈说愈低，伏在桌上，竟似睡着了。

丹凤公主悄悄地走到窗口，悄悄地拉起了陆小凤，柔声道："你还在生我的气？"

陆小凤道："我几时生过你的气？"

丹凤公主嫣然一笑，垂下了头，悄悄地问道："今天你还怕弄错人么？"

她的呼吸轻柔，指尖仿佛在轻轻颤抖，她的头发带着比鲜花更芬芳的香气。

陆小凤也许是个君子，也许不是，但他的确是个男人，是个已有了七八分醉意的男人。

窗外暴雨如注，就仿佛是一道道密密的珠帘，隔断了行路的人，也隔断了行人的路。

屋子里幽静昏暗，宛如黄昏，从后面一扇开着的门看进去，可以看见一张新换过被单的床。

陆小凤忽然发现心跳得很厉害，忽然发现上官丹凤的心也跳得很厉害，他问："你的心在跳？"

"比比看,谁的心跳得快?"

"怎么比?"

"我摸摸你的心,你摸摸我的……"

突然间,密如万马奔腾的雨声中,传来了一阵密如雨点般的马蹄声,十余骑快马,冒着暴雨急驰而来,冲过了这荒村小店。

马上人一色青蓑衣、白笠帽,经过他们的窗口时,突然一起挥手,只听"嗖、嗖、嗖",一连串风声,比雨点更密,比马蹄更急,数十道乌光,有的穿窗而入,有的打在外面的墙上。

陆小凤侧身,已拉着丹凤公主躲到窗后。

伏在桌上的花满楼却已霍然长身而起,失声道:"硝磺霹雳弹。"

五个字还没有说完,只听"轰"的一声,窗里窗外,被乌光击中的地方,已同时冒起了数尺高的火焰,赤红中带着惨碧色的火焰。

陆小凤变色道:"你们先冲出去,我去救赵大麻子。"

赵大麻子已睡了,他们刚才还听见他的鼾声。

但火焰竟眨眼间就已将门户堵死,连外面的墙都已燃烧起来,连暴雨都打不灭。

花满楼拉着上官丹凤冲出去,那十余骑已飞驰而过,去得很远了,马上人一起纵声狂笑,还有人在放声大呼:"陆小凤,这只不过是给你个小小的教训,若再不识相,就叫你死无葬身之地!"

几句话说完,人马都已被珠帘般的雨帘隔断,渐渐不能分辨。

再回头,赵大麻子的小店也已完全被火焰吞没,哪里还看得见陆小凤?

上官丹凤咬了咬牙道:"你在这里等,我进去找他。"

花满楼道:"你若再进去,就出不来了。"

上官丹凤道:"可是他……"

花满楼笑了笑,道:"他可以出来,比这再大的火,都没有烧死他。"

他全身都已湿透，但脸色却还是很平静。

就在这时，远处突然响起一阵惨呼，呼声惨厉，就好像是一群被困死了的野兽发出来的，但却很短促。呼声一发即止，却又有马群的惊嘶。

上官丹凤动容道："难道刚才那些人现在也已遭了别人的毒手？"

突然间，又是"轰"的一响，燃烧着的房子突然被撞破个大洞，一个人从里面飞出，就像是一团燃烧着的火焰，在雨中凌空一个跟斗，扑到地上，就地滚了滚，滚灭了身上的火，衣服上、头发上，都已被烧焦了七八处，可是他一点也不在乎，又一滚，就站了起来，正是陆小凤。

上官丹凤吐出口气，喃喃道："看来这个人确是烧不死的！"

陆小凤笑道："要烧死我倒的确不容易。"他虽然还在笑，脸都似已被熏黑了。

上官丹凤看着他的脸，忽然一笑，道："可是你本来有四条眉毛的，现在却几乎连一条眉毛都没有了。"

陆小凤淡淡道："眉毛就算被烧光了，也还可以再长，可惜的是那几坛子酒……"

花满楼忽然打断了他的话，问道："赵大麻子呢？"

陆小凤道："不知道。"

花满楼道："他不在里面？"

陆小凤道："不在。"

上官丹凤变色道："他难道也是青衣楼的？难道早就跟那些人串通好了？否则他们又怎会知道你在这里？"她恨恨地接着道，"你冒险去救他，连眉毛都几乎被烧光，他却是这么样一个人。"

陆小凤道："我只知道他狗肉烧得最好。"

上官丹凤道："别的你全不知道？"

陆小凤道:"别的我全不知道。"

上官丹凤看着他,忍不住叹了一口气,喃喃地说道:"为什么别人都说他有两个脑袋,我看他简直……"她的声音突然停顿,因为她又看见一个人从暴雨中大踏步而来。

一个身材很魁梧的人,头上戴着个斗笠,肩上扛着根竹竿,竹竿上还挑着一串乱七八糟的东西,她也看不清是什么,但她却已看清了这个人正是赵大麻子。

陆小凤笑了,悠然道:"你不能对任何人都没有信心的,这世上的坏人也许并没有你想象中那么多,毕竟总还有……"

他的声音也突然停顿,因为他已看清楚赵大麻子竹竿挑着的,竟是一串手,人的手!血渍虽已被暴雨冲干净,却显然是刚从别人腕子上割下来的,十三四只手用一条裤带绑住,吊在竹竿上。

赵大麻子的裤带上,赫然正插着一把刀,杀狗的刀。

陆小凤吃惊地看着他,道:"原来你不但会杀狗,还会杀人。"

赵大麻子咧着嘴一笑,道:"我不会杀狗,我只杀过人。"

陆小凤又看了他半天,才叹口气道:"你不是赵大麻子!"

这人笑道:"谁说我是赵大麻子的?"

他笑的时候,除了一张大嘴咧开了之外,脸上并没有别的表情。

陆小凤道:"你是谁?"

这人的眼睛闪着光,道:"连你都认不出我是谁,看来我易容的本事纵然还是不能算天下第一,也差不多了。"

陆小凤盯着他,忽然也笑了笑,道:"可是你翻跟斗的本事却不行……"

他的话还没有说完,上官丹凤已大声道:"这人就是你刚才说的那个小偷?"

这人叹了口气,道:"不错,我就是跟他比过翻跟斗的司空摘星,但却不是小偷,是大偷。"

上官丹凤嫣然道:"我知道,你不但是大偷,而且还是偷王之王,偷尽天下无敌手。"

司空摘星挺了挺胸,道:"这一点我倒不敢妄自菲薄,若论偷的本事,连陆小凤都不敢跟我一较高低,还有谁能比得上我?"

上官丹凤道:"你什么人不好扮,为什么要扮成个杀狗的麻子?"

司空摘星笑道:"这点你就不懂了,扮成麻子,才不容易被人看破。"

上官丹凤道:"为什么?"

司空摘星道:"你几时见过有人瞪着大麻子的脸左看右看的?"

上官丹凤也笑了,道:"看来易容这门功夫的学问也不小。"

司空摘星道:"的确不小。"

陆小凤皱眉道:"你几时到关中来的?"

司空摘星道:"前两天。"

陆小凤道:"来干什么?"

司空摘星道:"来等你!"

陆小凤道:"等我?"

司空摘星道:"因为你要去找阎老板,这里正好是你必经之路,何况,你既然已到太原附近来了,总免不了要吃一顿赵大麻子炖的狗肉。"

他叹了口气,又道:"连我都不能不承认,他炖的狗肉,的确没有人能比得上。"

陆小凤道:"就因为你生怕我吃出味道不对,露出马脚来,所以才说狗肉卖完了?"

司空摘星大笑,道:"不管怎么样,这次我总算骗过了你这个机灵鬼。"

陆小凤道:"你在这里等我干什么?"

司空摘星道:"我这个人还会干什么?"

陆小凤道:"你难道想偷到我身上的东西?"

司空摘星傲然道:"只要你能说得出来,我什么都偷。"

陆小凤道:"你想偷我的什么?"

司空摘星道:"你一定要我说?"

陆小凤淡淡道:"你若不敢说,我也不勉强。"

司空摘星瞪眼道:"我为什么不敢说?"

上官丹凤忍不住问道:"你究竟想偷什么?"

司空摘星道:"偷你。"

上官丹凤瞪大了眼睛,呆住。

司空摘星道:"有人出二十万两银子,要我把你偷走。"

上官丹凤道:"想不到我居然还值二十万两银子……"这句话没说完,她自己的脸色已通红。

司空摘星道:"只不过那个人要我偷你走,倒并不是你想的那种用意。"

上官丹凤红着脸,忍不住大声道:"你怎么知道我想的是哪种用意?"

司空摘星眨了眨眼,不说话了。

上官丹凤道:"那个人又是什么用意?他究竟是谁?"

司空摘星还是不开口。

陆小凤叹道:"他不会说的,干他这行的若是泄露了主顾的秘密,下次还有谁敢上他的门?"

上官丹凤道:"小偷还有主顾上门去找他?"

陆小凤道:"我早就说过,他这小偷与众不同,他从不偷值钱的东西。"

司空摘星道:"但是我也要吃饭。"

陆小凤道:"不但要吃饭,还要喝酒,喝好酒。"

司空摘星道:"所以只有在别人肯出大价钱来请我偷的时候,我才偷。"

陆小凤道:"只不过能出得起钱请你偷的人并不多。"

司空摘星道:"的确不多。"

陆小凤道:"所以你纵然不说,我也知道这次是谁找你来了。"

司空摘星道:"你知道是你的事,我不说是我的事。"

陆小凤道:"不管我知不知道,你反正都不说。"

司空摘星道:"对了。"

陆小凤道:"可是你现在为什么又改变了主意,将这秘密告诉了我?"

司空摘星叹道:"你冒险到火里去救我,差点把眉毛都烧光了,我怎么还好意思偷你的朋友?"

陆小凤道:"看来你这人倒还是'盗亦有道'。"

司空摘星道:"你又说对了。"

上官丹凤忍不住大声道:"你若好意思,难道就真的能把我偷走?"

司空摘星傲然道:"莫忘记我是偷王之王,天下还没有什么是我偷不到的。"

上官丹凤冷笑道:"我倒要听听你准备怎么偷法?"

司空摘星道:"你有没有听说过卖膏药的肯将他们独门秘方告诉别人?"

上官丹凤道:"没有。"

司空摘星悠然道:"这也是我的独门秘方,所以我也不能告诉你。"

上官丹凤瞪着他，忽然道："十个麻子九个怪，我看你本来也是麻子！"

司空摘星瞪眼道："谁说的？"

上官丹凤道："我说的，要不然你就把你这张麻面卷起来，让我看看你本来是什么样子！"

司空摘星道："那可不行。"

上官丹凤道："为什么不行？"

司空摘星道："你若万一看上了我，陆小凤岂非又要跟我比翻跟斗了？那次已经把我翻得头昏脑涨，第二次我可再也不敢领教。"

上官丹凤红起了脸，却又忍不住"扑哧"笑了。

陆小凤道："这些手是什么人的？"

司空摘星道："那些放火烧房的人。"

陆小凤道："你追上他们了？"

司空摘星道："我既然已扮成了赵大麻子，有人来放火烧他的房子，我当然要替他出气。"

上官丹凤道："所以你就砍下他们的手，叫他们以后再也不能烧别人的房子。"

司空摘星道："我准备把他们那十几匹马卖了，赔偿赵大麻子。"

陆小凤道："他们的人呢？"

司空摘星道："还在那边的树林里，我特地留给你的。"

陆小凤道："留给我干什么？"

司空摘星道："他们要烧死你，你难道不想问问他们的来历？"

第八章

峨眉四秀

01

暴雨就像是个深夜闯入豪妇香闺中的浪子,来得突然,去得也快。

可是它来过之后,所有的一切已被它滋润,被它改变了。

春林中的木叶,已被洗得青翠如碧玉,尸体上鲜血也已被冲洗干净,几乎找不到致命的伤口。

但这十几个人,却已没有一个还是活着的。

他们看到这尸体时,司空摘星已不见了。

上官丹凤恨恨道:"他将这些死人留给我们,难道要我们来收尸?"

陆小凤道:"这些人绝不是他杀的,他一向很少杀人。"

上官丹凤道:"不是他是谁?"

陆小凤道:"是那个叫他们来放火的人。"

上官丹凤道:"你的意思是说,那人怕我们查出他的来历,所以就将这些人全都杀了灭口?"

陆小凤点点头,脸色很严肃,他最痛恨的三件事,第一件就是杀人。

上官丹凤道："可是他本来可以将这些人放走的，为什么一定要杀他们灭口？"

陆小凤道："因为十几个右手被砍断的人，是很容易被找到的。"

上官丹凤叹了口气，道："其实他杀了这些人也没有用，我们还是一样知道他们的来历。"

陆小凤道："你知道？"

上官丹凤道："你难道看不出他们是青衣楼的？"

陆小凤沉默着，过了很久，才缓缓道："我只看出了一件事。"

上官丹凤道："什么事？"

陆小凤道："我看出你一定会赶到珠光宝气阁去，叫人带棺材来收尸。"

上官丹凤瞪了他一眼，又垂下头，咬着嘴唇道："你还看出了什么？"

陆小凤道："然后你当然就会叫那里的人替你准备好水，先洗个澡，再选个最舒服的屋子，好好地睡一觉。"

他笑了笑，接着道："莫忘记那地方现在已完全是你的了。"

02

陆小凤躺在一大盆热水里，闭上了眼睛，全身都被雨淋得湿透了之后，能找到地方洗个热水澡，的确是件很愉快的事。

他觉得自己运气总算不错，旁边炉子上的大铜壶里，水也快沸了，屋子里充满了水的热气，令人觉得安全而舒服。

花满楼已洗过澡，现在想必已睡着了，上官丹凤想必已到了珠光宝气阁。

她心里虽然一万个不情愿,却还是乖乖地走了,居然好像很听陆小凤的话。

这也令他觉得很满意,他喜欢听话的女孩子。

只不过他总觉得这件事做得并不满意,其中好像总有点不对劲的地方,却又偏偏说不出不对劲的地方在哪里。

阎铁珊临死前已承认了昔年的过错,霍天青已答应结清这笔旧账。

大金鹏王托他做的事,他总算已完成了三分之一,而且进行得很顺利。

他还有什么不满意?雨早已停了,屋檐下偶尔响起滴水的声音,晚风新鲜而干净。

陆小凤叹了口气,绝不再胡思乱想,尽力做一个知足的人。

就在这时,他忽然听见开门的声音。

他没有听错,门的确被人推开了。

但他却不知自己是不是看错了——他看见从外面走进来的人,竟是四个女人。

四个年轻而美丽的女人,不但人美,风姿也美,一身窄窄的衣服,衬得她们苗条的身子更婀娜动人。

陆小凤最喜欢细腰长腿的女人,她们的腰恰巧都很细,腿都很长。

她们微笑着,大大方方地推门走了进来,就好像根本没有看到这屋子里有个赤裸裸的男人坐在澡盆里似的。

可是她们四双明亮而美丽的眼睛,却又偏偏都盯在陆小凤脸上。

陆小凤并不是个害羞的人,但现在他却觉得脸上正在发烧,用不着照镜子,就知道自己脸已红了。

忽然有人笑道:"听说陆小凤有四条眉毛的,我怎么只看见两条?"

另外一个人笑道:"你还看见两条,我却连一条都看不见。"

第一个先说话的人,身材最高,细细长长的一双凤眼,即使在笑的时候,仿佛也带着种逼人的杀气!

无论谁都看得出,她绝不是那种替男人倒洗澡水的女人。

但她却走过去,提起了炉子上的水壶,微笑着道:"水好像已凉了,我再替你加一点热的。"

陆小凤看着水壶里的热气,虽然有点吃惊,但若叫他赤裸裸地在四个女人面前站起来,他还真没有这种勇气。

不过这一大壶烧得滚开的热水,若是倒在身上,那滋味当然更不好受。

陆小凤正不知是该站起来的好,还是坐着不动的好,忽然发现自己就算想动,也没法子动了。

一个始终不说话,看来最文静的女孩子,已忽然从袖中抽出了柄一尺多长,精光四射的短剑,架在他的脖子上。

森寒的剑气,使得他从耳后到肩头都起了一粒粒疹子。

那身长凤眼的少女已慢慢地将壶中开水倒在他洗澡的木盆里,淡淡说道:"我看你最好还是安分些,我四妹看来虽温柔文静,可是杀人从来也不眨眼的,这壶水刚烧沸,若是烫在身上,你不死也得掉层皮。"

她一面说着话,一面往盆里倒水。

盆里的水本来就很热,现在简直已烫得叫人受不了。

陆小凤头上已冒出了汗,铜壶里的开水却只不过倒出了四分之一。

这一壶水若是全倒完,坐在盆里的人恐怕至少也得掉层皮。

陆小凤忽然笑了——他居然笑了。

倒水的少女用一双媚而有威的凤眼瞪着他，冷冷道："你好像还很开心？"

陆小凤看来的确很开心，微笑着道："我只不过觉得很好笑。"

"好笑？有什么好笑的？"这少女倒得更快了。

陆小凤却还是微笑着，道："以后我若告诉别人，我洗澡的时候，峨眉四秀在旁边替我添水，若有一个人相信，那才是怪事。"

原来他已猜出了她们的来历。

长身凤目的少女冷笑道："想不到你居然还有点眼力，不错，我就是马秀真。"

陆小凤道："杀人不眨眼的这位，莫非就是石秀雪？"

石秀雪笑得更温柔，柔声道："可是我杀你的时候，一定会眨眨眼的。"

马秀真道："所以我们并不想杀你，只不过有几句话要问你，你若是答得快，我这壶水就不会再往盆里倒，否则若是等到这壶水全都倒光……"

石秀雪叹了口气，接着道："那时你这个人只怕就要变成熟的了。"

马秀真叹道："猪煮熟了还可以卖烧猪肉，人煮熟了恐怕就只有送去喂狗了。"

陆小凤也叹了口气，道："我现在好像已经快熟了，你们为什么还不快问？"

马秀真道："好，我问你，我师兄苏少英是不是死在西门吹雪手上的？"

陆小凤苦笑道："你既然已知道，又何必再来问我？"

马秀真道："西门吹雪的人呢？"

陆小凤道："我也正想找他，你们若是看见他，不妨告诉我一声。"

马秀真道:"你真的不知道?"

陆小凤道:"我只有在喝醉酒的时候,才会骗女人,现在我还很清醒。"

马秀真咬了咬牙,忽然又将壶里的开水倒下去不少,冷冷地说道:"你在我面前说话,最好老实些。"

陆小凤苦笑道:"现在我怎么能不老实?"

马秀真道:"跟你在一起的那个女人,真是金鹏王朝的公主?"

陆小凤道:"的确不假。"

马秀真道:"大金鹏王还活着?"

陆小凤道:"还活着。"

马秀真道:"是他要你来找阎铁珊的?"

陆小凤道:"是。"

马秀真道:"他还要你找什么人?"

陆小凤道:"还要我找上官木和平独鹤。"

马秀真皱眉道:"这两人是谁?我怎么连他们的名字都没有听见过?"

陆小凤叹了口气,道:"你没有听见过的名字,只怕最少也有几千万个。"

马秀真瞪着他。

陆小凤又叹道:"我没穿衣服,你这么瞪着我,我会脸红的。"

他的脸没有红,马秀真的脸倒已红了。她忽然转过身,将手里的铜壶放到炉子上,整了整衣衫,向陆小凤敛衽为礼。

石秀雪的剑也放了下去。

四个衣裳整齐的年轻美女,忽然同时向一个坐在澡盆的赤裸男人躬身行礼,你若见过这种事,一定连做梦都想不到那是什么样子。

陆小凤似已怔住，他也想不到这四个强横霸道的女孩子，怎么忽然变得前倨后恭了。

马秀真躬身道："峨眉弟子马秀真、叶秀珠、孙秀青、石秀雪，奉家师之命，特来请陆公子明日午间便餐相聚，不知陆公子是否肯赏光？"

陆小凤怔了半天，才苦笑道："我倒是想赏光的，只可惜我就算长着翅膀，明天中午也飞不到峨眉山的玄真观去。"

马秀真咧嘴一笑，道："家师也不在峨眉，现在他老人家已经在珠光宝气阁恭候公子的大驾。"

陆小凤又怔了怔，道："他也来了？什么时候来的？"

马秀真道："今天刚到。"

石秀雪嫣然道："我们若是没有到过珠光宝气阁，又怎么会知道昨天晚上的事？"

陆小凤又笑了，当然还是苦笑。

马秀真道："若是陆公子肯赏光，我们也不敢再打扰，就此告辞了。"

陆小凤道："你们已没有别的话问我？"

马秀真微笑着摇了摇头，态度温柔而有礼，好像已完全忘记了刚才还要把人煮熟的事。

叶秀珠倒是个老实人，忍不住笑道："我们久闻陆公子的大名，所以只好趁你洗澡的时候，才敢来找你。"

陆小凤苦笑道："其实你们随便什么时候来，随便要问我什么，我都不会拒绝的。"

石秀雪眨着眼道："陆公子真的不生气？"

陆小凤道："我怎么会生气？我简直开心得要命。"

石秀雪也怔了怔，道："我们这样子对你，你还开心？"

陆小凤笑了笑——这次是真的笑了，微笑着说道："非但开心，而且还要感激你们给了我个好机会。"

石秀雪忍不住诧道："什么机会？"

陆小凤悠然道："我洗澡的时候，你们能闯进来，你们洗澡的时候，我若闯进去了，你们当然也不会生气，这种机会并不是人人都有的，我怎么能不高兴？"

峨眉四秀的脸全都红了，忽然一转身，抢着冲了出去。

陆小凤这才叹了口气，喃喃道："看来我下次洗澡的时候，最少也得穿条裤子。"

03

陆小凤洗澡的地方，本是个厨房，外面有个小小的院子，院子里有棵白果树。

夜色清幽，上弦月正挂在树梢，木叶的浓荫挡住了月色，树下的阴影中，竟有个人动也不动地站在那里，长身直立，白衣如雪，背后却斜背着一柄形式奇古的乌鞘长剑。

峨眉四秀一冲出来，就看见了这个人，一看见这个人，就不由自主觉得有阵寒气从心里一直冷到指尖。

马秀真失声道："西门吹雪？"

西门吹雪冷冷地看着她们，慢慢地点了点头。

马秀真怒道："你杀了苏少英？"

西门吹雪道："你们想复仇？"

马秀真冷笑道："我们正在找你，想不到你竟敢到这里来！"

西门吹雪的眼睛突然亮了，亮得可怕，冷冷道："我本不杀女人，但女人却不该练剑的，练剑的就不是女人。"

石秀雪大怒道："放屁！"

西门吹雪沉下了脸，道："拔你们的剑，一起过来。"

石秀雪厉声道："用不着一起过去，我一个人就足够杀了你。"

她看来最温柔文静，其实火气比谁都大，脾气比谁都坏。

她用的是一双短剑，也还是唐时的名剑客公孙大娘传下来的"剑器"。

厉喝声中，她的剑已在手，剑光闪动，如神龙在天，闪电下击，连人带剑，一起向西门吹雪扑了过去。

突听一人轻喝："等一等。"三个字刚说完，人已突然出现。

石秀雪双剑刚刚刺出，就发现两柄剑都已不能动了——两柄剑的剑锋，竟已都被这个忽然出现的人用两根手指捏住。

她竟未看出这人是怎么出手的，她用力拔剑，剑锋却似已在这人的手上生了根。

但这个人神情还是很从容，脸上甚至还带着微笑。

石秀雪脸却已气红了，冷笑道："想不到西门吹雪居然还有帮手。"

西门吹雪冷冷道："你以为他是我的帮手？"

石秀雪道："难道他不是？"

西门吹雪冷冷地一笑，突然出手，只见剑光一闪，如惊虹掣电，突然又消失不见。

西门吹雪已转过身，剑已在鞘，冷冷道："他若不出手，你此刻已如此树。"

石秀雪正想问他，这株树又怎么了，她还没开口，忽然发现树已凭空倒了下来。

刚才那剑光一闪，竟已将这株一人合抱的大树，一剑削成了两段。

树倒下来时，西门吹雪的人已不见。

石秀雪的脸色也变了，世上竟有这样的剑法？这样的轻功？她几乎不敢相信自己的眼睛。

眼看着这株树已将倒在对面的人身上，这人忽然回身，伸出双手轻轻一托，一推，这株树就慢慢地倒在地上，这人的神情却还是很平静，脸上还是带着那种温柔平和的微笑，缓缓道："我不是他的帮手，我从不帮任何人杀人的。"

石秀雪苍白的脸又红了，她现在当然也已懂得这个人的意思，也已知道西门吹雪说的话并不假。她的脾气虽然坏，却也绝不是个不知好歹的人，她终于垂下了头，鼓足了勇气，说道："谢谢你，你贵姓？"

这人道："我姓花。"他当然就是花满楼。

石秀雪道："我……我叫石秀雪，最高的那个人是我大师姐马秀真。"

花满楼道："是不是刚才说过话的那位？"

石秀雪道："是的。"

花满楼笑道："她说话的声音很容易分辨，我下次一定还能认得出她。"

石秀雪有点奇怪了，忍不住问道："你一定要听见她说话的声音，才能认得出她？"

花满楼点点头。

石秀雪道："为什么呢？"

花满楼道："因为我是个瞎子。"

石秀雪怔住。

这个伸出两根手指一夹，就能将她剑锋夹住的人，竟是个瞎子。她实在不能相信。

月光照在花满楼脸上，他的笑容看来还是那么温和、那么平静，无论谁都看得出，他是个对生命充满了热爱的人，绝没有因为自己是个瞎子而怨天尤人，更不嫉妒别人比他幸运。

因为他对他自己所有的已经满足，因为他一直都在享受着这美好的人生。

石秀雪痴痴地看着他，心里忽然涌起了一种无法描述的感情，她自己也不知道是同情，是怜悯，还是爱慕，崇敬。

她只知道自己从未有过这种感情。

花满楼微笑着，道："你的师姐们都在等你，你是不是已该走了？"

石秀雪垂着头，忽然道："我们以后再见面时，你还认不认得我？"

花满楼道："我当然能听出你的声音。"

石秀雪道："可是……假如我那时已变成了哑巴呢？"

花满楼也怔住了。

从来没有人问过他这句话，他从来也没有想到有人会问他这句话。

他正不知道该怎么回答，忽然发觉她已走到他面前，拉起了他的手，柔声道："你摸摸我的脸，以后我就算不能说话了，你只要摸摸我的脸，也会认出我来的，是不是？"

花满楼无言地点了点头，只觉得自己的指尖，已触及了她光滑如丝缎的面颊。

他心里忽然也涌起了一种无法描述的感情。

马秀真远远地看着他们，仿佛想走过来拉她的师妹，可是忽然又忍住。

她回过头，孙秀青、叶秀珠也在看着他们，眼睛里带着种奇特的笑意，似已看得痴了。

石秀雪这么样做，她们并不奇怪，因为她们一向知道她们这小师妹是个敢爱，也敢恨的女孩子。她们心里是不是也希望自己能和她一样有勇气？

要爱，也得要有勇气。

04

陆小凤倚在门口，看着花满楼，嘴角也带着微笑。

石秀雪已走了，她们全都走了——四个年轻美丽的女孩子在一起，来的时候就像是一阵风，走的时候也像是一阵风。谁也没法子捉摸到她们什么时候会来，更没法子捉摸到她们什么时候会走。

花满楼却还是动也不动地站在那里，仿佛也有些痴了。

风在轻轻地吹，月光淡淡地照下来，他在微笑着，看来平静而幸福。

陆小凤忽然道："我敢打赌。"

花满楼道："赌什么？"

陆小凤道："我赌你最少三天不想洗手！"

花满楼叹了口气，道："我不懂你这人为什么总是要把别人想得跟你自己一样。"

陆小凤道："我怎么样？"

花满楼板着脸道："你不是个君子，完全不是！"

陆小凤笑了道："我这人可爱的地方，就因为我从来也不想板起脸来，装成君子的模样。"

花满楼也忍不住笑了。

陆小凤忽然又道："我看你最近还是小心点的好！"

花满楼道："小心？小心什么？"

陆小凤道："最近你好像交了桃花运，男人若是交上桃花运，麻烦就跟着来了。"

花满楼又叹了口气，道："还有件事我也不懂。"

陆小凤道："哦？"

花满楼道："你为什么总是能看见别人的麻烦，却看不见自己的呢？"

陆小凤也忍不住叹了口气，苦笑道："因为我是个混蛋。"

花满楼笑道："一个人若能知道他自己是个混蛋，总算还有点希望。"

陆小凤沉默了半晌，忽然道："依你看，是谁要司空摘星来偷上官丹凤的？"

花满楼想也不想，立刻回答："霍休。"

陆小凤道："不错，一定是他。"

花满楼道："能花得起二十万两银子来请司空摘星的人并不多。"

陆小凤道："由此可见，大金鹏王并没有说谎，霍休一定就是上官木。"

花满楼同意。

陆小凤道："独孤一鹤当然也就是平独鹤，所以他才会到珠光宝气阁去，才会要他的弟子来找我的。"

花满楼补充道："他来的时候，想必还不知道阎铁珊这里已出了事。"

陆小凤道："他是不是早已跟阎铁珊约好了，要见面商量一件事？"

花满楼道："很可能。"

陆小凤道："他们要商量的，莫非就是为了要对付大金鹏王？"

花满楼道："也很可能。"

陆小凤道："他叫峨眉四秀来找我，问了我那些话，已无异承认他跟金鹏王朝有关。"

花满楼道："所以你认为他本不该这么样做的。"

陆小凤道："我们根本没有任何证据能证明他是平独鹤，他本不必承认的，除非……"

花满楼道："除非他已有法子能让你不要管这件闲事？"

陆小凤慢慢地点了点头，道："除非他已想出了很好的法子。"

花满楼道："最好的法子只有一种。"

陆小凤道："不错，只有一种，一个人若死了，就再也没法子管别人的闲事了。"

花满楼道："你认为他已在那里布好了陷阱，等着你跳下去？"

陆小凤苦笑道："他用不着再布置什么陷阱，他那'刀剑双杀，七七四十九式'，很可能就已足够让我没法子再管闲事了。"

花满楼道："据说当今七大剑派的掌门人中，就数他的武功最可怕，因为他除了将峨眉剑法练得炉火纯青之外，他自己本身还有几种很邪门、很霸道的功夫，至今还没有看见他施展过。"

陆小凤忽然跳起来，道："走，我们现在就走。"

花满楼道："到哪里去？"

陆小凤道："当然是珠光宝气阁。"

花满楼道："约会在明天中午，我们何必现在就去？"

陆小凤道："早点去总比去迟了好。"

花满楼道："你是在担心上官丹凤？"

陆小凤道："以独孤一鹤的身份，想必还不会对一个女孩子怎么样。"

花满楼道："那么你是在担心谁？"

陆小凤道："西门吹雪。"

花满楼动容道："不错，他既然知道独孤一鹤在珠光宝气阁，现在想必已到了那里。"

陆小凤道："我只担心他对付不了独孤一鹤的刀剑双杀！"他接着又道，"以他的剑法，本不必要别人担心，可是他太自负，自负就难免大意，大意就可能犯出致命的错误。"

花满楼叹道："我并不喜欢这个人，却又不能不承认他的确有值得自负的地方。"

陆小凤道："他只看苏少英使出了三七二十一招，就以为已能击破独孤一鹤的'刀剑双杀'，却未想到苏少英并不是独孤一鹤。"

花满楼道："独孤一鹤究竟是个什么样的人？"

陆小凤沉吟着，缓缓道："有种人我虽然不愿跟他交朋友，却更不愿跟他结下冤仇。"

花满楼道："独孤一鹤就是这种人？"

陆小凤点了点头，叹息着道："无论谁若知道有他这么样一个敌人，晚上都睡不着觉的，所以我们不如现在就走。"

花满楼忽然笑了笑，道："我想他现在也一定没有睡着。"

陆小凤道："为什么？"

花满楼道："无论谁知道有你这么样一个敌人，晚上也一样睡不着的。"

05

独孤一鹤没有睡着。夜已很深，四月的春风中竟仿佛带着晚秋的寒意，吹起了灵堂里的白幔。

棺木是紫楠木的，很坚固、很贵重。可是人既已死，无论躺在什么棺材里，岂非都已全无分别？

烛光在风中摇晃，灵堂里充满了一种说不出的阴森凄凉之意。

独孤一鹤静静地站在阎铁珊的灵位前，已经有很久很久没有动过。他是个很严肃的人，腰干依旧挺直，钢针般的须发也还是漆黑的，只不过脸上的皱纹已很多，很深了，你只有在看见他的脸时，才会觉得他已是个老人。现在他严肃沉毅的脸上，也带着种凄凉而悲伤的表情，这是不是也正因他已是个老人，已能了解死亡是件多么悲哀可怕的事？

这时他身后忽然传来一阵很轻的脚步声，他并没有回头，可是他的手却已握住了剑柄。

他的剑比平常的剑要粗大些，剑身也特别长，特别宽，黄铜的剑锷，擦得很亮，但鞘却已很陈旧，上面嵌着个小小的八卦，正是峨眉掌门人佩剑的标志。

一个人慢慢地从后面走过来，站在他身旁，他虽然没有转头去看，已知道这人是霍天青。霍天青的神情也很悲伤，很沉重，黑色的紧身衣外，还穿着件黄麻孝服，显示出他和死者的关系不比寻常。

独孤一鹤以前并没有见过这强傲的年轻人，以前他根本没有到这里来过。

霍天青站在他身旁，已沉默了很久，忽然道："道长还没有睡？"

独孤一鹤没有回答，因为这本是句不必要回答的话，他既然站在这里，当然还没有睡。

霍天青却又问道："道长以前是不是从未到这里来过？"

独孤一鹤道："是。"

霍天青道："所以连我都不知道阎大老板和道长竟是这么好的朋友！"

独孤一鹤沉着脸，冷冷道："你不知道的事还有很多！"

霍天青淡淡道："道长是武林前辈，知道的事当然比我多。"

独孤一鹤道："哼！"

霍天青扭过头，目光刀锋般盯着他的脸，缓缓道："那么道长想必已知道他是为什么死的了！"

独孤一鹤脸色似已有些变了，忽然转身，大步走了出去。

霍天青却已经叱道："站住！"

独孤一鹤一脚刚跺下，地上的方砖立刻碎裂，手掌上青筋一根根凸起，只见他身上的道袍无风自动，过了很久，才慢慢地转回身，眼睛里精光暴射，瞪着霍天青，一字字道："你叫我站住？"

霍天青也已沉下了脸，冷冷道："不错，我叫你站住！"

独孤一鹤厉声道："你还不配！"

霍天青冷笑道："我不配？若论年纪，我虽不如你，但论身份，霍天青并不在独孤一鹤之下。"

独孤一鹤怒道："你有什么身份？"

霍天青道："我也知道你不认得我，但是这一招，你总该认得。"他本来和独孤一鹤面对面站着，此刻突然向右一拧腰，双臂微张，"凤凰展翅"，左手两指虚捏成凤啄，急点独孤一鹤颈后的天突。

独孤一鹤右掌斜起，划向他腕脉。

谁知他脚步轻轻一滑，忽然滑出了四尺，人已到了独孤一鹤右肩后，招式虽然还是同样一招"凤凰展翅"，但出手的方向部位却已忽然完全改变，竟以右手的凤啄，点向独孤一鹤颈后的血管。

这一招变化看来虽简单，其中的巧妙，却已非言语所能形容。

独孤一鹤失声道："凤双飞！"喝声中，突然向左拧身，回首望月，以左掌迎向霍天青的凤啄。

霍天青吐气开声，掌心以"小天星"的力量，向外一翻。

只听"噗"的一声，两只手掌已接在一起，两个人突然全都不动了。

霍天青本已吐气开声，此刻缓缓道："不错，这一招正是凤双飞，昔年天禽老人独上峨眉，和令师胡道人金顶斗掌，施出了这一招凤双飞，你当然想必也在旁看着。"

独孤一鹤道："不错。"他只说了两个字，脸色似已有些发青。

高手过招，到了以内力相拼时，本就不能开口说话的。但天禽老人绝世惊才，却偏偏练成了一种可以开口说话的内功，说话时非但于内力无损，反而将丹田中一口浊气乘机排出。

霍天青的内功正是天禽老人的真传，此刻正想用这一点来压倒独孤一鹤。

他接着又道："一般武功高手，接这一招时，大多向右拧身，以右掌接招，但胡道人究竟不愧为一代大师，竟反其道而行，以左掌接招，你可知道其中的分别何在？"

独孤一鹤说道："以右掌接招，虽然较快，但自身的变化已穷，以左掌接招，掌势方出，余力未尽，仍可随意变化……"

他本不愿开口的，却又不能示弱，说到这里，突然觉得呼吸急促，竟已说不下去。

霍天青道："不错，正因如此，所以天禽老人也就只能用这种硬拼内力的招式，将他的后招变化逼住……"

独孤一鹤仿佛不愿他再说下去，突然喝道："这件事你怎会知道的？"

霍天青道："只因天禽老人正是先父。"

独孤一鹤的脸色变了。

霍天青淡淡道："胡道人与先父平辈论交，你想必也该知道的。"

独孤一鹤脸上阵青阵白，非但不能再说话，实在也无话可说。

天禽老人辈分之尊，一时无人可及，他和胡道人平辈论交，实在已给了胡道人很大的面子。

独孤一鹤虽然高傲刚烈，却也不能乱了武林中的辈分。

霍天青淡淡道:"我的身份现在你想必已知道,但我却还有几句话要问你!"

独孤一鹤咬着牙点点头,额上已有汗珠现出。

霍天青道:"你为什么要苏少英改换姓名,冒充学究?你和阎老板本无来往,为什么要在他死后突然闯来?"

独孤一鹤道:"这些事与你无关。"

霍天青道:"我难道问不得?"

独孤一鹤道:"问不得。"

霍天青冷冷道:"莫忘记我还是这里的总管,这里的事我若问不得,还有谁能问得?"

独孤一鹤满头大汗涔涔而落,脚下的方砖,一块块碎裂,右脚突然踢起,右手已握住了剑柄。但就在这一瞬间,霍天青掌上的力量突然消失,竟借着他的掌力,轻飘飘地飞了出去。独孤一鹤骤然失去了重心,似将跌倒,突见剑光一闪,接着"叮"的一响,火星四溅,他手里一柄长剑已钉入地下。

再看霍天青的人竟已不见了。

风吹白幔,灵桌上的烛光闪动,突然熄灭。独孤一鹤扶着剑柄,面对着一片黑暗,忽然觉得很疲倦,他毕竟已是个老人。拔起剑,剑入鞘,他慢慢地走出去,黑暗中竟似有双发亮的眼睛在冷冷地看着他。他抬起头,就看见一个人动也不动地站在院子里的白杨树下,一身白衣如雪。

独孤一鹤的手又握上剑柄,厉声道:"什么人?"

这人不回答,却反问道:"平独鹤?"

独孤一鹤的脸突然抽紧。白衣人已慢慢地从黑暗中走出来,站在月光下,雪白的衣衫上,一尘不染,脸上完全没有表情,背后斜背着形式奇古的乌鞘长剑。

独孤一鹤动容道:"西门吹雪?"

西门吹雪道:"是的。"

独孤一鹤厉声道:"你杀了苏少英?"

西门吹雪道:"我杀了他,但他却不该死的,该死的是平独鹤!"

独孤一鹤的瞳孔已收缩。西门吹雪冷冷道:"所以你若是平独鹤,我就要杀你!"

独孤一鹤突然狂笑,道:"平独鹤不可杀,可杀的是独孤一鹤。"

西门吹雪道:"哦?"

独孤一鹤道:"你若杀了独孤一鹤,必将天下扬名!"

西门吹雪冷笑道:"很好。"

独孤一鹤道:"很好?"

西门吹雪道:"无论你是独鹤也好,是一鹤也好,我都要杀你。"

独孤一鹤也冷笑,道:"很好!"

西门吹雪道:"很好?"

独孤一鹤道:"无论你要杀的是独鹤也好,是一鹤也好,都已不妨拔剑。"

西门吹雪道:"很好,好极了。"

独孤一鹤手握着剑柄,只觉得自己的手比剑柄还冷,不但手冷,他的心也是冷的。显赫的声名、崇高的地位,现在他就算肯牺牲一切,也挽不回他刚才所失去的力量了。他看着西门吹雪时,心里却在想着霍天青,他忽然觉得很后悔。这是他生平第一次真正后悔,可能也正是最后一次。

他忽然想见陆小凤,可是他也知道陆小凤现在是绝不会来的。

他只有拔剑!现在他已完全没有选择的余地!

突然间,黑暗中又有剑气冲霄。风更冷,西门吹雪自己的血流出来时,也同样会被吹干的……

第九章

飞燕去来

01

　　车厢并不大，恰好只能容四个人坐，拉车的马都是久经训练的，车子在黄泥路上，走得很平稳。

　　马秀真和石秀雪坐在一排，孙秀青和叶秀珠坐在对面。

　　车子走了很久，石秀雪忽然发觉每个人都在盯着她，她想装作不知道，却又忍不住噘起嘴，问道："你们老是盯着我干什么？我脸上难道长了花？"

　　孙秀青笑了，道："你脸上就算长了花，刚才也已被人家摘走了。"她的眼睛很大，嘴唇薄薄的，无论谁都看得出这女孩子说话一定是绝不肯饶人的。

　　她不让石秀雪开口，接着又道："奇怪的是，这丫头平时总说随便什么花也没有青菜好看，现在为什么一开口就是花呀花的。"

　　石秀雪居然没有脸红，反而悠然道："其实这也没什么奇怪，就因为他姓花，所以我一开口就是花呀花的。"

　　孙秀青吃吃笑道："他？他是谁呀？"

　　石秀雪道："他姓花，叫花满楼。"

　　孙秀青道："你怎么连人家的名字都知道了？"

石秀雪道："因为他刚才告诉了我。"

孙秀青道："我怎么没听见？"

石秀雪道："我们说我们的话，为什么一定要让你听见？何况，你那时的心里一定还在想着陆小凤。"

孙秀青叫了起来，道："我在想陆小凤！谁说我在想陆小凤？"

石秀雪道："我说的，人家坐在澡盆里的时候，你眼睛就一直盯在他身上，我早就注意到了，你赖也赖不掉。"

孙秀青又气又笑，笑骂道："你们看这丫头是不是疯子，满嘴胡说八道。"

马秀真悠然道："这丫头是有点疯，只不过你的眼睛也的确一直都盯在陆小凤身上。"

石秀雪拍手笑道："还是大师姐说了句公道话。"

孙秀青眼珠子转了转，忽然叹了口气，道："她说的实在是公道话，只不过有点酸味。"

马秀真也瞪起了眼，道："酸味？什么酸味？"

孙秀青道："一种跟醋差不多的酸味。"

马秀真也叫了起来，道："你难道说我在吃醋？"

孙秀青道："我可没有说，是你自己说的。"

她忍着笑，抢着又道："人家都说陆小凤多风流，多潇洒，可是我今天看他坐在澡盆里那样子简直就像是个瓜，笨瓜，比西门吹雪差多了。"

石秀雪吃惊道："你说什么？"

孙秀青道："我是说，假如我要挑一个男人，我一定挑西门吹雪，那才是个真正有男人气概的男人，十个陆小凤也比不上。"

石秀雪叹了口气，道："我看你才是真疯了，就算天下的男人全都死光，我也不会看上那个自以为了不起的活僵尸。"

孙秀青道："你看不上，我看得上，这就叫萝卜青菜，各有所爱。"

马秀真也忍不住笑道："看你们的样子，就好像已经把萝卜青菜都分配好了。"

孙秀青吃吃笑道："我们配给你的是那个大萝卜陆小凤。"

石秀雪眨着眼，道："那么叶三姑娘岂不是落了空？"

叶秀珠脸已红了，红着脸道："你看你们，才见了人家一次面，就好像害了相思病，难道你们一辈子没见过男人？"

孙秀青叹了口气，道："我们本来就没见过这样的男人。"

她用眼角瞟着叶秀珠，又道："凭良心讲，今天我们见到的这三个男人，随便哪一个都不错，你嘴里虽不说，其实说不定三个你都喜欢。"

叶秀珠急得脸更红，道："你……你……你真疯了！"

马秀真道："孙老二就这点不好，专门喜欢欺负老实人。"

孙秀青撇了撇嘴，道："她老实？她表面上虽然老实，其实我们四个里面，最早嫁人的一定是她。"

叶秀珠道："你……你凭什么这么样说？"

石秀雪抢着道："因为她自己知道她自己一定嫁不出去的，莫说有四条眉毛的男人，就算有四个胆子的，也绝不敢娶她！"

马秀真道："那倒一点也不错，谁若娶了她这种尖嘴滑舌的女人，不被她吵死才怪！"

石秀雪忍住笑道："也许只有聋子还能……"

孙秀青已跳了起来，大声道："好，你们三个联合起来欺负我，最多我把那三个男人全都让给你们好了，你们总该满意了吧？"

石秀雪道："你让给我们？那三个男人难道是你的？"

马秀真叹道："看来这丫头什么都知道，就是不知道害臊。"

孙秀青瞪着她们，突然大叫："我饿死了。"

马秀真吃惊地看着她，就好像真的在看着个忽然疯了的人。

孙秀青自己也忍不住笑了，道："我一生气，肚子就会饿，现在我已经生气了，我要找个地方吃宵夜去。"

四个女孩子在一起，你若叫她们不要谈男人，实在是件很困难的事，就好像四个男人在一起时，你不许他们谈女人一样困难。

可是花满楼和陆小凤现在谈的却不是女人，现在他们没心情谈女人，他们谈的是西门吹雪。

陆小凤道："我只希望他现在还没有找到独孤一鹤。"

花满楼道："你认为他绝不是独孤一鹤的对手？"

陆小凤道："他的剑法锋锐犀利，出手无情，就跟他的人一样，从不替别人留余地。"

花满楼慢慢地点了点头，说道："一个人若是从不肯为别人留余地，也就等于没有为自己留余地。"

陆小凤道："所以只要他的剑一出鞘，若不能伤他人，自己就必死无疑！"

花满楼道："他现在还没有死。"

陆小凤道："那只因为他还没有遇见过独孤一鹤这样的对手！"

他慢慢地接着道："独孤一鹤的剑法沉着雄浑，内力深厚，攻势虽凌厉，防守更严密，交手经验之丰富，更不是西门吹雪能比得上的，所以他三十招内若不能得手，就必定要死在独孤的剑下。"

花满楼道："你认为他三十招内绝不能得手？"

陆小凤道："没有人能在三十招之内制独孤的死命，西门吹雪也一样不能！"

花满楼沉默了很久，也叹了口气，道："他是你约出来的。"

陆小凤苦笑道:"所以我只希望他还没有找到独孤一鹤。"

他们已穿过静寂的大路,来到珠光宝气阁外的小河前。

流水在上弦月清淡的月光下,闪动着细碎的银鳞,一个人静静地站在小河旁,一身白衣如雪。

陆小凤看见他时,他也看见了陆小凤,忽然道:"我还没有死。"

陆小凤笑了,道:"你看来的确不像是个死人。"

西门吹雪道:"死的是独孤一鹤。"

陆小凤不笑了。

西门吹雪道:"你想不到?"

陆小凤承认,他本不愿承认的。

西门吹雪却笑了笑,笑得很奇怪,道:"我自己也想不到。"

陆小凤道:"哦?"

西门吹雪道:"苏少英使出那二十一招时,我已看出了三处破绽。"

陆小凤道:"所以你认为你已至少有三次机会可以杀独孤一鹤?"

西门吹雪点点头,道:"通常我只要有一次机会已足够,但我刚刚跟他交手时,却连一次机会都没有把握住。"

陆小凤道:"为什么?"

西门吹雪道:"他剑法虽有破绽,但是我一剑刺出后,他忽然已将破绽补上,我从未见过有人能知道自己剑法的破绽何在,但是他却知道。"

陆小凤说道:"世上所有的剑法,本来都有破绽的,但是能知道自己剑法中破绽的人,却的确是不多。"

西门吹雪道:"我三次出手,三次被封死,就已知道我杀不了他,杀人的剑法若不能杀人,自己就必死无疑!"

陆小凤叹道:"你虽然很自负,可是你也有自知之明,所以你还活着!"

西门吹雪道:"我还没有死,只因为三十招后,他的剑法突然乱了。"

陆小凤道:"像他这样的高手,剑法若是突然乱了,只有两种原因。"

西门吹雪在听着。

陆小凤道:"心若已乱,剑法必乱。"

西门吹雪道:"他的心没有乱。"

陆小凤道:"难道他内力已不济?"

力若不济,剑法也会乱的。

陆小凤又道:"以他功力之深厚,怎么会在交手三十招后,就无以为继?"

西门吹雪道:"我说过,我也想不到。"

陆小凤沉吟着,道:"莫非他在跟你交手之前,内力已被人消耗了很多?莫非已有人先跟他交过了手?"

西门吹雪冷冷道:"你逼人出手时,又几时给过别人说话的机会?"

西门吹雪脸上虽然还是完全没有表情,但目中却似已有了阴影,过了很久,才缓缓道:"他临死前却说了句很奇怪的话。"

陆小凤道:"他说什么?"

西门吹雪道:"他说他……"

剑拔出来时,剑锋上还带着血。

独孤一鹤看着别人的剑锋上带着他的血,看着他的血被一滴滴吹落,脸上竟没有痛苦恐惧之色,反而突然大呼:"我明白了,我明白了……"

西门吹雪道:"他说他明白了!"

陆小凤皱眉道:"他明白了什么?"

西门吹雪目中的阴影更重,竟长长叹息了一声,道:"也许他已明白了人生短促,譬如朝露,也许他已明白了,他不顾一切换得的声名地位,到头来也只不过是一场虚空……"

陆小凤沉思着,缓缓说道:"正因为人生短促,所以不能虚度——他究竟真的明白了?还是不明白?真正想说的究竟是什么?"

西门吹雪目光凝视着远方,又过了很久,忽然也说了句很出人意外的话。

他忽然说:"我饿了。"

陆小凤吃惊地看着他,道:"你饿了?"

西门吹雪冷冷道:"我杀人后总是会饿的。"

02

这是家本来已该关门了的小酒店,在一片林叶浓密的桑树林外。

桑林里有几户人家,桑林外也有几户人家,大多是养蚕的小户。

这家人的屋子距离大路较近些,所以就在前面搭了间四面有窗户的小木屋,卖些简单的酒菜给过路的客人,峨眉四秀找到这里来的时候,主人本已快睡了,可是又有谁能拒绝这么样四个美丽的女孩子呢?

酒店里只有三张木桌,却收拾得很干净,下酒的小菜简单而清爽,淡淡的酒也正合女孩子们的口味,她们吃得很开心。

女孩子们开心的时候,话总是特别多的。她们叽叽喳喳地说着、笑着,就像一群快乐的小母鸡。

孙秀青忽然道："你那个姓花的说话，好像有点江南口音，不知道是不是那个花家的人。"

石秀雪道："哪个花家？"

孙秀青道："就是江南那个花家，听说你就算骑着快马奔驰一天，也还在他们家的产业之内。"

马秀真道："我也知道这家人，但我想花满楼却不会是他们家的。"

孙秀青道："为什么？"

马秀真道："听说这家人生活最奢华，饮食衣着都考究得很，连他们家的马夫，走出来都像是阔少，那花满楼看起来很朴素，而且，我也没听说他们的子弟中有个瞎子。"

石秀雪立刻冷笑道："瞎子又怎么样？他虽然是个瞎子，可是他能看见的，却比我们这些有眼睛的加起来还多。"

马秀真也知道自己这话不该说的，改口笑道："他武功倒的确不错，连我都想不到他随随便便伸手一夹，就能夹着你的剑。"

孙秀青笑道："那也许只因为这丫头已经被他迷住了。"

石秀雪瞪了她一眼，道："你若不服气，下次你自己不妨去试试，我不是替他吹牛，就凭他那一招，天下已没有人能比得上。"

孙秀青道："西门吹雪呢？他那一剑难道就差了？"

石秀雪不说话了，她也不能不承认，西门吹雪那一剑的确可怕。

马秀真道："听说西门吹雪不但剑法无双，家世也很好，万梅山庄的富贵荣华，也绝不在江南花家之下。"

孙秀青眼睛里闪着光，道："我喜欢他，倒不是因为他的身世，就算他只不过是个一文不名的穷小子，我还是一样喜欢他的。"

石秀雪淡淡道："我却看不出他的人从头到脚，有哪点可爱的地方。"

孙秀青道:"他有哪点可爱的地方,为什么一定要你看出来,只要我……"

她声音突然停顿,一张脸忽然变得通红,直红到耳根子。因为这时正有一个人从外走进来,一身白衣如雪,正是西门吹雪。石秀雪也说不出话了,四个叽叽喳喳的女孩子,突然全都闭上了嘴,她们不但看见了西门吹雪,也看见了花满楼和陆小凤。

西门吹雪一双刀锋般锐利的眼睛,竟一直在瞪着她们,突然走过来,冷冷道:"我不但杀了苏少英,现在又杀了独孤一鹤。"

四个女孩子脸色全都变了,尤其是孙秀青的脸上,更已苍白得全无一点血色。

在少女的心里,仇恨总是很容易就被爱赶走的,何况,苏少英风流自赏,总以为这四个师妹都应该抢着喜欢他,所以她们全都不喜欢他。但杀师的仇恨,就完全不同了。

孙秀青失声道:"你……你说什么?"

西门吹雪道:"我杀了独孤一鹤。"

石秀雪突然跳起来,大声道:"我二师姐这么喜欢你,你……你……你怎么能做这种事?"

谁也想不到她居然会说出这么样一句话,连西门吹雪都似已怔住。

孙秀青脸上阵红阵青,突然咬了咬牙,双剑已出鞘,剑光闪动,恨恨地刺向西门吹雪胸膛。

西门吹雪居然未出手,轻轻一拂袖,身子已向后滑出,退后了七八尺。

孙秀青眼圈已红了,嘶声道:"你杀了我师父,我跟你拼了。"

她展动双剑,咬着牙向西门吹雪扑过去,剑器的招式本就以轻灵变化为主,只见剑光闪动,如花雨缤纷,刹那间已攻出七招。

眼见师姐双剑已出鞘，石秀雪大声道："这是我们跟西门吹雪的事，别人最好不要管。"她这话当然是说给花满楼听的，事实上，花满楼也不能插手。

可是他又怎么能让这四个无辜的女孩子死在西门吹雪剑下？

就在这时，只听"叮"的一响，西门吹雪突然伸手在孙秀青肘上一托，她左手的剑，就打在自己右手的剑上。

双剑相击，她只觉手肘发麻，两柄剑竟已忽然到了西门吹雪手里。

西门吹雪冷冷道："退下去，莫要逼我拔剑！"

他的声音虽冷，但目光却不冷，所以孙秀青还活着。

他毕竟是个人，是个男人，又怎么能忍心对一个喜欢自己的美丽少女下得了毒手？

孙秀青脸色更苍白，目中已有了泪光，咬着牙道："我说过，我们今天全都跟你拼了，若是杀不了你，就……就死在你面前！"

西门吹雪冷笑道："死也没有用，你们若要复仇，不如快回去叫青衣一百零八楼的人全都出来。"

孙秀青却好像很吃惊，失声道："你在说什么？"

西门吹雪道："独孤一鹤既然是青衣楼的总瓢把子，青衣楼……"

孙秀青却忽然打断了他的话，怒目嗔道："你说我师父是青衣楼的人？你是不是疯了？他老人家这次到关中来，就因为他得到这个消息，知道青衣第一楼就在……"

忽然间，后面的窗子外"铮"的一响，一道细如牛毛般的乌光破窗而入，打在孙秀青背上。

孙秀青的脸突然扭曲，人已向西门吹雪倒了过去。石秀雪距离后窗最近，怒喝着翻身，扑过去，但这时窗外又有道乌光一闪而入，来势之急，竟使她根本无法闪避。

她大叫着,手里的剑脱手飞出,她的人却已倒了下去。

这时孙秀青的人已倒在西门吹雪身上,西门吹雪突然用一只手抱起了她的腰,另一只手已反腕拔剑,剑光一闪,他的人和剑竟似已合为一体,突然间已穿窗而出。

陆小凤却早已从另一扇窗子里掠出,只听马秀真、叶秀珠怒喝着,也跟着追了出来。

夜色深沉,晚风吹着窗后的菜园,哪里还看得见人影?

再过去那浓密的桑林中,却有犬吠声传来。西门吹雪的剑光已入林。

马秀真和叶秀珠竟也不顾一切地,跟着扑了进去。桑林里的几户人家都已睡了,连灯光都看不见,西门吹雪的剑光也已看不见。一条黄狗冲着林后的小路狂吠。

马秀真道:"追,我们不管怎么样,也得把老二追回来。"一句话没说完,两个人都已追出。

陆小凤却没有再追了,他忽然在树下停住,弯腰捡起了一件东西……

酒店的主人躲在屋角,面上已无人色。

花满楼俯下身,轻轻地抱起了石秀雪,石秀雪的心还在跳,却已跳得很微弱。

她美丽的脸上也已现出了一种可怕的死灰色,她慢慢地张开眼睛,凝视着花满楼,轻轻说道:"你……你还没有走?"

花满楼柔声道:"我不走,我陪着你。"

石秀雪眼睛里露出种很奇怪的表情,仿佛欣慰,又仿佛悲哀,勉强微笑着,道:"想不到你还认得我。"

花满楼道:"我永远都认得你。"

石秀雪又笑了笑，笑得更凄凉，道："我虽然没有变成哑巴，却已快死，死人也不会说话的，是不是？"

花满楼道："你……你不会死，绝不会。"

石秀雪道："你用不着安慰我，我自己知道，我中的是毒针。"

花满楼动容道："毒针？"

石秀雪道："因为我全身都好像已经麻木了，想必是因为毒已快发作，你……你可以摸摸我的伤口，一定是烫的。"

她忽然拉着花满楼的手，放到她的伤口上。她的伤口就在心口上，她的胸膛柔软、光滑而温暖。她拉着花满楼冰冷的手放在她柔软的胸膛上，她的心忽然又跳得快了起来。

花满楼的心也已在跳，就在这时，他听见陆小凤的声音在后窗外问："她中的是什么暗器？"

花满楼道："是毒针。"

陆小凤沉默了半晌，忽然道："你留在这里陪她，我去找一个人。"

说到最后一字，他的声音已在很远。

石秀雪喘息着道："你真的没有走，真的还在这里陪我？"

花满楼道："你闭上眼睛，我……我替你把毒针吮出来。"

石秀雪苍白的脸仿佛又红了，眼睛里却发出了光，道："你真的肯这么做？"

花满楼黯然道："只要你肯……"

石秀雪道："我什么都肯，可是我不想闭上眼睛，因为我要看着你。"

她的声音已渐渐微弱，然后她脸上的笑容就突然僵硬，眼睛里的光芒也忽然消失了。

死亡，忽然间就已无声无息地将她从花满楼怀抱中夺走。

可是她的眼睛却仿佛还在凝视着花满楼,永远都在凝视着……

黑暗,花满楼眼前却只有一片黑暗。

他忽然恨自己是个瞎子,竟不能看她最后一眼。

她还这么年轻,可是她充满了青春活力的身子,已突然冰冷僵硬。

花满楼轻轻地抽出了手,泪珠也从空洞的眼睛里流了下来。

他没有动,也没有走,他第一次感觉到人生中的无情和残酷。

风从窗外吹进来,从门外吹进来,四月的风吹在他身上,竟宛如寒冬。

他忽然感觉到风中传来一阵芬芳的香气,忽然听到后窗"咯"的一响。他立刻回头,准备跃起。

但这时候后窗外已响起一个人温柔甜蜜的声音,在轻轻对他说:"你不要吃惊,是我!"

声音正是他所熟悉的人,也正是他一直在思念着的人。

他忍不住失声而呼:"飞燕?"

"不错,是我,想不到你居然还听得出我的声音。"

一个人轻飘飘地从后窗掠进来,声音里竟似带着种因妒忌而生的讥刺,幽幽地说道:"我还以为你已忘记了我!"

花满楼站在那里,似已呆住,过了很久,才说道:"你……你怎么会忽然到这里来了?"

上官飞燕道:"你是不是说我不该来的?"

花满楼摇摇头,叹息着道:"我只是想不到,我还以为你已经……"

上官飞燕道:"你是不是以为我已死了?"

花满楼已不知该说什么!

上官飞燕又幽幽地叹息了一声,道:"我要死,也得像她一样,死在你的怀里。"

她慢慢地走过来,走到花满楼面前,又道:"我刚才看见你们,我……我心里好难受,若不是她已经死了,我说不定也会杀了她的。"

花满楼沉默了很久,忽然道:"有一天我听见了你的歌声。"

上官飞燕沉吟着,道:"是不是在万梅山庄外,那个破旧的山神庙里?"

花满楼道:"嗯。"

上官飞燕也沉默了很久,才轻轻道:"可是你找去的时候,我已经走了。"

花满楼道:"你为什么要走?"

上官飞燕的声音更轻,道:"你也该知道,我并不想走。"

花满楼道:"有人逼你走?"

上官飞燕道:"那支歌也是别人逼我唱的,本来我还不知道他们是为了什么,后来才知道,他们是想诱你到那庙里去。"

花满楼道:"他们?他们是什么人?"

上官飞燕并没有回答这句话,她的声音忽然开始颤抖,仿佛很恐惧。

花满楼道:"你难道已落在那些人手里?"

上官飞燕颤声道:"你最好不要知道得太多,否则……否则……"

花满楼忍不住问道:"否则怎么样?"

上官飞燕又沉默了很久,道:"那天他们诱你去,为的就是要警告你,不要再管这件事,他们就是要你知道我已落在他们手里。"她不让花满楼开口,接着又说道,"他们今天要我来,为的也是要我劝你不要再管这件事,否则……否则他们就要我杀了你!"

花满楼动容道:"他们要你来杀我?"

上官飞燕道："是的，因为他们知道，你绝不会想到我会害你，绝不会防备我；可是，他们却没有想到，我又怎么忍心对你下得了手呢？"

她忽然扑过来，紧紧地抱住了花满楼，颤声道："现在你一定也已想到他们是谁了，但你却永远想不到他们的力量有多么可怕……"

现在阎铁珊和独孤一鹤都已死了，要阻止这件事的人，只有霍休。

花满楼沉声道："不管他们的力量有多么可怕，你都用不着害怕……"

上官飞燕道："可是我实在怕，不是为了我自己，是为了你，若不是我，你们根本不会被牵连到这件事里，你若出了什么事，叫我怎么能活得下去！"

她紧紧地抱着他，全身都在颤抖着，她的呼吸芬芳而甜美。

花满楼忍不住张开双臂，要去拥抱她，可是石秀雪的尸体还在他身旁，这多情的少女，刚才就是死在他这双手臂里的，现在他又怎么能用同样的一双手臂去拥抱别人？

他心里充满了痛苦和矛盾，他想控制自己的情感，却又偏偏没法子控制。

他再想去拥抱她时，她却忽然推开了他，道："我的意思，现在你想必已明白。"

花满楼道："我不明白。"

上官飞燕道："不管你明不明白，我……我都已要走了。"

花满楼失声道："你要走？为什么要走？"

上官飞燕道："我也不想走，但却非走不可！"

她声音里充满了痛苦和恐惧，接着道："你若是还有一点对我好，就不要问我为什么，也不要拉住我，否则你不但害你自己，也害了我！"

花满楼道："可是我……"

上官飞燕说道："让我走吧，只要知道你还好好地活着，我就已心满意足了，否则你就是对不起我……"

她的声音已愈来愈远，突然消失。

黑暗，花满楼忽然发觉自己已陷入无边无际的黑暗与寂寞中。他知道她一定有不得已的困难和苦衷，所以她才会走。

但他却只有呆子般站在这里，既不能帮助她解决困难，也不能安慰她的痛苦，就正如他刚才只有眼看着石秀雪死在他怀里。

"我究竟算怎么样一个人？究竟算什么？"他的耳旁仿佛有个声音在冷笑道："你只不过是个瞎子，没用的瞎子！"

瞎子的生命中，本就只有黑暗，绝望的黑暗。

他握紧双拳，站在四月的晚风中，忽然觉得人生并不是永远都像他想象中那么美好，生命中本就有许多无可奈何的悲哀和痛苦。

他实在不知道要怎么样才能解脱。

四月本是燕子飞回来的时候，可是他的燕子却已飞去，就像人们的青春一样，一去永不回头。

他慢慢地走过门外的草地，草地已被露水湿透。

第十章

迷楼

01

柔软的草地已被露水湿透,夜已更深了。

霍天青慢慢地穿过庭园,远处小楼上的灯光,照着他苍白憔悴的脸。他显得很疲倦,孤独而疲倦。

荷塘中的碧水如镜,倒映着满天的星光月光,他背负着双手,伫立在九曲桥头,有风吹过时,一片树叶落下。

他俯下身,拾起了这片落叶,忽然道:"你来了。"

"我来了。"

霍天青抬起头时,就看见了陆小凤。

陆小凤就像是片落叶一样,从墙外飘了进来,落在荷塘的另一边,也正在看着霍天青。

他们之间,隔着十丈荷塘,可是他们却觉得彼此间的距离仿佛很近。

陆小凤微笑着,道:"你好像在等我?"

霍天青道:"我是在等你。"

陆小凤道:"你知道我会来?"

霍天青点点头,道:"我知道你非来不可。"

陆小凤道:"为什么?"

霍天青道:"你走了之后,这里又发生了很多事。"

陆小凤道:"很多事?"

霍天青道:"你不知道?"

陆小凤道:"我只知道一件。"

霍天青道:"你知道独孤已死在这里?"

陆小凤叹了口气,道:"但我却不知道他是不是真的该死。"

霍天青沉默着,忽然也叹息了一声,道:"你当然也不会知道他的死跟我也有关系。"

陆小凤道:"哦?"

霍天青道:"若不是我,他也许还不会死在西门吹雪剑下!"

陆小凤道:"哦?"

霍天青道:"我一向不喜欢妄自尊大的人,独孤却偏偏是个妄自尊大的人,所以,西门吹雪还没有来时,他已跟我交过了手。"

陆小凤道:"我知道。"

霍天青很意外:"你知道?你怎么会知道?"

陆小凤笑了笑,道:"独孤与西门交手时,真力最多已只剩下五成,能让他真力耗去五成的人,这附近还不多。"

霍天青慢慢地点了点头,道:"不错,这件事你应该能想得到的。"

陆小凤道:"还有件事是我想不到的?"

霍天青点点头。

陆小凤又笑了笑,道:"想不到也无妨,现在我只想知道上官丹凤在哪里?"

霍天青道:"这件事正是你想不到的。"

陆小凤道:"什么事?"

霍天青道:"她并没有到这里来,而且只怕也不会来了!"

陆小凤怔住,他的确没有想到上官丹凤居然不在这里。

霍天青道:"你也许会奇怪,我怎么会知道她不来了。"

陆小凤道:"我的确奇怪。"

霍天青道:"你看过这封信后,也许就不会奇怪了。"

他果然从袖中拿出了一封信,随手一抛,这封信就像是浮云般向陆小凤飘了过去。

> 丹凤难求,小凤回头,
>
> 若不回头,性命难留。

信上只有这么样十六个字,字写得很好,信纸也很考究。

信封上竟写的是"留交陆小凤"。

霍天青道:"这封信本是要给你的,现在我已给了你。"

陆小凤道:"但我却不明白这是什么意思。"

霍天青淡淡道:"这意思就是说,你已很难再找到上官丹凤了,所以最好还是及早回头,不要再管这件事,否则就有人要你的命。"

其实他当然知道这意思陆小凤也懂得。

陆小凤道:"这封信是谁要你转交给我的?"

霍天青道:"不知道!"

陆小凤道:"你也不知道?"

霍天青道:"你若也写了这么样一封信叫我转给别人,你会不会当面交给我?"

陆小凤道:"不会。"

霍天青道:"所以写这封信的人,也没有当面交给我,我只不过在阎大老板的灵位下发现了这封信,别的我全不知道。"

陆小凤叹了口气，道："你当然不会知道。"

霍天青道："但你却应该知道。"

陆小凤道："应该知道什么？"

霍天青道："知道这封信是谁写的。"

陆小凤苦笑道："我只希望这不是阁大老板在棺材里写的。"

霍天青目光闪动，道："你也应该知道，除了阁大老板外，还有谁不愿你管这件事。"

陆小凤叹了口气，道："只可惜我偏偏不知道。"

霍天青道："你至少知道一个人的。"

陆小凤道："谁？"

霍天青道："我。"

陆小凤笑了。

霍天青却没有笑，沉着脸道："上官丹凤既已不会来，你若也不再管这件事，这珠光宝气阁的万贯家财，岂非就已是我的！"

陆小凤微笑道："但我却知道天禽门的掌门人，绝不会做这种事。"

霍天青凝视着他，嘴角终于也露出了微笑，忽然道："想不想喝杯酒去？"

陆小凤道："想。"

酒是用青花瓷坛装着的，倒出来时，无色无味，几乎和白水差不多，可是用新酒一兑，芬芳香醇的酒味，就立刻充满了这间小而精致的屋子。

陆小凤慢慢地啜了一口，长长地叹了口气，道："这才是真正的女儿红。"

霍天青道："你很识货。"

陆小凤笑道："所以下次你若还有这么好的酒，还是该请我来喝，我至少不会糟蹋你的好酒。"

霍天青笑了笑，道："我也并不是时常都有这种好酒的。"

陆小凤道："哦？"

霍天青道："这酒还是我上次去拜访一位邻居时，他送给我的。"

陆小凤道："我羡慕你，这么好的邻居，现在已经比好酒更难找到了。"

霍天青道："但他却也是个很古怪的人，你想必也该听说过他的。"

陆小凤道："我认得的怪人的确不少，不知道你说的是哪一个？"

霍天青道："他叫霍休。"

陆小凤失声道："霍休？他怎么会是你的邻居？"

霍天青道："他虽然并不常住在这里，却盖了栋小楼在这后面的山上，每年都要到这里来住一两个月。"

陆小凤眼睛忽然亮了，道："你知道不知道他到这里来干什么？"

霍天青道："除了喝酒外，他好像什么事都没有做。"

陆小凤没有再问下去，却仿佛在沉思着，他喝酒的时候，本来一向不太肯动脑筋的，这次却是例外。

霍天青并没有注意到他的表情，又道："所以只要是你能说得出的好酒，他那里几乎全都有的，我虽然并不太喜欢喝酒，但连我到了那小楼后，都有点不想再出来了。"

陆小凤忽然道："你知不知道什么酒喝起来味道特别好？"

霍天青道："不知道。"

陆小凤道："偷来的酒。"

霍天青又笑了，道："你想要我陪你到那里偷酒去？"

陆小凤笑道："一点也不错！"

霍天青道："这世上只有一种人是连一滴酒都不能喝的，你知不知道是哪种人？"

陆小凤道："不知道。"

霍天青道："是没有脑袋的人，所以你若还想留着脑袋喝酒，最好趁早打消这主意。"

陆小凤笑道："偷酒就跟偷书一样，是雅贼，就算被人抓住，也绝不会有砍脑袋的罪名。"

霍天青道："那也得看是被什么人抓住！"

陆小凤笑道："你跟霍休算起来五百年前还是一家人，你怕什么？"

霍天青道："可是他自己却亲口告诉过我，他那小楼上，有一百零八种机关埋伏，若不是他请去的客人，无论谁闯了进去，要活着出来都很难。"

他叹了口气，又道："那些机关是不认得人的，不管你姓霍也好，都完全没有一点分别。"

陆小凤终于也叹了口气，道："我眉毛有四条，少了两条也没关系，脑袋却只有一个，连半个也少不得的。"

他苦笑着，又道："连几坛酒都要用一百零八种机关来防备人去偷，这就难怪他会发财了。"

霍天青道："也许他并不是为了要防备别人去偷他的酒。"

陆小凤目光闪动，道："难道你认为他那小楼上还另有秘密？"

霍天青笑了笑，淡淡道："每个人都多多少少有点秘密的……"

陆小凤道："只不过真正能保守秘密的，却也只有一种人。"

霍天青道："哪种人？"

陆小凤道："死人。"

霍天青的目光也在闪动着，道："霍休并不是死人。"

陆小凤道："他不是。"

02

最可怕的也是死人。无论这个人活着时多么温柔美丽，只要一死，就变得可怕了。

所以石秀雪的尸体上，已被盖起了一块白布。

桌上有盏孤灯，花满楼默然地坐在灯旁，动也不动。他本来已走了，却又回来。

无论石秀雪是死是活，他都绝不能抛下她一个留在这里。

小店的主人早已溜走，只留下一盏灯在这里，似已忘记了瞎子根本就用不着灯的。

四下一片静寂，听不见一点声音，陆小凤进来时，也没有发出声音。

但花满楼却已转过头，面对着他，忽然道："你喝了酒？"

陆小凤只有承认："喝了一点。"

花满楼冷冷道："出了这么多事之后，你居然还有心情去喝酒，倒真难得得很。"他板着脸，他一向很少板着脸。

陆小凤眨了眨眼，道："你是不是很佩服我？"

他对付生气的人有个秘诀——你既然生气了，就索性再气气你，看你究竟能气成什么样子，看你究竟气不气得死。

花满楼不说话了，他很了解陆小凤，他还不想被陆小凤气死。

陆小凤反而没法子了，讪讪地道："其实你也该喝杯酒的，酒最大的好处，就是它能让你忘记很多想也没有用的事。"

花满楼不理他，过了很久，忽然道："我刚才看见了一个人。"

陆小凤道："你刚才看见了很多个人。"

花满楼道:"但这个人却是我本来以为绝不会在这里看见的!"

陆小凤道:"谁?"

花满楼道:"上官飞燕。"

陆小凤怔了怔,道:"她没有死?"

花满楼黯然道:"她虽然还没有死,但活得却已跟死差不多了。"

陆小凤道:"为什么?"

花满楼道:"她似已落在别人的手里,行动已完全被这个人控制。"

陆小凤动容道:"你知不知道这个人是谁?"

花满楼道:"她没有说,我也不知道,只不过,以我的猜想,这个人一定是……"

陆小凤道:"一定是谁?"

花满楼道:"霍休!"

陆小凤刚坐下去,又忽然站了起来,失声道:"霍休?"

花满楼道:"上官飞燕这次来找我,也是被人所逼,来叫我不要再管这件事的,现在不愿我们再管这件事的,已只有霍休。"

陆小凤又坐了下去,过了很久,忽然道:"我刚才没有看见一个人。"

这句话很妙,简直叫人听不懂。

花满楼道:"你没有看见的人也很多!"

陆小凤道:"但这个人却是我以为一定会看见的,我到珠光宝气阁去,本就是为了找她。"

花满楼道:"上官丹凤?"

陆小凤道:"不错。"

花满楼道:"她不在那里?"

陆小凤道:"她根本没有去,却有人留了封信给霍天青,叫他转交给我！"

花满楼道："信上说什么？"

陆小凤道："信上只有四句似通非通，跟放屁差不多的话。"

花满楼道："什么话？"

陆小凤道："丹凤难求，小凤回头，若不回头，性命难留！"

花满楼沉吟着道："这四句话的意思，好像也是叫你不要再管这件事的。"

陆小凤道："现在不愿我们再管这件事的，已只有一个人。"

花满楼道："所以你认为写这封信的人，一定也是霍休？"

陆小凤道："我只知道这个人若是已开始要做一件事，就绝不会半途罢手。"

成功的人，做事本就全都不会半途罢手的。

花满楼道："司空摘星没有把上官丹凤偷走，他也许并不意外，所以他早就另外派人在路上等着，终于还是劫走了上官丹凤。"

陆小凤道："我刚刚喝了他半坛子酒。"

花满楼又不禁很意外："你已见过了他？"

陆小凤道："我没有，酒是他送给霍天青的，他有个小楼就在珠光宝气阁后面的山上。"

花满楼动容道："小楼？"

陆小凤一字字道："不错，小楼！"

花满楼也站立了起来，却又坐下，过了很久，他才缓缓地说道："你还记不记得孙秀青刚才说过的话？"

陆小凤当然记得——"独孤一鹤这次到关中来，就因为他得到了一个消息，他知道青衣第一楼就在……"

花满楼的脸上也发出了光，道："你是不是认为霍休的那小楼，就是青衣第一楼？"

陆小凤没有回答这句话,这句话已用不着回答。

花满楼道:"但是,据大金鹏王说,青衣楼的首领本是独孤一鹤!"

陆小凤道:"他得到的消息并不一定都是完全正确的。"

花满楼承认:"无论谁都难免被人冤枉的,同样也难免有冤枉别人的时候。"

陆小凤忽然叹了口气,道:"只可惜现在朱停不在这里。"

花满楼道:"为什么?"

陆小凤道:"据说那小楼上有一百零八处机关埋伏。"

花满楼道:"你想到那小楼去看看?"

陆小凤道:"很想。"

花满楼道:"那些机关埋伏难道已吓住了你?"

陆小凤道:"没有。"

陆小凤若已开始去做一件事的时候,也绝不会半途罢手的。无论什么事都绝不能令他半途罢手!

03

山并不高,山势却很拔秀。上山数里,就可以看见一点灯光,灯光在黑暗中看来分外明亮。

花满楼眼前却只有一片黑暗。

陆小凤道:"我已看见了那小楼。"

花满楼道:"在哪里?"

陆小凤道:"穿过前面一片树林子就到了,楼上还有灯光。"

花满楼道:"你想,霍休会不会也到了这里?"

陆小凤道:"不知道。"

花满楼道:"我刚才说过,每个人都难免有冤枉别人的时候。"

陆小凤道:"我听见了,我也不聋。"

花满楼道:"我只不过提醒你,霍休是你的朋友,而且对你一向不错。"

陆小凤冷冷道:"你以为我会冤枉他?我虽然常常被人冤枉,却还没冤枉过别人。"

他忽然显得很烦躁,因为他心里也有种矛盾。

能赶快结束这件事,赶快揭穿这秘密当然最好,但他却实在不希望发现那阴险恶毒的青衣楼主,真是他的朋友。

树林中带着初春木叶的清香,风中的寒意虽更重,但天地间却是和平而宁静的。

没有人,没有声音,红尘中的喧哗和烦恼,似已完全被隔绝在青山外。

只不过世上一些最危险、最可怕的事,往往就是隐藏在这种平静中的。

陆小凤忽然道:"我不喜欢这种情况。"

花满楼道:"什么情况?"

陆小凤道:"这里太静了,太吵和太静的时候,我都会觉得很紧张。"

花满楼道:"为什么?"

陆小凤道:"因为我每次遇见的怪事,都是在这种情况下发生的!"

花满楼道:"你若是真的很紧张,最好多说话,说话往往可以使人忘记紧张。"

陆小凤道:"你要我说什么?"

花满楼道:"说说霍休。"

陆小凤道:"这个人的事你岂非已知道很多?"

花满楼道:"我只知道他是个又孤僻、又古怪的大富翁,平生最讨厌应酬,所以连他最亲信的部下,都往往找不到他的人。"

陆小凤道:"他不但讨厌应酬,还讨厌女人,所以直到现在还是个老光棍。"

花满楼道:"可是一个人多多少少总该有些嗜好的。"

陆小凤说道:"他唯一的癖好就是喝酒,不但喜欢喝,而且还喜欢收藏天下各地、各式各样的名酒。"

花满楼道:"听说他的武功也不错。"

陆小凤道:"我也没有真正看见过他施展武功,但我却可以保证,他的轻功、内功和点穴术,绝不在当世任何人之下。"

花满楼道:"哦?"

陆小凤道:"而且他练的是童子功,据我所知,世上真正有恒心练童子功的人,绝不出十个。"

花满楼笑道:"要练这种功夫,牺牲的确很大,若不是天生讨厌女人的人,实在很难保持这种恒心。"

陆小凤也笑了,道:"别人我不知道,我只知道我自己是绝不会练这种倒霉功夫的,就算要割下我的脑袋来,我也不练。"

花满楼微笑道:"若是割下你另外一样东西,你就只好练了。"

陆小凤大笑,道:"原来你也不是真君子。"

花满楼道:"跟你这种人时常在一起,就算是个真君子,也会变坏的。"

他们大笑着,似乎并不怕被人发现——既然迟早总要被发现,鬼鬼祟祟地岂非反而有失风度?

陆小凤道:"古老相传,只要有恒心练童子功的人,武功一定能登峰造极。"

花满楼道:"这不是传说,是事实,你只要肯练童子功,练别的武功一定事半功倍。"

陆小凤道:"但是古往今来,武功真正能到达巅峰的高手,却偏偏没有一个是练童子功的,你知不知道是什么缘故?"

花满楼道:"不知道。"

陆小凤道:"因为练童子功的人,一定是老光棍,老光棍心里多多少少总有点毛病,心里有毛病的人,武功就一定不能到达巅峰。"

花满楼微笑道:"所以你不练童子功。"

陆小凤道:"绝不练,无论割掉我什么东西,我都不练。"

花满楼道:"只可惜你无论练不练童子功,武功都很难达到巅峰的。"

陆小凤道:"为什么?"

花满楼道:"因为只要对练武有妨碍的事,你全都喜欢得要命,譬如说……"

陆小凤道:"譬如说,赌钱、喝酒、管闲事。"

花满楼道:"还有最重要的一点,就是你太不讨厌女人了。"

陆小凤大笑,然后就发现他们已穿入了树林,来到小楼下。

这条路在别人走来,一定是战战兢兢,提心吊胆,但他们却轻轻松松地就已走过了。

路本是同样的路,只看你怎么样去走而已。人生的路也是这样子的。

04

朱红色的门是闭着的,门上却有个大字:"推"!陆小凤就推,一推,门就开了。

无论什么样的门,都能推得开的,也只看你肯不肯去推,敢不敢去推而已。

门里是条宽而曲折的甬道,走过一段,转角处又有个大字:"转"。

陆小凤就转过去,转了几个弯后,走上一个石台,迎面又有个大字:"停"。

陆小凤停了下来,花满楼当然也跟着停下,却忍不住问道:"你为什么忽然停了下来?"

陆小凤道:"因为这里有个'停'字。"

花满楼道:"叫你停,你就停?"

陆小凤道:"我不停又怎么样?这里有一百零八处机关埋伏,你知不知道在哪里?"

花满楼道:"不知道,连一处都不知道。"

陆小凤笑了笑,道:"既然不知道,为什么不索性大方些。"

花满楼道:"既然往前面也可能遇上埋伏,为什么不索性停下来。"

陆小凤道:"一点也不错,所以他们要我停,我就停,要我走,我就走。"

花满楼叹了口气,道:"像你这么听话的人,倒实在少见得很。"

陆小凤道:"既然我这么样听话,别人又怎么好意思再来对付我？"

　　花满楼也忍不住笑道："你无论做什么事，好像都有你自己一套稀奇古怪的法子，但我却从来也不知道你的法子是对是错。"

　　陆小凤还没有开口，忽然发现他们站着的这石台在渐渐地往下沉。

　　然后他就发现他们已到了一间六角形的石屋里，一张石桌上，桌上也有个大字："喝"。桌子正中，并排摆着两碗酒。

　　陆小凤笑了，道："看来听话的人总是有好处的。"

　　花满楼道："什么好处？请你喝酒？"

　　陆小凤道："不错，这次人家已经请我们喝酒了，下次说不定还要请我们吃肉。"

　　花满楼道："这是真正的泸州大曲，看来霍大老板拿出来的果然都是好酒。"

　　陆小凤道："但好酒却不是用鼻子喝的，来，你一碗，我一碗。"

　　花满楼道："这种酒太烈，一碗我只怕就已醉了。"

　　陆小凤道："好，你不喝我喝。"

　　他捧起一碗酒，就往嘴里倒，一口气就喝了大半碗，忽然发觉花满楼的脸色已变了，忍不住停下来问道："你不舒服？"

　　花满楼连嘴唇都已发白，道："这屋子里好像有种特别的香气，你嗅到没有？"

　　陆小凤道："我只嗅到酒气。"

　　花满楼似已连站都站不稳了，忽然伸出手，摸到了那碗酒，也一口气喝了下去，本来已变成灰色的一张脸，立刻又有了生气。

　　陆小凤眼珠子转了转，笑道："原来这酒还能治病。"

　　他也喝完了自己的半碗酒，才发觉酒碗的底上，也有个字："摔"！

于是他就将这只碗摔了出去,"当"地摔在石壁上,摔得粉碎。

然后他就发觉石壁忽然开始移动,露出了一道暗门。门后有几十级石阶,通向地底。

下面就是山腹,陆小凤还没有走下去,已看到了一片珠光宝气。

山腹是空的,方圆数十丈,堆着一扎扎的红缨枪,一捆捆的鬼头刀,还有一箱箱的黄金珠宝。

陆小凤这一生中,从来也没有看见过这么多刀枪和珠宝。

可是最令他惊异的,并不是这些珠宝和刀枪,而是四个人。四个老人。

他们的脸色都是苍白的,显然已有多年未曾见过阳光,他们身上都穿着织锦绣金的滚龙袍,腰上还围着根玉带,赫然是帝王的打扮。

下面还有四张雕着金龙的椅子,一个老人坐在椅上,痴痴地出神,一个老人正蹲在地上打算盘,嘴里念念有词,仿佛正在计算着这里的财富,一个老人对着面铜镜,正在数自己头上的白发。

还有个老人正背负着双手,在踱着方步,看见陆小凤,就立刻迎了上来,板着脸,厉声道:"尔等是何许人?怎敢未经通报,就闯入孤家的寝宫?莫非不知道这是凌迟的罪名么?"

他的态度严肃,看来竟真的有点帝王的气派,并不像是在开玩笑。

陆小凤却怔了怔,忍不住问道:"你说这里是皇宫?你又是什么人呢?"

这老人道:"孤家乃是金鹏王朝第十三代大金鹏王。"

陆小凤又怔住,他从未想到这里居然又有个大金鹏王。

谁知道这里的大金鹏王还不止一个。

这老人的话刚说完,另外的三个老人立刻都冲了过来,抢着说道:"你千万莫要听这疯子胡言乱语,孤家才是真正的大金鹏王,他是冒牌的。"

"他才是冒牌的……他们三个全都是冒牌的。"

四个老人竟异口同声,说的全是同样的话,一个个全都争得面红耳赤,刚才的那种王者气派,现在已全都不见了。

陆小凤忽然觉得这四个人全都是疯子,至少全都有点疯病。

遇见这种人最好的法子就是赶快溜之大吉,就算世上的珠宝全都在这里,全都给他,他也不想在这里多留片刻了。

只可惜他再想退回去时,才发现石阶上的门已关了起来,那四个老人也已将他围住,纷纷抢着说道:"你看我们谁是真的大金鹏王……你说句良心话。"

他们苍白而衰老的脸上,忽然全都露出了种疯狂而狞恶的表情,陆小凤知道他无论说谁是真的,另外三个立刻就会跟他拼命。

他这一生中,也从来没有遇见过如此可笑,又如此可怕的事。他简直连想都没有想到过。

就在这时,他忽然听见了三声清悦的钟声,后面的山壁上,忽又露出了一道门户。

四个身穿黄袍,内监打扮的俊俏少年,手里捧着四个朱红的食盒,鱼贯走了出来。

这四个老人立刻赶回去,在自己的盘龙交椅上坐下,脸上又摆出很庄重严肃的表情,四个少年已分别在他们面前跪下,双手捧起食盒,道:"陛下请用膳。"

陆小凤忽然觉得头很痛,因为他实在弄不清究竟是怎么回事?

难道这四个老人全是真的大金鹏王?否则又怎会有内监来服侍他们用膳?

但这里明明是霍休的别业,又怎会有这么样四个人在这里?

后面山壁的那扇门还是开着的,他悄悄拉了拉花满楼的衣袂,两个人一起纵身掠了过去。

门后又是条甬道,甬道的尽头又有扇门,就看见了霍休。

霍休身上穿着套已洗得发了白的蓝布衣裳,赤足穿着双破草鞋,正坐在地上,用一只破锡壶,在红泥小火炉上温酒。

好香的酒。

第十一章

第六根足趾

01

空气里充满了芬芳醇厚的酒香，红泥小火炉的火并不大，却恰好能使得这阴森寒冷的山窟，变得温暖舒服起来。

陆小凤轻轻叹了口气，道："我总算没有找错地方，而且来得正是时候。"

霍休也叹了口气，道："我真不懂，你这人为什么总是能在我有好酒喝的时候找到我。"

他微笑着，转过头，一双发亮的眼睛，使得这已垂暮的老人看来还是生气勃勃，微笑着道："你若是不怕弄脏你的衣服，就坐下来喝一杯吧！"

陆小凤看着自己身上鲜红的斗篷，再看看他身上已洗得发白的旧衣服，忍不住笑道："等我有你这么多家当的时候，我也会穿你这种衣服的。"

霍休道："哦？"

陆小凤道："这种衣服只有你这种大富翁才配穿，我还不配。"

霍休道："为什么？"

陆小凤道："因为一个人若到了真正有钱的时候，无论穿什么衣服都无所谓了。"

霍休微笑道："只可惜你永远也发不了财的！"

陆小凤道："为什么？"

霍休道："因为你太聪明，太聪明的人都发不了财的。"

陆小凤道："可是上次我们见面时，你还说我迟早有发财的一天。"

霍休道："那只因为上次我还没有发现你这么聪明。"

陆小凤道："你几时发现的？"

霍休道："刚才。"

陆小凤又笑了。

霍休道："除了你之外，只怕还没有第二个人能如此顺利就找到这里来。"

陆小凤笑道："那是不是因为别人都没有我这么听话？"

霍休点点头，说道："看到门上的'推'字时，十个人中至少有九个不肯推门的，不推门就根本进不来；看到'转'字若是不转，无论谁也休想走出我那九曲迷阵；看到'停'字若不停，纵然不被乱箭射成个刺猬，也得掉在油锅里脱层皮。"

陆小凤道："但最厉害的恐怕还是上面那屋子里的迷魂香了，连花满楼都几乎被迷倒，能想得到那两碗酒非但没有毒药，反而有解药的人，只怕也不多。"

霍休道："你却已想到了。"

陆小凤笑了笑，道："我只知道你这人不管是好是坏，至少还不会要朋友上当，因为你的朋友根本就没几个，死一个就少一个。"

霍休用一双发亮的眼睛盯着他，过了很久，忽然问道："你还知道什么？"

陆小凤也在凝视着他，过了很久，才缓缓说道："我还知道你并不姓霍的,你本来的名字是上官木。"

霍休居然面不改色,淡淡道:"不错。"

陆小凤道:"你跟阎铁珊、独孤一鹤,本来都是金鹏王朝的重臣。"

霍休道:"不错。"

他的脸色居然还是很平静,连一点内疚忏悔的意思都没有。

陆小凤叹了口气,道:"但后来你们却见利忘义,将那笔财富吞没了,你们一到了中土,就躲了起来,并没有依约去找那位第十三代大金鹏王……"

霍休忽然打断了他的话,道:"你错了。"

陆小凤皱眉道:"错了?"

霍休道:"只有这一点错了。"

陆小凤道:"哪一点?"

霍休道:"失约的并不是我们,而是跟着上官谨出亡的小王子。"

陆小凤怔住,这一点的确是他想不到的,他根本就不相信。

霍休道:"他非但没有在我们约的地方等我们,而且一直在躲着我们,我们寻找了几十年,都没有找到他。"

陆小凤道:"这么样说来,并不是你们在躲他,而是他在躲你们?"

霍休道:"不错。"

陆小凤说道:"你们是他父王托孤的重臣,又带着一大笔本来属于他的财富,他为什么要躲着你们?难道他有毛病?"

霍休冷冷道:"因为那笔财富并不是他的,而是金鹏王朝的。"

陆小凤道:"这又有什么分别?"

霍休道:"不但有分别,而且分别很大。"

陆小凤道:"哦?"

霍休道:"他若承受了这笔财富,就得想法子利用这笔财富去夺回金鹏王朝失去的王权,那并不是件容易事,非但要吃很多苦,而且随时都可能有性命之危。"

陆小凤同意,生在帝王之家,有时也并不是件幸运的事。"愿生生世世莫生于帝王家",这句话的辛酸,也不是普通人能体会得到的。

霍休目中忽然露出种无可奈何的悲伤之色,缓缓道:"只可惜我们那小王子,并不是田单光武那样的人。"

陆小凤忍不住问道:"他是个怎么样的人?"

霍休道:"他跟李后主一样,是个诗人,也跟宋徽宗一样,是位画家,他从小就已被人称为'诗书画'三绝。"

他叹息着又道:"这么样一个人,他的生性自然很恬淡的,对于王位的得失,他也许不在乎,只想能诗酒逍遥,平平静静地过一生,何况……"

陆小凤道:"何况怎么样?"

霍休道:"上官谨的财富,本来已足够他们逍遥一生了。"

陆小凤不再说话,但不说话的意思,并不表示他已相信。

霍休道:"你不信?"

陆小凤还是不说话。

霍休道:"我们为了复兴金鹏王朝而准备的军饷和武器,你刚才想必已见到。"

陆小凤点点头。

霍休道:"我们利用金鹏王朝的财富,的确又赚了不少钱,但那也只不过是为了想利用这笔财富,游说你们当朝的重臣,借兵出师,但小王子若不在,我们岂非出师无名?"

他的话显然已使得陆小凤不能不信,但陆小凤却还是忍不住问道:"他若真的一直在躲着你们,现在为什么又忽然要找你们了?"

霍休冷冷道:"以前也并不是没有人来找过我们。"

陆小凤道:"哦?"

霍休道:"外面那四个老头子,你刚才想必已见过了。"

陆小凤恍然道:"他们难道全都是冒充大金鹏王,来谋夺这笔财富的?"

霍休点点头,淡淡道:"他们要发财,我就让他们一天到晚面对着那些黄金珠宝;他们要冒充帝王,我就让他们一天到晚穿着龙袍坐在王位上。他们虽然想骗财,我却并没有亏待他们。"

陆小凤叹了口气,苦笑着:"看来你也不是君子,君子是绝不会用这种法子对人的。"

其实他也不能不承认,用这种法子来对付那种人,正是再恰当也没有的了。

霍休道:"这件事本是个很大的秘密,除了我们四人和小王子外,本不该有别人知道的。"

陆小凤道:"既然如此,他们又怎么会知道?"

霍休道:"他们也不知道。"

陆小凤怔住,这句话的意思他听不懂。

霍休道:"知道这秘密的,是另外一个人,他们只不过是被这人利用的傀儡而已。"

陆小凤道:"这人是谁呢?"

霍休道:"不知道。"

陆小凤道:"连他们也不知道?"

霍休冷笑道:"你若是他,你会不会以真面目见人?"

陆小凤苦笑道:"我不会。"

霍休道:"他们一共只见过这人三次,每次见到他时,他的容貌都不一样,若不是因为他说话的声音并没有改变,他们根本就不相信那是同一个人。"

陆小凤道："看来这人不但计划周密，而且还是个精通易容术的高手。"

花满楼一直在静静地听着，忽然道："真正精通易容术的高手，连声音也可以改变的。"

陆小凤道："哦！"

花满楼道："易容术也就是东瀛扶桑三岛上所说的忍术，其中有一种功夫，练好了就能控制自己咽喉的肌肉，使说话的声音完全改变。"

陆小凤道："连你也分别不出？"

花满楼道："这种功夫若是已练到了家，就连我也分辨不出。"

陆小凤沉吟着，道："难道这次找我们来的那大金鹏王，也是冒牌的！"

霍休道："我请司空摘星去偷那丹凤公主，为的就是要查明他的真假，只可惜他偏偏也是你的朋友！"

陆小凤道："幸好你后来总算还是得手了，上官丹凤毕竟还是已落入你手里。"

霍休道："谁说她已落在我手里？"

陆小凤皱眉道："难道没有？"

霍休道："没有。"

陆小凤又怔住，他知道霍休绝不是个说谎的人。

霍休说的若不是谎话，上官丹凤又怎么会忽然失踪了呢？他想不通，没有人能想得通。

霍休道："直到现在，我还没有见过她这个人！"

陆小凤道："上官飞燕你也没有见过？"

霍休道："这名字我连听都没有听见过！"

陆小凤更想不通了，这件事变化的复杂与诡谲，已完全出了他意料之外，他苦笑着道："难怪阎铁珊一听说我知道这秘密，就要赶我走了，他想必认为我也是串通好了，来谋夺这笔财富的。"

霍休道："当时你却以为他是因为秘密被揭穿，而恼羞成怒了。"

陆小凤只有承认。他现在终于也明白，阎铁珊临死前看着上官丹凤时，为什么会有那种奇怪的表情。但上官丹凤难道真是个为了谋财而杀人的凶手？

他还是不能相信，这件事若真是个骗局，为什么又有那么多人要阻止他管这件事？青衣楼为什么会派出人来，阻止他和大金鹏王见面？

花满楼忽然道："你最后一次见到那小王子，是在什么时候？"

霍休道："是在四十多年以前。"

花满楼道："那时他有多大年纪？"

霍休道："十三岁。"

花满楼道："事隔四十多年，当年十三岁的小王子，现在也已是个垂暮的老人了。"

霍休长长叹了口气，道："岁月无情，每个人都要老的。"

花满楼道："那么你又怎么能分辨出现在一个六十岁的老人，是不是当年那十三岁的小王子？"

霍休沉吟着，道："这其中也有个秘密，这秘密还不曾有别人知道！"

花满楼没有再问，他认为每个人都有权保留自己的秘密。

但霍休却已接着道："可是我信任你们，所以我愿意将这秘密告诉你们。"

花满楼以沉默表示感激，能获得霍休这种人的信任，并不是件容易事。

霍休道："金鹏王朝的每一代帝王，都是生有异相的人，他们每一只脚上，都生着六根足趾。"

陆小凤恍然道:"你就因为这一点,才能发现外面那四位老人都是冒牌的。"

霍休点点头,道:"这秘密就算有人知道,也很难伪装,双脚上都生着六趾的人,我至今还没有见过第二个。"

陆小凤笑道:"我连一个都没有见到过。"

霍休笑了笑,道:"有四条眉毛的人也不多的。"

陆小凤也笑了。

霍休道:"所以你现在只要能设法脱下那位大金鹏王的靴子来,看看他脚上有几根足趾,就可分辨出他的真假了。"

陆小凤道:"这并不难。"

霍休微笑道:"脱男人的靴子,至少总比脱女人的裤子容易些。"

陆小凤叹了口气,道:"看来你的确也不是个君子,完全不是。"

霍休却又叹息了一声,道:"要做君子并不难,要做我这样的小人,才是件难事。"

陆小凤明白他的意思。无论谁有他这么多财富要看管,都不能不先以小人之心去提防着别人的。

霍休又说道:"这次那大金鹏王若真的是当年的小王子,我也可将肩上这副担子卸下来了,否则……"

陆小凤道:"否则我就也将他请来,和外面的那四位老人做伴。"

他们走出这神秘的山窟时,已是凌晨。春风冷而清新,青山翠绿,草上的露珠在曙色中看来,远比珍珠更晶莹明亮,这世界还是美妙的。

陆小凤深深地吸了口气,苦笑道:"我的预感并没有错,今天我果然又遇见了件怪事。"

这件事的发展和变化,的确不是任何人能想象得到的。

花满楼忽然道:"你想,这世上是不是真的会有双脚上都长着六根足趾的人?"

陆小凤道:"我不知道,我没见过。"

花满楼道:"世上若根本没有这种人,我们也就永远找不到真正的大金鹏王了,霍休说的就算不是真话,岂非也变成了真的?"

陆小凤沉吟着,忽又笑了笑,道:"我只知道这本是个无奇不有的世界,本就有各式各样奇奇怪怪的人。"

花满楼也笑了,道:"不错,一个人既然可以有四条眉毛,为什么不能有六根足趾呢?只可惜你的四条眉毛,已只剩下两条。"

陆小凤摸着自己的上唇,微笑着道:"这次你又错了。"

花满楼道:"什么事?"

陆小凤道:"胡子无论被人刮得多光,都一样还是会长出来的。"

他说完了这句话,就看见一个人幽灵般从弥漫着晨雾的树林中走了出来。

她的脸色苍白,虽然显得疲倦而憔悴,却还是非常美丽的。

陆小凤认得她:"叶秀珠叶姑娘?"

叶秀珠点点头。

陆小凤道:"叶姑娘莫非是在这里等人?"

叶秀珠摇摇头,道:"昨天晚上,我一直都在这里。"

陆小凤道:"为什么?"

叶秀珠黯然道:"我们在这里,埋葬了家师和小师妹,大师姐已累了,我……我却睡不着。"

她的确是峨眉四秀中最老实的一个,一看见男人,几乎连话都说不出了。

陆小凤叹了口气,对这个女孩子,他心里的确觉得很抱歉,他也不知道该说什么。

叶秀珠却忽然又说道:"我们一直没有追上西门吹雪,所以……现在我们连三师妹的死活都不知道。"

陆小凤道:"我会去替你们找她回来的。"

叶秀珠头垂得更低,过了很久,才轻轻道:"我还有句话要告诉你。"

陆小凤等着她说下去。

叶秀珠道:"这句话本来是三师妹想告诉你们的,可是她还没有说出来,就已……就已……"她声音突然哽咽,悄悄地用衣袖拭了拭泪痕,才接着道,"家师这次到关中来,就因为他老人家得到个消息,知道青衣第一楼,就在珠光宝气阁后面的山上。"

陆小凤忍不住道:"无论谁得到的消息,都不一定完全是正确的。"

叶秀珠霍然抬头,道:"但三师妹却是因为这句话而被人暗算的,显然有人不愿她将这句话说出来,所以我认为这句话一定很重要,才来告诉你。"她面上露着悲愤之色,声音也大了。

陆小凤又不禁觉得很抱歉,苦笑道:"我知道你的好意,无论如何,我若查明了这件事,一定会先来告诉你。"

叶秀珠又垂下了头,沉默了很久,才轻轻地问道:"现在你们要到哪里去?"

陆小凤道:"我们要去看一个脚上长着六根足趾的人……"

叶秀珠又抬起头,吃惊地看着他,忽然转过身,很快地走了。

花满楼叹了口气,道:"我想她现在一定会认为你是个疯子。"

陆小凤也叹了口气,苦笑道:"现在连我自己都渐渐觉得自己有点疯了。"

02

长廊中黝黯而静寂,他们在长廊的尽头处等着,已有人为他们进去通报大金鹏王。

花满楼忍不住悄悄道:"你想你有没有把握能脱下他的靴子来?"

陆小凤道:"没有。"

花满楼道:"你有没有想出什么法子?"

陆小凤道:"想倒是想出了不少,却不知该用哪一种?"

花满楼道:"你说两种让我听听!"

陆小凤道:"我可以故意打翻一壶水,泼在他的脚上,可以故意说他的靴子很好看,请他脱下来让我看看。"

花满楼皱眉道:"你难道不知道这些法子有多蠢?"

陆小凤苦笑道:"我当然知道,但是这根本就是件蠢事,我又怎么能想得出不蠢的法子来?"

他没有再说下去,因为这时门已开了。

大金鹏王还是坐在那张宽大而舒服的椅子上,脸上的表情,显得兴奋而急切,不等他们走进来,就抢着问道:"你们已找到了那三个叛臣?"

陆小凤道:"只找到两个。"

大金鹏王眼睛里发出了光,道:"他们的人呢?"

陆小凤道:"已经死了。"

大金鹏王动容道:"怎么会死的?"

陆小凤说话有点心不在焉,因为他还没有看见大金鹏王的脚——

大金鹏王的膝上，盖着条织着金龙的薄被，好像很怕冷。

花满楼却已经将经过简单地说了出来，又道："我们没有找到霍休，因为他本就是个很难找到的人。"这是他第一次说谎，他忽然发觉说谎并不是件很困难的事。

因为他说这句谎话时，心里并没有觉得对不起任何人。

大金鹏王长长叹息了一声，恨恨道："我本想见他们一面的，看看他们还有没有脸见我。"

花满楼忽然道："现在我也想见一个人！"

大金鹏王道："谁？"

花满楼道："朱停。"

大金鹏王皱眉道："我也正想问你们，我已派过两次人去请他，他都还没有来。"

花满楼沉思着，终于笑了笑，道："这也许只因为他本来就是个懒人。"

陆小凤忽然道："这张被上绣的龙真好看，简直就像是真的一样。"

这也是句蠢话，接着，他又做了件蠢事。他居然去掀起了这张被，然后他就真的像是个蠢人般怔在那里。大金鹏王的裤脚下竟是空的，两条腿竟已从膝盖上被切断了。

大金鹏王道："你是不是在奇怪我的腿怎么会忽然不见了的？"

陆小凤只有苦笑着点点头。

大金鹏王叹道："我的腿本来就有毛病，一喝了酒，就疼得要命，一个人年纪大了，毛病也就多了。"这是真话，陆小凤上次来的时候就已知道。

大金鹏王苦笑着道："可是一个像我这样的老人，除了喝酒外，还能有什么乐趣？"

陆小凤勉强笑道："所以……你偷偷地又喝了酒？"

大金鹏王道："我本来以为喝一点没关系的，谁知道三杯下肚，两条腿就肿了起来，而且竟溃了脓，所以……所以我就索性叫柳余恨把我这两条腿割断。"

他忽然大笑，又道："现在我虽然已没有腿，却可以放心地喝酒了。今天晚上，我就要找你们拼一拼，看看我这老头子的酒量，是不是还能比得上你们这些年轻小伙子。"

陆小凤只有看着他苦笑。

大金鹏王道："你们若早来几天，我一定会将割下来的两条腿让你们看看，让你们知道，我的人虽已老，却还是有毒蛇噬手、壮士断腕的豪气。"

陆小凤忍不住问道："现在那两条腿呢？"

大金鹏王道："我已将它烧了。"

陆小凤愕然道："烧了？为什么要将它烧了？"

大金鹏王说道："这两条腿害得我十年不能喝酒，我不烧了它，难道还将它用香花美酒供起来不成？"

陆小凤说不出话来了，看着这老人面上骄傲而得意的表情，他忽然觉得自己愈来愈像是个呆子。

又呆又蠢。

03

长廊里还是黝黯而阴森的，他们慢慢地走了出去。

花满楼忽然笑了笑，道："现在你总算解决了个难题了。"

陆小凤道："哦！"

花满楼道:"你已用不着再想法子去脱他的靴子,因为他根本就没有靴子!"

陆小凤冷冷道:"你几时变得这么样滑稽的。"

但这件事却一点也不滑稽。现在连霍休也分不出这大金鹏王是真是假了。

若说这只不过是巧合,他实在很难相信真有这么巧的事。

若说这不是巧合,大金鹏王又怎会知道这秘密的?他们一离开霍休那小楼,就直接到了这里,大金鹏王除非有千里眼,顺风耳,否则又怎么会知道他们要来看他的脚?

陆小凤又叹了口气,道:"我若一喝酒腿就肿,说不定也会把两条腿割掉的。"

花满楼叹道:"这世上拼了命也要喝酒的人,好像真不少。"

陆小凤忽然道:"那间屋子想必还为你留着,你为什么不进去睡一觉,莫忘记今天晚上人家还要找你拼酒。"

花满楼道:"你呢?"

陆小凤道:"我要去找一个人。"

花满楼道:"找谁?"

陆小凤道:"当然是去找一个女人,一个有脚的女人。"

花满楼脸上忽然发出了光,道:"不错,你应该赶快去找一个脚上有六根足趾的女人。"

陆小凤道:"哦?"

花满楼道:"莫忘记金鹏王朝每一代嫡系子孙,脚上都有六根足趾的,这本是他们的遗传,上官丹凤既然是大金鹏王的亲生女儿,脚上也应该有六根足趾的,你⋯⋯"

他没有再说下去,因为他忽然发现陆小凤又走了。

将近黄昏,未到黄昏。花园里的花还是开得正艳,风中充满了花香,但却看不见人。

上官雪儿并不在花园里。陆小凤找的并不是上官丹凤,因为他知道上官丹凤绝不会在这里。

大金鹏王居然没有问他女儿的行踪,这也是件很奇怪的事。

陆小凤现在却没有空想这件事,他只想赶快找到上官雪儿,他有一句话要问上官雪儿,一句很重要的话。

他不想找她的时候,她总是在他面前晃来晃去;现在他急着要找她,这小妖精却偏偏连人影都看不见了。陆小凤叹了口气,穿过鲜花中的小径,忽然发现一扇角门。

门是虚掩着的,后面是个小小的院子,院子里有一口水井。

他推开门走进去,就终于找到了上官雪儿,这小妖精好像总是喜欢做一些奇奇怪怪的事。

现在她竟一个人蹲在院子里,一双大眼睛眨也不眨地看着面前的一片空地,似已看得出了神。

地上却什么也没有,连一根草也没有。

陆小凤实在想不通,这块空地有什么好看的,忍不住道:"小表姐,你在看什么?"

雪儿既没有出声,也没有回头,就算是学究在考证经典时,也不会有她这么样专心。

这小妖怪究竟在看什么呢?陆小凤的好奇心也不禁被引了起来。

于是他也蹲了下去,蹲在雪儿身旁。雪儿的眼睛盯着什么地方看,他的眼睛也盯着什么地方看,他什么也没有看见。

这地方显然已很久没有下雨了,地上的泥土很干燥,外面的花园里虽然花草茂密,这地方却只有一片寸草不生的黄土。

那口井仿佛也已很久没有用过了,井口的辘架上,也积着一层黄土，院子两旁有几间破旧的厢房，门上的铁锁已生锈。

陆小凤看来看去，也看不出雪儿蹲在这里干什么。

雪儿忽然道："这里本是我祖父在世时，打坐学禅的地方。"

陆小凤知道她祖父就是昔年和霍休一起受命托孤的上官谨，也就是大金鹏王的重房皇叔。

雪儿道："自从我祖父一年前去世之后，这里就没有人来过。"

陆小凤终于又忍不住问道："你到这里来干什么？"

雪儿霍然扭过头，瞪着他，道："这句话正是我想问你的，你到这里来干什么？"

陆小凤道："我……我是来找你的。"

雪儿道："找我干什么？"

陆小凤道："来看看你，跟你聊聊。"

雪儿板起了脸，冷笑道："我说的话，你连一句都不信，我跟你还有什么好聊的！"

陆小凤笑了笑，道："你怎么知道你说的话我连一句都不信？"

雪儿道："你自己说的。"

陆小凤眨了眨眼，道："你难道认为我说的话，句句都是真的？"

雪儿用一双大眼睛瞪着他，瞪了半天，忽然笑了。

陆小凤也笑了，他忽然发现雪儿笑起来的时候，看来真是个又乖又听话的女孩子。

雪儿却又板起了脸，道："你要跟我聊什么，现在就聊吧。"

陆小凤道："我想问问你，你最后一次看见你姐姐，是在什么时候？"

雪儿道："就是你带花满楼回来的那一天，也就是我们出去找你的那一天。"

陆小凤道："你回来之后，就没有再看见过她？"

雪儿道："没有。"

她脸上又露出了悲伤之色，道："她平时一直对我很好，平时就算出去，也会告诉我的，但这次……这次她一定是被人害死了。"

陆小凤眼睛里带着思索的表情，道："她平时是不是常出去？"

雪儿道："以前她本不敢的，我祖父去世之后，她的胆子就渐渐大了，不但出去的时候渐渐多了起来，而且时常一出去就是半个月不回来，我总怀疑她在外面有了情人，可是她死也不肯承认。"

她补充着，又道："我们的父母很早就已去世，我们一直都是跟着祖父的，所以她天不怕，地不怕，就怕我祖父。"

陆小凤道："你叔叔后来不管她？"

雪儿摇摇头，道："他想管也管不住，有一次他甚至把我姐姐锁在房里，我姐姐还是想法子溜出去了。"

陆小凤道："他平时对你姐姐不好？"

雪儿道："不好，他总是骂我姐姐，说她败坏了上官家的门风，我姐姐根本就不买他的账。"

她咬着嘴唇，轻轻道："就因为这缘故，所以我才会怀疑是他害死我姐姐的。"

陆小凤道："可是你姐姐并没有死。"

雪儿道："谁说的？"

陆小凤道："花满楼最近还看见过她。"

雪儿冷笑道："他看见过我姐姐？他瞎得就像蝙蝠一样，怎么能看得见我姐姐？"

陆小凤道："他听得出你姐姐说话的声音。"

雪儿的脸色忽然变了，道："那一定是上官丹凤冒充她的，她们两个人长得本来就有点像，小时候就常常彼此模仿对方说话的声音，有一次她蒙着脸，学我姐姐说话的声音来骗我，连我都被她骗过了。"

陆小凤脸上也不禁露出种很奇怪的表情,这件事虽然愈来愈诡谲,但也愈来愈有趣了。

雪儿用力握着拳头,忽然又道:"你这么样一说,我就明白了,害死我姐姐的,一定是她。"

陆小凤道:"你是说上官丹凤?"

雪儿点点头,道:"她表面上虽然对我姐姐好,但我姐姐却常说她完全是虚情假意,因为她心里一直都在嫉妒我姐姐又比她聪明,又比她漂亮。"

她不让陆小凤开口,抢着又道:"她害死了我姐姐后,又故意在花满楼面前冒充我姐姐,让你们认为我姐姐还没有死。"

陆小凤叹了口气,不知道该说什么了,雪儿说的话虽然有点荒谬,但也不是完全没有可能的。

雪儿忽然拉住他的手,道:"所以你一定要帮我一个忙。"

陆小凤道:"帮你什么忙?"

雪儿道:"帮我把我姐姐的尸体挖出来!"

陆小凤道:"你知道你姐姐的尸体被人埋在哪里?"

雪儿道:"我知道,一定就在这里。"

陆小凤想笑,又笑不出。

雪儿的表情却很严肃,道:"我总是在花园里找,所以总是找不到,现在我才发现,她想必一定是在这里害死我姐姐的,所以就将尸体埋在这里了。"

陆小凤叹了口气,道:"你怎么发现的?"

雪儿道:"我祖父晚年的时候,变得就像是个老和尚一样,非但连一只蚂蚁都不肯踩死,而且常常用碎米来喂它们,所以这院子里本来有很多蚂蚁的。"

她的脸已因兴奋而发红,又说道:"但现在我已经在这里看了两个时辰了,连一只蚂蚁都没有看见。"

陆小凤道:"所以你认为……"

雪儿抢着道:"我认为这块地下面一定有毒,所以连蚂蚁都不敢来。"

陆小凤道:"有毒?"

雪儿说道:"她一定是用毒药害死我姐姐的,现在毒已经从我姐姐的尸体里散发出来,渗入了土壤,所以连这里的泥土都被毒死了。"

陆小凤道:"泥土也会被毒死?"

雪儿道:"当然会,泥土也有活的和死的两种,活的泥土上,才长得出花草,才有小虫蚂蚁。"

陆小凤又叹了口气,接道:"你想得太多了,一个人小时候就胡思乱想,长大了,就会老得很快的。"

雪儿瞪着他,道:"你不肯帮我的忙?"

陆小凤苦笑道:"今天我做的蠢事已经够多了。"

雪儿又瞪了他半天,忽然大叫,道:"救命呀,陆小凤要强奸我。"

陆小凤也急了,道:"我连碰都没碰你,你鬼叫什么?"

雪儿冷笑说道:"我不但现在要叫,以后只要我碰见一个认得你的人,就要告诉他,你总是强奸我!"

陆小凤也叫了起来,道:"我总是要强奸你?"

雪儿道:"嗯,'总是'的意思,就是说你已强奸过我好多好多次了。"

陆小凤道:"你以为有人会相信小丫头的鬼话?"

雪儿道:"谁不相信,我就脱下衣服来给他看,要他看看我是不是还很小!"

陆小凤吃惊地看着她,不停地摇着头,喃喃道:"这丫头疯了,一定是疯了！"

雪儿道："好，就算我疯了，所以我现在还要叫。"她果然真的又叫了起来。

但这次陆小凤很快就掩住了她的嘴，道："难道你现在就要挖？"

雪儿点点头，等他的手放开，就立刻道："你是不是已答应了？"

陆小凤苦笑道："我只奇怪，这种法子是谁教给你的？"

雪儿又笑了，道："这本来就是女人对付男人，最古老的三种法子之一，现在我才知道这法子果然有效。"

陆小凤道："还有另外两种法子是什么？"

雪儿嫣然道："那怎么能告诉你，我还要留着来对付你的，怎么能让你学了去！"

她跳了起来，又道："我去找锄头，你乖乖地在这里等着，今天晚上我去偷几只鸽子，烤来给你下酒。"

陆小凤道："鸽子？"

雪儿道："我姐姐养了很多鸽子，平时她连碰都不许别人碰，但现在……现在我想她已不会在乎了。"

她脸上又露出悲伤之色，忽然转过身，很快地跑了出去。

陆小凤看着她两条大辫子在后面甩来甩去，眼睛里又露出种很奇怪的表情，突然纵身跃起，追上了雪儿，道："我跟你一起去找锄头。"

雪儿道："为什么？"

陆小凤笑了笑，道："我怕你被鸽子衔走。"他的笑容看来好像也有点奇怪。

雪儿看着他，道："你是不是怕我也会跟我姐姐一样，突然失踪？"

一阵凉风吹过，几只燕子从花丛中飞起，飞出墙外，天色已渐渐暗了。

陆小凤凝注着已渐渐消失在暮色中的燕影，忽然长长叹息，道："连燕子都不愿留在这里，何况人呢……"

上官飞燕是不是也已像这燕子一样飞了出去？还是已被埋在黄土里？

上官丹凤为什么也失踪了呢？大金鹏王是不是已经知道她的去处，所以才没有向陆小凤问她的消息？

他已被割掉的那双脚上，是不是还长着第六根足趾？这些问题的答案，又有谁知道？

黄昏，黄昏后。风更清冷，清冷的风从窗外吹进来，吹到花满楼身上时，他就知道天已黑了。

他的皮肤也和他的鼻子和耳朵一样，有种远比常人灵敏的感觉。

但现在他并没有心情来享受这四月黄昏的清风，他的心很乱。

自从在那小店里见到上官飞燕后，他的心就时常会觉得很乱，尤其是在他完全孤独的时候。

他总觉得有件事很不对，但究竟是什么事，他自己却说不出。

现在已经快到晚饭的时候，陆小凤还没有回来，大金鹏王也没有派人来请他们准备去吃晚饭。

事情好像又有了变化，他甚至已可感觉得到，但究竟会有什么变化，他也说不出。

就在这时，他忽然发觉风中又传来一种特异的香气，正是那种令他心神不安的香气。

莫非上官飞燕已回来了？他的手轻按窗台，人已越出窗外，他相信自己的感觉绝不会错的。

但他什么也看不见，在他的世界里，永远是没有光亮、没有色彩，只有一片黑暗，绝望的黑暗！

刚才的香气，似已和花香混合到一起，他已分不出是从什么方向传来的，但却忽然听到一个人说话的声音从花香最浓处传出来："我回来了。"果然是上官飞燕说话的声音。

花满楼勉强控制着心里的激动，过了很久，才轻轻叹了口气，道："你果然回来了。"

上官飞燕道："你知道我会回来？"

花满楼道："我不知道，我只不过希望你回来。"

上官飞燕道："你在想我？"

花满楼笑了笑，笑容中却带着种说不出的情感，也不知是欢喜，还是辛酸。

上官飞燕却已走过来，拉住了他的手，道："我回来了，你为什么反而不高兴？"

花满楼道："我……我只是有件事想不通！"

上官飞燕道："什么事？"

花满楼道："这两次我见到你时，总会想到另外一个人。"

上官飞燕道："想到谁？"

花满楼道："上官丹凤。"

他说出了这名字，就感觉到上官飞燕的手似乎轻轻地一抖。

可是她的手立刻握得更紧了些，带着三分娇嗔，道："你见到我时，反而会想到她？"

花满楼道："嗯！"

上官飞燕道："为什么？"

花满楼道："因为……因为我有时总会将你跟她当作同一个人。"

上官飞燕笑了，道："你怎么会有这种感觉的？"

花满楼道："我也不知道，所以……我也时常觉得很奇怪。"

上官飞燕道:"难道你也相信了我那妹妹的话,认为上官飞燕已被人害死了,现在的上官飞燕,只不过是上官丹凤伪装的?"

花满楼没有开口,因为他心里的确有这种怀疑,他不愿在他所喜爱的人面前说谎。

上官飞燕道:"你还记不记得崔一洞?还记不记得你曾经问过我,有没有听见过雪花飘落在屋顶上的声音?能不能感觉到花蕾在春风里慢慢开放时,那种奇妙的生命力?知不知道秋风中常常都带着种从远山上传过来的木叶清香?"

花满楼当然记得。这些话本是他说的,上官飞燕现在说的连一个字都没有错。

上官飞燕道:"我若是上官丹凤,我怎么会知道你说的这些话?怎么会记得这么清楚?"

花满楼笑了,他忽然发觉自己的怀疑,实在是不必要的。

对这个女孩子,他心里不禁又有分歉意,忍不住轻轻伸出手,去抚摸她的头。

上官飞燕已倒在他怀里,紧紧抱住了他,他心里只觉得说不出的幸福和满足,几乎已忘了一切。就在这时,他忽然感觉到上官飞燕的手,已点上了他脑后的"玉枕"穴,然后他就什么都感觉不到了。

04

地上已多了个一丈多宽、两尺多深的大洞,陆小凤身上已多了一身汗。

上官雪儿蹲在旁边,用一双手托着腮,不停地催着:"你停下来干什么?快点继续挖呀,看你身体还满棒的,怎么会这样没有用?"

陆小凤用衣袖擦着汗，苦笑道："因为我还没吃饭，现在我本该坐在一张很舒服的椅子上，陪你叔叔喝酒的，但是我却像个呆子一样，在这里挖洞。"

雪儿眨着眼，道："你难道好意思叫我这么样一个小女孩来挖，你却在旁边看着？"

陆小凤道："我不好意思，所以我才倒霉。"

雪儿道："这怎么能算倒霉，这是光荣。"

陆小凤道："光荣？"

雪儿道："别的男人就算跪在地上求我，要替我挖洞，我还不肯哩。"

陆小凤叹了口气，他忽然发现自己根本就不该来找这小妖精，根本就不该跟她说话的。

可是他立刻又发觉自己这想法错了。他一锄头挖下去时，忽然看到地下露出块鲜红的衣角。

雪儿已跳了起来，道："你看我说得不错吧！这下面是不是埋着人？"

这次他用不着她催，陆小凤也起劲了，放下锄头，换了把铲子，几铲子下去，地下埋着的尸体已渐渐露了出来，居然还没有腐烂。

雪儿已将本来挂在井上的灯笼提过来，灯光恰巧照在这尸体的脸上。

她忽然惊呼了一声，连手里的灯笼都提不稳了，几乎掉在陆小凤手上。

陆小凤也怔住。他这一辈子几乎从来也没有这么样吃惊过。

这尸体竟不是上官飞燕，竟赫然是上官丹凤！

灯光不停地摇来摇去，因为雪儿的手也一直在不停地抖。

尸体的脸，非但完全没有腐烂，而且居然还颜色如生，一双眼珠子已凸了出来的大眼睛，仿佛正在瞪着陆小凤。

陆小凤的胆子一向不小，可是想到上官丹凤不久前跟他说过的那些话，想到她那些甜蜜动人的笑容，他的手也软了，手里的铲子，也已拿不住。

铲子从他手里落下去时，恰巧打在这尸体的身上。只听"当"的一响，声音竟像是金铁相击，陆小凤也忍不住伸手去摸了摸，才发觉这尸体又硬又冷，竟真的像是钢铁一样。

他的手也冷了，忍不住长长叹了口气，道："她果然是被毒死的。"

雪儿道："是……是谁毒死了她？"

陆小凤没有回答，他根本就不知道答案。

雪儿道："中毒而死的人，尸体本来很快就会腐烂的，看来她被毒死还没有多久。"

陆小凤道："已有很久了。"

雪儿道："你怎么知道？"

陆小凤道："因为她身子里的毒，已散发出来，渗入泥土中。"

这本是雪儿自己说的，她果然没有说错。

陆小凤又道："而且，看这块地的样子，至少已有一两个月没有翻动过。"

雪儿道："你的意思是说，她死了至少也一两个月。"

陆小凤道："不错。"

雪儿道："那么她的尸体为什么还没有腐烂？"

陆小凤道："因为她中的毒，是种很奇怪的毒，有些药物甚至可以将一个人的尸体保存几百年，何况，这块地非但很干燥，而且虫蚁绝迹，无论谁的尸体被埋在这里，都不会很快腐烂的。"

他的声音单调而缓慢，因为他嘴里在说话的时候，心里却在想着别的事。他要想的事实在太多太多了。

雪儿也在沉思着喃喃道："一两个月之前，那时我姐姐还没有去找花满楼。"

陆小凤沉思着，点了点头。

雪儿道："我姐姐将花满楼带回来之后，我才跟着去找你的。"

陆小凤道："不错。"

雪儿道："她若在一两个月以前就已死了，怎么还能去找？你怎么还能看见她？"

陆小凤道："我看见的上官丹凤，并不是真的上官丹凤。"

雪儿道："是谁呢？"

陆小凤没有回答这句话，却反问道："这两个月以来，你有没有看见你姐姐跟她同时出现过？"

雪儿想了很久，才摇了摇头，道："好像没有。"

陆小凤道："这两个月来，你是不是觉得她对你的态度有点奇怪？"

雪儿又想了很久，才点了点头，道："好像是的，以前她跟我见面，还有说有笑的，但最近她好像一直在躲着我。"

陆小凤道："那只因为她已不是真的上官丹凤，她怕被你看出来！"

雪儿皱着眉，道："她会是谁呢？怎么装得那么像，难道……"

她突然又跳起来，高声道："难道你认为你看见的上官丹凤是我姐姐扮成的？"

陆小凤没有说话，不说话的意思，有时就等于是默认。

雪儿瞪着眼，道："难道你认为上官丹凤并没有害死我姐姐，我姐姐反而害死了她？"

陆小凤叹了口气，道："我只知道现在她的确已死了。"

雪儿道："我姐姐为什么要害死她？你能不能说得出道理来？"

陆小凤没有说，却不知是说不出，还是不愿说。他突然蹲下去，去脱这尸体的鞋子。

雪儿失声道："你想干什么？"

陆小凤道："我想看看她的脚。"

雪儿叫了起来，道："你疯了，你简直是不折不扣的疯子！"

陆小凤叹了口气，苦笑道："我也知道这么样做的确有点疯，可是我非看看不可。"

他已将鞋子脱了下来，一双很纤秀的脚上，竟赫然真的有六根足趾。

雪儿突然安静了下来，过了很久，才黯然道："这真的是我表姐。"

陆小凤道："你也知道你表姐有六根足趾？"

雪儿道："嗯！"

陆小凤道："你怎么知道的？"

雪儿道："她……她总是不肯让别人看她的脚，有时我们大家脱了鞋子到河边去玩水，就是她一个人不肯脱。"

女孩子都是爱美的，脚上长着六根足趾，并不是件值得夸耀的事。

雪儿道："她愈不肯让别人看，我就愈想看，所以，有一天我趁她在洗澡时，突然闯了进去。"

陆小凤苦笑，只有苦笑，看来这小妖精真是什么都做得出的。

雪儿道："她看见我时，开始很生气，后来又求我，不要把这件事告诉别人。"

陆小凤道："你答应了？"

雪儿点点头道："我从来也没有告诉过别人！"

陆小凤道："你姐姐呢？"

雪儿道："她也不知道，我也没有告诉过她。"

陆小凤沉吟着，忽又问道："你叔叔的脚是什么时候割断的？"

雪儿脸上露出吃惊之色，道："他的脚被割断了！我怎么不知道？"

陆小凤动容道："你真的不知道？"

雪儿道："我昨天中午还看见他在我姐姐养鸽子的地方走来走去，好像在替我姐姐喂鸽子。"

陆小凤眼睛里忽然发出了光。

雪儿道："这两个月来，若真是有人在冒充我表姐，为什么连我叔叔都没有看出来？"

她想问陆小凤，但这时陆小凤已忽然不见了。

夜色凄清，昏暗的灯光照在尸身一张冷冰冰的脸上，一双空空洞洞的眼睛，又仿佛在瞪着她。

雪儿忍不住激灵灵打了个寒噤，突然听到一个人在黑暗中冷冷道："你不该多事的。"

她听得出这声音，她的心不禁沉了下去。

走廊里阴森而黝黯，门是关着的。陆小凤敲门，没有回应，再用力敲，还是没有回应。

他的脸色已变了，突然用力一撞，三寸多厚的木门，竟被他撞得片片碎裂。

桌上的黄铜灯已点起，椅子上却是空着的，大金鹏王平时总是坐在这张椅子上，但现在他的人却不见了。

陆小凤却并没有露出惊讶之色，这变化似乎本就在他意料之中。

那床上面绣着金龙的褥被,已落在地上,他弯下腰,想拾起,忽然看见一只手。

一只枯瘦干瘪的手,从椅子后面伸出来,五指弯曲,仿佛想抓住什么,却又没有抓住。

陆小凤走过去,就看见了大金鹏王。

这老人的尸体还没有完全冰冷僵硬,呼吸却是早已停止,眼睛里带着种无法形容的惊慌和愤怒之色,显然临死前还不相信,杀他的那个人真能下得了毒手。

他的另一只手臂上,带着道很深的刀痕,好像有人想砍下这只手,却没有砍断。

他的手紧握,手背上青筋凸起,显然死也不肯松开手里抓住的东西。

陆小凤蹲下去,才发现他手里握着的,竟赫然是只鲜红的绣鞋。

就像是新娘子穿的那种红绣鞋,但鞋面上绣着的,既不是鸳鸯,也不是猫头鹰,而是只燕子——正在飞的燕子。

他抓得太紧、太用力,一只本来很漂亮的红绣鞋,现在已完全扭曲变形。

但他的脸上却完全没有表情,和他那双凸出来的、充满了惊惧愤怒的眼睛一比,更显得说不出的恐怖诡秘。

陆小凤用不着去触摸,也看得出他脸上已被很巧妙地易容过。

这老人显然也不是真的大金鹏王!大金鹏王当然也已和他的女儿同时死了!

陆小凤看着他的眼睛,看着他已被割断了的腿,忍不住长长叹了口气,喃喃道:"我做的蠢事虽然不少,但你做的事岂非更蠢?"

这句话他并没有说完,因为他已听见一丝很尖锐的剑风破空声。

剑风是从他身后的窗户刺进来的,来势非常急,在窗外暗算他的这个人，无疑已可算是武林中的一流剑手。武林中的一流剑手并不多。

陆小凤叹了口气，他已知道这个人是谁了。

他的身子滑开三尺，叹息着道："柳余恨，你不该现在就来的。"

窗外果然传来柳余恨的声音，声音冰冷："可是我已来了！"

他的剑比他的声音更快。古老的优美的雕花窗格，"砰"地被震散，他的人和他的剑同时飞了进来。

他的头发披散，眼睛里带着种狂热的光芒，他的人看来远比他的剑可怕。

陆小凤没有看他的人。

他的剑光凶狠迅急，剑招改变得非常快，每一剑刺的都是立刻可以致命的要害。

陆小凤的目光，始终盯着他的剑锋，就像是一个孩子盯着飞舞的蝴蝶。

眨眼间柳余恨又刺出了十七剑，就在这时候，陆小凤突然出手。

只伸出两根手指一夹，没有人能形容他这动作的迅速和巧妙，甚至没有谁能想象。

心有灵犀与指通——他的手指似乎已能随心所欲。

柳余恨第十八剑刺出，突然发觉自己的剑锋已被夹住！

这一剑就像是突然刺入一块石头里，他用尽全身力气，都无法拔出来。

剑是装在他右腕上的，已成了他身体的一部分，但他却还是没有法子将这柄剑从陆小凤的指间拔出来，也无法撒手。

这只手腕上平时装的是个铁钩，可以挑起各种东西的铁钩，只有在要杀人时，铁钩才会换成剑的。他显然早已准备要杀人。

陆小凤看着他已痛苦而扭曲的脸，心里忽然生出种说不出的怜悯之意，道："我不想杀你，你走吧。"

柳余恨没有开口,他的回答是他左腕上的铁球。

铁球带着风声向陆小凤砸下来,陆小凤若不放手,大好的头颅就要被砸扁。

他还有一只手,铁球击下来时,他这只手斜斜一划,柳余恨的左臂就垂了下去。

陆小凤缓缓道:"我若放开手,你走不走?"

柳余恨突然冷笑了,笑声中充满了轻蔑——对陆小凤的轻蔑,对自己生命的轻蔑。

陆小凤叹了口气,苦笑道:"为什么我总是要遇见这种愚蠢的人,为什么……"

他这句话没有说完,因为当时他已听见了一个人说话的声音。

这声音本来是上官丹凤说话的声音,但现在他已知道上官丹凤是绝不会再出现的了。

落日的余晖已消失,屋子里更暗。一个人幽灵般忽然出现在门口,一个非常美丽的女人,美得温柔而甜蜜。

她凝视着陆小凤,微笑着道:"因为你自己也是个愚蠢的人,蠢人总是常常会碰在一起的。"

陆小凤没有看见过这个女人,但他已知道她是谁了:"上官飞燕?"

"是的。"她笑得就像个天真的女孩子,"你看我是不是比上官丹凤漂亮?"

陆小凤点点头,他不能不承认。

上官丹凤无疑是个非常美丽的女人,但是他现在看见的这个女孩子,却美得几乎已接近每个男人心目中的梦想。

她不但美,而且纯洁而天真,她看着你的时候,就好像已将你当作她在这世上唯一的男人,同时让你也觉得她就是唯一的女人。

上官丹凤的笑，可以让你引起很多幻想，她的笑却也可让你忘记一切。

陆小凤叹了口气，道："你错了。"

上官飞燕道："我错了？"

陆小凤道："一个像你这么漂亮的女人，无论为了什么，都不该扮成别人的。"

上官飞燕眨了眨眼，道："假如那天晚上你就看见我的真面目，你还会不会放我走呢？"

陆小凤道："假如你早就让我看到你的真面目，我也许根本就不会等到那天晚上了。"

上官飞燕道："难道在马车上你就要……"

陆小凤道："我说过，我是个禁不起诱惑的人。"

上官飞燕笑了，道："你虽然不是个君子，说的话倒还很老实。"

陆小凤道："你非但不是个淑女，说的话也不老实。"

上官飞燕嫣然道："一个女孩子若是太老实，就难免会上你这种男人的当。"

她说话的声音也变了，竟似已完全变成了另外一个人在说话。

对陆小凤来说，这种声音的突然改变，甚至比易容更不可思议。

他能了解易容术，也见过已被传说得接近神话的人皮面具。

但他却不能了解，一个人的声音怎么能改变成另一个人的。

上官飞燕当然已看出他惊异的表情，微笑着道："我的声音是不是也比上官丹凤好听？"

陆小凤苦笑。

上官飞燕道："现在你想必已该看出来，我样样都比她强，可是从我一生出来，她就已压在我的头上。"

她甜蜜温柔的声音里，忽然充满怨恨，又道："从小我就穿她穿过的衣服，吃她吃剩下的东西，只因为她是公主。"

陆小凤道："所以一有了机会，你就要证明你比她强。"

上官飞燕冷笑。

陆小凤道："所以你祖父一死，你就不愿再待在家里。"

上官飞燕道："谁也不愿意寄人篱下，看人脸色的。"

陆小凤道："你本来只想凭你的本事，闯闯江湖，做几件扬眉吐气的事给他们看，却想不到在江湖上居然遇见了一个能让你倾心的男人。"

上官飞燕脸色变了变，道："我早就知道那小鬼什么都已告诉了你。"

陆小凤说道："那个男人不但对你也非常倾慕，而且很同情你的身世，所以他找个机会替你出气。"

上官飞燕冷冷道："说下去。"

陆小凤道："他知道金鹏王朝的秘密后，就替你出了个主意。"

上官飞燕在听着，脸上的甜蜜微笑已看不见了。

陆小凤道："他劝你想法子将金鹏王朝的财富，从阎铁珊他们手里要回来，无论谁有了那笔庞大的财富，都立刻可以出人头地。"

上官飞燕道："我当然不愿意让别人来坐享其成。"

陆小凤道："所以你就跟你的情人，定下了一条妙计。"

上官飞燕道："我本来只想杀了那个年老昏庸的大金鹏王，可是我们派来假冒他的人，易容无论多么巧妙，也一定瞒不过上官丹凤的。"

陆小凤道："所以你索性就连她一起杀了。"

上官飞燕道："不错。"

陆小凤道："恰巧你们的容貌本来就有三分相像，而且你从小就能模仿她的声音，所以你正好代替她，来尝尝做公主的滋味。"

上官飞燕冷笑道："那滋味并不好。"

陆小凤道："像这种秘密，你们当然不愿让一个多嘴的孩子知道，所以你们一直都瞒过雪儿，只可笑她居然反而以为你遭了上官丹凤的毒手。"

上官飞燕恨恨道："那小鬼不但多嘴，而且多事。"

陆小凤道："我只奇怪你为什么不直接去找霍休他们呢？"

上官飞燕道："因为我们事后才发现，大金鹏王必定有个秘密的标记，只有当时和他同时出亡的那些大臣才知道，所以无论谁来冒充他，都难免要被霍休那些老狐狸识破的。"

陆小凤道："你那时还不知道他是个有六根足趾的人？"

上官飞燕道："我不知道，我也不敢冒险。"

陆小凤道："所以你们认为最好的法子，就是先找一个人去替你们将那些老狐狸杀了。"

上官飞燕道："不错。"

陆小凤苦笑道："但这个人却并不太好找，因为他不但要有能杀霍休那些人的本事，还得有天生就喜欢多管闲事的臭脾气。"

上官飞燕淡淡道："这个人的确不好找，除了你之外，我们就简直想不出第二个人来了。"

陆小凤叹了口气，苦笑道："看来像我这样的人，世上倒真还不太多的。"

上官飞燕道："只不过要让你甘心情愿地出手，也不是件容易的事。"

陆小凤道："幸好我不但喜欢多管闲事，而且还有点拉着不走，赶着倒退的骡子脾气。"

上官飞燕终于笑了笑，道："想不到你倒还很了解你自己。"

陆小凤道："你们故意要勾魂手他们来拦阻我，因为你们知道，愈是有人不准我去做一件事，我愈是偏偏要去做的。"

上官飞燕笑道:"山西人的骡子也是这样子的。"

陆小凤道:"后来你们故意杀了萧秋雨和独孤方来警告我,也正是这意思。"

上官飞燕道:"那也因为他们已知道太多了。"

陆小凤道:"你在那破庙中故意以歌声诱我们去,故意在水盆里留下几根头发,为的只不过是要花满楼相信你还活着吧?"

上官飞燕道:"那也为了使你们以后不再相信那小鬼说的话。"

陆小凤道:"你知道雪儿在窗外偷看的时候,就故意在她眼前'杀'了柳余恨。"

上官飞燕冷冷道:"那小鬼当然不会知道,这只不过是我跟柳余恨故意演给她看的一出戏。"

陆小凤道:"当我们看见柳余恨还活着的时候,当然就更认为她是个说谎精。"他又叹了口气,苦笑道,"只可怜她看见柳余恨又活着出现的时候,那表情真像是忽然见到了个活鬼一样,连话都不敢说,就跟他乖乖地走了!"

上官飞燕道:"我本该早就把那小鬼关起来的,只可惜……"

陆小凤道:"只可惜那几天你要做的事太多,而且你也怕我们回来后看不见她,会更起疑心。"

上官飞燕冷笑道:"有时我简直认为你就是我肚子里的蛔虫,我的心事你好像全知道。"

陆小凤道:"你故意又在花满楼面前出现了一次,为的当然是想将罪名推到霍休身上。"

上官飞燕道:"不错。"

陆小凤叹道:"我只奇怪你怎么能骗过他的,他不但耳朵特灵,鼻子也特别灵,就算听不出你的声音,也该嗅得出你的气味来。"

每个人身上,本来都有种和别人不同的气息,甚至比说话的声音还容易分辨。

上官飞燕道:"那只因为我每次见他时,身上都故意洒了种极香极浓的花粉,等我再以上官丹凤的身份出现时,就已将这种香气洗干净了!"

陆小凤叹道:"看来你考虑得很周到。"

上官飞燕嫣然道:"我是个女人,女人本就是不愿冒险的。"

陆小凤道:"那么你为什么要柳余恨来杀我?"

上官飞燕悠然道:"这原因你应该知道的。"

陆小凤道:"是不是因为他对你已没有用了,所以你又想借我的手杀他?"

上官飞燕叹了口气,道:"其实我早该看出你不喜欢杀人,否则阎铁珊也用不着我去动手了。"

自从她一出现,柳余恨就像是变了个人,变得非常安静。

每当他看着她的时候,那只独眼中就会露出种非常温柔的表情。

上官飞燕说的这句话像是一柄尖刀,忽然刺入他的心里,他颤声道:"你……你真的想我死?"

上官飞燕连看都不看他一眼,冷冷道:"其实你早该死了,像你这种人,活着还有什么意思?"

柳余恨道:"可是你……你以前……"

上官飞燕道:"我以前说的那些话,当然全都是骗你的,你难道还以为我真的会喜欢你?"

柳余恨全身都似已冰冷僵硬,动也不动地站在那里,痴痴地看着她,独眼中充满了怨毒,却又充满了爱意,也不知过了多久,才轻轻叹了口气,道:"不错,你当然不会真的喜欢我,我自己也明白,我只不过一直都在自己骗自己。"

上官飞燕道:"你至少还不太笨。"

柳余恨慢慢地点点头,忽然反手一剑,刺入了自己的胸膛里。

剑锋竟穿透了他的心,鲜血箭一般从他背后飙出来,一点点溅在墙上。

可是他脸部又变得完全没有表情,对他说来,死,竟仿佛已不是件痛苦的事,而是种享受。

他的眼睛里忽然发出了光,忽然笑了笑,喃喃说道:"死原来并不是件困难的事,能死在你的面前,我总算还……"他没有说完这句话,他已倒了下去。

陆小凤没有阻拦他,也来不及阻拦。一个人能平平静静地死,有时的确比活着好。

"多情自古空余恨,他实在是个多情的人,只可惜用错了情而已。"陆小凤凝视着上官飞燕,忽然对这个无情的女人生出种说不出的厌恶。

不是痛恨,而是厌恶,就像是人们对毒蛇的那种感觉一样。

他冷冷道:"你也做了件愚蠢的事。"

上官飞燕道:"哦?"

陆小凤道:"你不该逼他死的。"

上官飞燕道:"为什么?"

陆小凤道:"他若活着,至少总不会眼看着我杀你。"

上官飞燕道:"你要杀我?你忍心杀我?"

陆小凤道:"我的确不愿杀人,更没有杀过女人,但你却是例外。"

上官飞燕笑了笑,道:"既然如此,你为什么还不动手呢?"

陆小凤道:"我不着急。"

上官飞燕嫣然道:"你当然不着急,我反正已跑不了的,何况,你一定还有话要问我。"

陆小凤道:"你也不笨。"

上官飞燕道:"你是不是想问我,我怎么会在你赶来之前,先要柳余恨割断那老头子一双脚的?我怎么会忽然知道他应该有六根足趾?"

陆小凤道:"这点我也不必问了。"

上官飞燕道:"你已知道?"

陆小凤道:"鸽子飞得当然比人快。"

上官飞燕叹了口气,道:"你真是个聪明人。"

陆小凤道:"我本不该将这秘密泄露给叶秀珠知道的。"

上官飞燕道:"你只告诉了她一个人?"

陆小凤道:"不错。"

上官飞燕道:"你是无意泄露的?还是故意试探她?"

陆小凤叹了口气,道:"我并不想害她,她也是个可怜的人。"

上官飞燕突然冷笑道:"你看错了人,这女人看来虽老实,其实却是个天生的婊子。"

陆小凤道:"只因为她跟你爱上同一个男人?"

上官飞燕铁青着脸,道:"他只不过是在利用她,就好像我利用柳余恨一样而已。"

陆小凤道:"叶秀珠将这秘密告诉了他,他就用飞鸽传书来通知你。"

上官飞燕点点头,脸上的表情忽又变得很温柔,道:"那黑鸽子本来是我们用来传送情书的,想不到现在又有了别的用处。"

陆小凤道:"他既然命勾魂手和铁面判官替他做事,莫非他才是青衣楼的老大?"

上官飞燕道:"你猜呢?"

陆小凤道:"我猜不出。"

上官飞燕道:"你难道以为我会告诉你?"

陆小凤道："你现在当然不会告诉我的。"

上官飞燕道："我以后也不会告诉你，你永远也不会知道他是什么人的。"

陆小凤道："但你却是个女人。"

上官飞燕道："女人又怎么样？"

陆小凤冷冷道："像你这么漂亮的女人，鼻子若是被人割下来，也一定会变得很难看的。"

上官飞燕失声道："你……你难道忍心割下我的鼻子？"

陆小凤淡淡道："你若以为我的心真比豆腐还软，你就错了。"

上官飞燕吃惊地看着他，道："我若不肯告诉你他是什么人，你就要割我的鼻子？"

陆小凤道："先割鼻子，再割耳朵。"

上官飞燕嫣然笑道："你嘴里说得虽凶，其实我也知道这种事你绝对做不出的。"

陆小凤沉下了脸，道："你想试试？"

上官飞燕道："我知道你连试都不会试，因为你也绝不会喜欢没鼻子的朋友。"

陆小凤道："幸好你已不是我的朋友。"

上官飞燕道："我虽然不是，但花满楼和朱停却是的。"

陆小凤的脸色也变了。

上官飞燕悠然道："你若割下我的鼻子来，他们只怕连脑袋都保不住，没有脑袋岂非比没有鼻子更难看一点？"

陆小凤瞪着她，忽然大笑。

上官飞燕道："你认为这是件很好笑的事？"

陆小凤笑道："你难道要我相信，花满楼又被你骗了？"

上官飞燕道："我能够骗他一次，就能够骗他第二次！"

陆小凤道:"只有呆子才会被人骗两次,他不是呆子。"

上官飞燕道:"但他却是个多情的人,呆子最多只不过会上人两次当,多情的人却可能会被人骗上两百次,因为这本就是他自己心甘情愿的。"

陆小凤道:"朱停难道也是个多情人?"

上官飞燕道:"他不是,他太懒了。"

陆小凤道:"懒人也有好处的。"

上官飞燕道:"哦?"

陆小凤道:"他连动都懒得动,又怎么会去上别人的当?"

上官飞燕微笑道:"要让他那么懒的人上当,的确不容易,幸好他还有个好朋友,送了张银票给他,要他来上当。"

陆小凤笑不出了。

上官飞燕忽然道:"你当然不会看着他为了你这个好朋友而送掉脑袋的,何况还有个千娇百媚的老板娘也在陪着他死呢!"

陆小凤叹了口气,道:"老板娘通常都比老板还懒,这次怎么也来了?"

上官飞燕道:"因为她知道你一定会去救她的,她在等你。"

陆小凤道:"她在什么地方等我呢?"

上官飞燕道:"你想知道?"

陆小凤道:"很想。"

上官飞燕道:"你想我会不会带你去?"

陆小凤道:"不会!"

上官飞燕道:"你错了,我若不肯带你去,又何必告诉你?"

陆小凤道:"至少你现在总不会带我去的。"

上官飞燕嫣然道:"你真是个聪明人。"

陆小凤苦笑道:"只可惜我的朋友不是太懒,就是太笨。"

上官飞燕道："但他们毕竟是你的朋友，你当然还是要去救他们。"

陆小凤道："我可以考虑考虑。"

上官飞燕道："考虑什么？"

陆小凤道："我得先看看你要我做什么样的事，才肯带我去。"

上官飞燕道："我想我要你做的，只不过是件很容易的事。"

陆小凤道："什么事？"

上官飞燕道："我只不过要你去替我杀个人而已，对你说来，杀人岂非是件很容易的事？"

陆小凤道："那也得看你要我去杀的是什么人。"

上官飞燕道："这个人你一定可以对付他的。"

陆小凤道："谁？"

上官飞燕道："西门吹雪。"

陆小凤笑了，道："你究竟是想要我去杀他？还是想要他杀了我？"

上官飞燕道："当然是要你去杀他，他侮辱了我，从来没有人像他那样侮辱过我。"

陆小凤道："就为了这一点，所以你要杀他？"

上官飞燕道："女人家的心眼儿，总是很窄的。"

陆小凤道："我若杀不了他，反而被他杀了呢？"

上官飞燕道："那你也不必难受，等你走在黄泉路上时，一定会有很多朋友赶去陪你。"

陆小凤叹道："看来我好像已没什么选择的余地了。"

上官飞燕道："一点也没有。"

陆小凤道："无论是他死也好，是我死也好，你反正都会很愉快的。"

上官飞燕道:"凭良心讲,你们两个就算全死了,我也不会伤心。"

陆小凤道:"想不到你居然还有良心!"

上官飞燕道:"我当然有,所以我希望你杀了他,用他的一条命,换花满楼他们的三条命。"

陆小凤叹道:"这笔账算来倒也不吃亏,只可惜我也不知道他在哪里。"

上官飞燕道:"你一定可以找得到他。"

陆小凤道:"我怎么找?"

上官飞燕道:"那天他带走了孙秀青,当然是为了要救孙秀青的命。"

陆小凤道:"他除了杀人之外,偶尔也会救人的。"

上官飞燕道:"所以他现在一定是在一个可以给孙秀青养伤的地方,那附近有什么地方可以养伤的,你应该知道。"

陆小凤道:"但死人就用不着养伤了。"

上官飞燕道:"不错!"

陆小凤道:"所以这也得问你,孙秀青中了你的飞凤针后,是不是还有救?"

上官飞燕冷冷道:"她中的不是飞凤针,是飞燕针,那本来是无救的,但西门吹雪却好像也是个大行家。"

陆小凤道:"哦?"

上官飞燕道:"飞燕针的毒与平常暗器不同,中了飞燕针后,若是静静地躺着,必死无疑。"

陆小凤续道:"所以石秀雪已死了。"

上官飞燕道:"但西门吹雪却将孙秀青带着满山飞奔,让她的毒性发散出来,反而可能有救。"

陆小凤道:"那天你暗算了她以后,还没有走?"

上官飞燕笑了笑,道:"在你们那些高手面前,我怎么能走?所以我索性躲在那里,你们出去追我时,我一直都在看着。"

陆小凤苦笑道:"你的胆子倒真不小!"

上官飞燕道:"我知道你们一定想不到我还敢留在那里的。"

陆小凤道:"等我们都走了后,你就出来了?"

上官飞燕道:"那时已只剩下花满楼一个人,我知道他绝不会疑心我,我就算说雪是黑的,墨是白的,他也不会不信。"

陆小凤道:"为什么?"

上官飞燕嫣然道:"因为他喜欢我,一个男人要是喜欢上一个女人,那可真是没法子的事。"

陆小凤道:"就因为他喜欢你,所以你认为他吃亏上当都活该?"

上官飞燕道:"那是他自己心甘情愿,我又没有一定要他喜欢我。"

陆小凤忽然又叹了口气,道:"现在我只有一句话要告诉你了。"

上官飞燕道:"你说。"

陆小凤道:"一个人总是要将别人当作笨蛋,他自己就是个天下第一号的大笨蛋。"

上官飞燕皱眉道:"你这是什么意思?"

陆小凤道:"你若回头去看看,就会明白我的意思了。"

上官飞燕回过头,她只觉得自己整个人好像忽然掉进了个又黑又深的大洞里。

屋子里更黑,一个人静静地站在黑暗中,动也不动。

"花满楼!"上官飞燕终于忍不住叫了起来。

花满楼的神情却是很平静,看来并没有丝毫痛苦愤怒之色。

上官飞燕看着他,诧声道:"你……你怎么到这里来的呢?"

花满楼淡淡道:"我走来的。"

上官飞燕道:"可是我……我明明已闭住了你的穴道!"

花满楼道:"别人点你的穴道时,你若能将真气逼在那穴道的附近,过一阵子,也许就可以有法子将闭住的穴道撞开,这种功夫我恰巧会一点点。"

上官飞燕道:"难道你早已想到我会下手的?难道你早已有了准备?"

花满楼道:"我并不想要我的朋友为了救我而去杀人。"

上官飞燕道:"我刚才说的话,你也全都听见了?"

花满楼点点头。

上官飞燕道:"你……你……你不生气?"

花满楼淡淡道:"每个人都难免做错事的,何况,你的确并没有要我喜欢你。"

他看来还是那么平静、那么温柔,因为他心里只有爱,没有仇恨。

上官飞燕看着他,竟连她这种女人,脸上都不禁露出了惭愧之色。

陆小凤也在看着他,轻轻叹息,道:"这个人实在是个君子。"

花满楼笑了笑,道:"君子和呆子,有时本就是差不多的。"

陆小凤道:"老板呢?"

花满楼道:"老板当然在陪着老板娘。"

陆小凤道:"他们为什么不来?"

花满楼道:"他们在听雪儿讲故事。"

陆小凤苦笑道:"看来他们上当的时候也已快到了。"

其实他当然知道他们为什么不来,他们是为了他才会被骗的,他见到他们时,总难免有点不好意思,他们并不想要他觉得不好意思。

雪儿也不想见到她的姐姐，在这种情况下，她们见了面，彼此心里都不会很好受的。

上官飞燕终于长长叹息了一声，道："你刚才说的话，现在我总算已明白了。"

陆小凤道："哦。"

上官飞燕道："看来我做的才真正是件蠢事，蠢得不可救药。"

陆小凤道："哦？"

上官飞燕道："我一直把你们当作呆子，现在才知道真正的呆子原来是我自己。"

她又叹息了一声，道："但是你就算真割下我的鼻子，我也不会说出他是谁的。"

陆小凤道："原来你也是个多情的人。"

上官飞燕笑了笑，笑得很凄凉，道："一个女人若喜欢上一个男人，也同样是件没法子的事。"

花满楼慢慢地点了点头，道："我明白，我明白。"

上官飞燕黯然道："只不过，我实在对不起你，你就算杀了我，我也不怪你！"

花满楼道："我并不想伤害你。"

上官飞燕道："你想把我怎么样？"

花满楼道："不怎么样。"

上官飞燕动容道："你……你难道肯放我走？"

花满楼什么都没有说，忽然转过身，慢慢地走了出去。陆小凤叹了口气，居然也跟着走了出去。

上官飞燕吃惊地看着他们，忽然大声道："我明白你的意思了，你知道我现在一定会去找他的，所以故意放我走，好在后面跟踪我。"

陆小凤并没有回头，淡淡道："我用不着这么做。"

上官飞燕道:"为什么?"

陆小凤道:"因为我已经知道他是谁了。"

上官飞燕变色大呼道:"你知道他是谁?……他是谁?"

陆小凤还是没有回答,也不再开口,他赶上了花满楼,并肩走过了阴暗的走廊,走入了黑暗中。

屋子里也是一片黑暗。

上官飞燕一个人站在黑暗里,身子突然开始发抖,却不知因为寒冷,还是因为恐惧。

花园里黑暗而幽静,风中的花香仿佛比黄昏前还浓,几十颗淡淡的秋星刚升起,却又被一片淡淡的云掩住。

花满楼走得很慢,走到一丛月季花前,他才轻轻地叹了口气,道:"她也是个可怜的女孩子。"

陆小凤点点头,似已忘了花满楼是看不到他点头的。

花满楼道:"每个人都难免有做错事的时候,她虽然做了错事,可是……"

陆小凤打断了他的话,道:"做错事就要受惩罚,无论谁做错事,都得付出代价。"

花满楼道:"但你却放过了她。"

陆小凤道:"那也许只因为我知道有人一定不会放过她。"

花满楼道:"谁?她的情人?"

陆小凤道:"不是情人,他是个无情的人。"

花满楼道:"你真的已知道他是谁?"

陆小凤道:"假的。"

花满楼道:"她说的难道没有错?你是不是想在暗中跟踪她?"

陆小凤笑了笑,道:"我虽然不是君子,却还不至于说了话不算数的。"

花满楼道:"你既然不知道那个人是谁,又不去跟踪她,难道你准备就这样算了?"

陆小凤道:"算不了的。"

花满楼道:"我不懂你的意思。"

陆小凤道:"我虽然找不到那个人,但他却一定会来找我的。"

花满楼道:"你有把握?"

陆小凤道:"至少有七分把握。"

花满楼道:"哦?"

陆小凤道:"现在他必定以为我已知道他是谁了,怎么肯让我活下去?"

花满楼道:"你刚才故意那么说,为的也就是要他来找你?"

陆小凤道:"我那么说,也等于救了上官飞燕。"

花满楼道:"你既然知道他是谁,他就不必再杀上官飞燕灭口了。"

陆小凤又笑了笑,道:"至少现在他第一个要杀的是我,不是上官飞燕。"

花满楼道:"只可惜他听不见你刚才说的那句话。"

陆小凤道:"他听得见!"

花满楼皱眉道:"你难道认为他刚才也在那里?"

陆小凤道:"他现在也一定还在那里。"

花满楼道:"所以他随时都可能出现,随时都可能要你的命。"

陆小凤道:"不错。"

花满楼道:"但你却好像一点都不担心。"

陆小凤微笑道:"我这人最大的好处,就是……"

他这句话还没有说完,忽然发现花满楼的脸色已变了。花满楼并不是个容易吃惊变色的人。

陆小凤忍不住问道:"什么事?"

花满楼沉声道:"血腥!"

陆小凤道:"什么血?谁的血?"

花满楼道:"我只希望不是上官飞燕的……"

血是上官飞燕的,她的咽喉已被割断了,血还没有凝固。她的脸上充满了惊讶和恐惧,就像是那大金鹏王临死时的表情一样。显然她也想不到杀她的这个人,竟真的能下得了毒手!她死也不相信。

——是情人?还是无情的人?没有人,只有一片黑暗。

风中的血腥气还是很浓,花满楼黯然道:"他还是杀了她!"

陆小凤道:"嗯!"

花满楼道:"他显然并不相信你所说的话。"

陆小凤道:"嗯!"

花满楼道:"现在他既然将上官飞燕杀了灭口,这世上也许已没有第二个人知道他是谁了。"

陆小凤道:"嗯。"

花满楼道:"所以你也永远找不到他。"

陆小凤忽然道:"我只知道无论谁做错了事,都必定要付出代价的。"

花满楼黯然道:"上官飞燕的确已付出了她的代价,可是杀她的人呢?"

杀她的人已消失在黑暗中,可能也永远消失。

陆小凤忽然握起花满楼的手,道:"老板呢?"

老板已不见了,本来囚禁他们的地窖里,已没有人。一张陈旧的红木桌子倒在地上,桌上的茶壶和杯子都已粉碎。

陆小凤道:"他们刚才一定交过手。"

花满楼道:"你认为是那个人来将朱停他们绑走的?"

陆小凤冷笑道："看来他对我还是有点不放心，所以将朱停他们绑走，准备来要挟我。"

花满楼道："他能在片刻间将他们绑走，武功绝不在你之下。"

朱停和老板娘的武功并不弱，何况还有那人小鬼大的上官雪儿。

陆小凤道："我本来就没有认为他的武功比我差。"

花满楼道："武功这么高的人，并没有几个。"

陆小凤道："所以他错了。"

花满楼道："他不该多此一举的。"

陆小凤道："他这么样做，已无异告诉我们他是谁了。"

花满楼叹了口气，道："我说过，每个人都会做错事的。"

陆小凤道："做错事就得受惩罚，无论谁都一样。"

屋子里静寂如坟墓，十个人静静地坐在那里，看着陆小凤。樊大先生、简二先生、市井七侠和山西雁，酒已喝了很多，但现在都已停止。

朋友们一起喝酒，若还没有醉，本来是很难停止的。他们却都很清醒，每个人的脸上都完全没有酒意，却带着种很奇怪的表情。

山西雁的神色更沉重，凝视着陆小凤，忽然道："你真的能确定，这件事的主谋就是他？"

陆小凤点点头。

山西雁道："你有把握？"

陆小凤叹了口气，道："我们是朋友，我也知道你们跟他的关系，若没有一点把握，我为什么要来找你们？"

山西雁握紧了双拳，突然重重一拳打在桌子上，厉声道："霍天青当真做了这种事，我跟他无论有什么关系，都从此断绝！"

樊大先生冷冷道："但我却还是不相信他会做出这种事。"

陆小凤道:"我本来也不敢相信的,但除了他之外,已找不出第二个人。"

樊大先生道:"哦?"

陆小凤道:"只有他能在片刻间制住朱停他们三个人。"

樊大先生道:"这理由不够充分。"

陆小凤道:"只有他才可能知道金鹏王朝的秘密,因为他是阎铁珊最亲信的人。"

樊大先生道:"这也不够。"

陆小凤道:"只有他才能从这件事中得到好处,阎铁珊一死,珠光宝气阁就已是他的。"

阎铁珊和霍休一样,也是个老光棍,别人怀疑他是个太监,并不是没有理由的。

陆小凤道:"以他的身份和武功,若非另有企图,又怎么肯做阎铁珊那种人的总管?"

这点连樊大先生都已无法否认。

陆小凤道:"江湖中当然绝不会有人想到,青衣第一楼竟会在珠光宝气阁里。"

山西雁动容道:"你说青衣第一楼在珠光宝气阁里?"

陆小凤点点头,道:"独孤一鹤显然就是因为得到这消息,所以才来的,所以霍天青才会先借故消耗了他的内力,让他死在西门吹雪的剑下!"

花满楼一直坐在旁边,此刻也忍不住道:"孙秀青、石秀雪也就因为要说出这秘密,所以才会被上官飞燕杀了灭口。"

山西雁道:"她们若知道这秘密,马秀真和叶秀珠又怎会不知道?"

陆小凤道:"她们也知道!"

山西雁道:"但她们还活着。"

陆小凤道:"叶秀珠还活着,只因为她也和上官飞燕一样,爱上了少年英俊武功高绝的霍天青。"

山西雁道:"马秀真呢?"

陆小凤道:"若是我猜得不错,她想必也已死在霍天青手里,甚至可能是叶秀珠杀了她的。"

山西雁道:"他为了转移你的目标,所以才说出山后那小楼,让你去找霍休?"

陆小凤点点头,道:"无论是我死在那小楼里,还是霍休死在我手上,这件事都已可结束,他从此就可以高枕无忧了!"

山西雁道:"但他却没有想到,你跟那孤僻的老人,居然会是老朋友。"

陆小凤道:"他为了想知道这件事的结果,所以才要叶秀珠在外面等着打听消息。"

山西雁道:"也只有一个人知道你们要去找霍休。"

陆小凤又点点头,道:"但叶秀珠却说错了一句话。"

山西雁道:"她说错了什么?"

陆小凤道:"她说她留在那里,只因为她刚将独孤一鹤和石秀雪的尸体埋葬。"

山西雁皱眉道:"独孤一鹤身为一派掌门,又怎么会葬得那么草率?"

陆小凤叹了口气,道:"叶秀珠究竟还是个很贤良的女孩子,还没有学会应该怎么说谎。"

山西雁也叹了口气,苦笑道:"要在你这种人面前说谎的确也不容易。"

陆小凤道:"但我却在她面前说出了六根足趾的秘密,所以她立刻就去告诉了霍天青，珠光宝气阁和霍休那小楼距离本就很近。"

山西雁道："所以也只有霍天青才能这么快就得到她的消息。"

陆小凤道："不错。"

山西雁道："你是故意将这秘密泄露给她的？还是无意？"

陆小凤并没有直接回答这句话，却笑了笑道："我当时只不过觉得她本不该在那里出现的，我只不过觉得有点奇怪。"

山西雁看着他，又叹了口气，苦笑道："你本不该叫陆小凤的，你根本就是一只小狐狸。"

陆小凤也叹息着，苦笑道："但我却很佩服霍天青，他实在是个思虑周密、头脑冷静的人，这件事若是一局棋，对方的每一着都已在他计算之中。"

山西雁道："只可惜到最后他自己还是走错了一步。"

陆小凤道："每个人都难免会错的，他也是人。"

樊大先生忽然又冷笑道："其实他最后纵然不走那着棋，你还是能找到他的。"

陆小凤道："至少我那时还不能确定！"

樊大先生道："现在呢？"

陆小凤道："现在我还是没有十分把握，只不过有了九分而已。"

樊大先生道："你为什么来找我们？"

陆小凤道："你们是我的朋友，我答应过你们，绝不跟他交手的。"

樊大先生道："现在我们已不是朋友？"

陆小凤道："我们还是朋友，所以我才来。"

樊大先生道："来收回你的话？"

陆小凤道："无论谁做错了事，都得付出代价，霍天青也一样！"

樊大先生道："你难道想要我们帮你去杀了他？"

陆小凤苦笑道:"我只不过想请你们去转告他,明日日出时,我在青风观等他!"

樊大先生道:"很好。"他突然飞身而起,目光刀锋般瞪着陆小凤,道,"请!"

陆小凤道:"请?请什么?"

樊大先生道:"请出手!"

陆小凤道:"我说的话你难道不信?"

樊大先生道:"我只知道霍天青是天禽门的掌门,我樊天仪恰巧是天禽门的弟子。"

陆小凤道:"所以你……"

樊大先生道:"所以只要我樊天仪活着,就不能让别人去对付霍天青。"

山西雁皱眉道:"大义灭亲,这句话你难道没听说过?"

樊大先生冷冷道:"我听说过,但却已忘了。"

简二先生也慢慢地站起来,道:"我们本来就是不分黑白,不知轻重的人。"

那卖包子的小贩突然大声道:"这种人该死!"

简二先生道:"不错,很该死。"

卖包子的小贩道:"只可惜我包乌鸦恰巧也是这种人。"

简二先生道:"所以你也该死。"

包乌鸦道:"真该死,而且现在就该死了。"他突然跳起来像根标枪,一头向墙上撞过去。

他没有撞到墙上,却撞上了陆小凤的胸膛。陆小凤忽然间已挡在他前面。

包乌鸦凌空翻身,两条腿在屋梁上一蹬,头下脚上,一头往石板上栽了下去,他还没有撞在石板上,只觉得有只手在他腰畔轻轻一托,他的人已四平八稳地站住了，正好面对着一个人，一个长身玉立，脸色苍白的人。

霍天青！

每个人全都怔住，就连陆小凤都怔住，谁也想不到霍天青居然会在此时此刻出现，谁也想不到他居然还敢来。霍天青的脸色虽是苍白，但神情却还是很冷静。

包乌鸦握紧双拳，颤声道："你……你为什么不让我死？"

霍天青道："你该死？"

包乌鸦道："我该死……"

霍天青冷冷道："你们若全都该死，难道要天禽门全都死尽死绝不成？"

包乌鸦可怔住了。

霍天青道："天禽门传你们一身武功，并不是要你们自己找死的！"

包乌鸦道："可是你……"

霍天青冷笑道："我跟你们又有何关系？若是为了别的事，你们就算全都死光，我也不会看你们一眼的。"

包乌鸦道："但是你现在……"

霍天青道："现在我只不过不愿要你们为我死而已，日后传说出去，居然有个卖包子的为我而死了，我霍天青岂非罪人？"

他突然从怀中拿出面竹牌，一折两断，冷冷道："我霍天青有财有势，这种穷掌门我早已不想当了，从此我和你们天禽门全无关系，若有谁再敢说我是天禽门下，我就先割下他的舌头，再打断他两条腿。"

包乌鸦看着他，眼睛突然发红，突然伏在地上，高声痛哭起来。

山西雁的眼睛似也发红，却突然仰面狂笑道："好，霍天青，你总算还是姓霍的，总算还没有辱没这个'霍'字。"

霍天青连看都不看他们一眼,慢慢地转过身,凝视着陆小凤,陆小凤也凝视着他。

两个人面面相对,互相凝视着,也不知过了多久,陆小凤忽然长长叹了口气,说道:"为什么是你?为什么偏偏会是你?"

霍天青冷冷道:"我做的事,你这种人是永远也不会明白的。"

陆小凤道:"我知道你一心想做一件惊天动地的大事,你不想在令尊的余荫下过一辈子,但这种事……"

霍天青厉声道:"这种事就是大事,除了我霍天青外,还有谁能做得出?"

陆小凤苦笑道:"的确没有别人。"

霍天青道:"除了你之外,也没有别人能破坏我的大事!"他忽然仰面长叹,道,"这世上有了我霍天青,就不该再有你陆小凤!"

陆小凤道:"所以……"

霍天青道:"所以我们两人之间,总有一个非死不可,却不知是你死?还是我死?"

陆小凤长长叹息,道:"明日日出之时,也许就知道了。"

霍天青冷笑道:"朝朝有明日,明日之约,又何妨改为今日?"他忽然拂了拂衣袖,人已在门外,只听他冷淡的声音远远传来:"今日黄昏时,我在青风观外等你!"

黄昏。青风观。青风观在青山上,青山已在斜阳外。

没有雾,淡淡的白云缥缈,看来却像是雾一样。一阵风吹过,苍松间的昏鸦惊起,西天一抹斜阳更淡了。然后暮色就已笼罩大地。陆小凤面对着满山苍茫的暮色,心情却比这暮色还沉重。

花满楼意兴也显得很萧索,叹息着道:"霍天青还没有来哩!"

陆小凤道:"他一定会来的。"

花满楼道:"我想不到他竟是这么样一个人,他本不该做出这种事的。"

陆小凤黯然道:"可是他偏偏做了。"

花满楼道:"这也许只因为他太骄傲,非但想胜过所有的人,还想胜过他自己的父亲!"

陆小凤道:"骄傲本就是件很愚蠢的事哪。"

一个人若是太骄傲了,的确就难免会做些愚蠢的事。

花满楼道:"也就因为骄傲,所以他并不想推诿自己的责任。"

陆小凤沉默了很久,忽又问道:"你若是我,你会不会放过他?"

花满楼道:"我不是你。"

陆小凤长长叹息了一声,道:"幸好你不是我,幸好我也不是你……"

花满楼没有再说下去,因为这时他已听见了开门的声音。青风观那古老而沉重的大门,刚刚开了一线。一个黄衣道童手提着灯笼,走出来,还有个人跟在他身后,却不是霍天青,而是个黄袍道人。

这个道人宽袍大袖,两鬓已斑白,带着种很严肃的表情,脚步虽然很轻健,看来却不像练过武功的样子。他四面看了一眼,就笔直地向陆小凤走了过来,行礼道:"施主莫非就是陆小凤公子?"

陆小凤点点头,道:"道长是……"

这道人道:"贫道青枫,也就是这小小道观的住持。"

陆小凤道:"道长莫非是霍天青的朋友?"

青枫道:"霍施主与贫道是棋友,每个月都要到贫道这里来盘桓几天的。"

陆小凤道:"现在他的人呢?"

青枫脸上忽又露出种很奇怪的表情,道:"贫道此来,正是为了要带施主去见他的。"

陆小凤道："他在哪里？"

青枫缓缓道："他在贫道的云房中相候，已有多时了。"

小院中出奇幽静，半开的窗子里香烟缥缈，淡淡地随风四散，门也是虚掩的。

陆小凤穿过小院，等青枫推开了门，他就看见了霍天青，霍天青却已永远看不到他了。

霍天青竟已死在青枫道人房里的云床上，云床低几上，有个用碧玉雕成的盘龙杯，杯中还留着些酒，毒酒！

霍天青的脸是死灰色的，眼角口鼻中，还隐隐可看出已被擦干净了的血痕。陆小凤看着他，心已沉了下去。

青枫道人神色很惨淡，黯然道："他来的时候，我还以为他是来下昨日未完的那一局残棋的，正等着他有什么新妙着，能逃过那一劫。谁知他却说今天没有下棋的心情。"

陆小凤道："他只想喝酒？"

青枫点点头，道："那时贫道才看出他的神情有异，仿佛心事重重，而且还不停地在长吁短叹，喃喃自语。"

陆小凤道："他说了些什么？"

青枫道："他仿佛是在说人生百年，转眼即过，又说这世上既然有了他霍天青，为什么偏偏又要多出个陆小凤。"

陆小凤苦笑，却又忍不住问道："这酒是你替他准备的？"

青枫道："酒是此间所有，酒杯却是他自己带来的，他生有洁癖，从来不用别人用过之物。"

陆小凤拿起酒杯嗅了嗅，皱眉道："毒果然是在酒杯上。"

青枫道："他几次拿起酒杯，又放下，像是遇见了一着难题，举棋不定，贫道正在奇怪时，他突然仰面大笑了三声，将杯中酒喝了下去。"这满怀忧虑的道人，双手合十，黯然道："贫道实在没有想到，他年纪轻轻，就已看破了世情，但愿他早归道山。"他声音愈说愈低，目中竟似有泪将落。

陆小凤沉默着，心情更沉重，过了很久，才长长叹道："他没有再提起别人？"

青枫道："没有。"

陆小凤道："也没有说起朱停这名字？"

青枫道："没有。"

云床旁边摆着一局残棋，青枫道人喃喃道："世事无常，如白云苍狗，又有谁能想到，这一局残棋犹在，他的人却已经不在了。"

陆小凤忽然道："他着的是黑子？"

青枫道："贫道总是让他一着。"

陆小凤拈起粒黑棋，沉思着，慢慢地摆下，道："我替他下这局棋。"

青枫凄然而笑，道："这一子摆下，黑棋就输了。"

陆小凤道："但除此以外，他已无路可走了。"

青枫道："这局棋他本就输了，他自己也知道的，只不过一直不肯认输而已。"

陆小凤目光凝视着远方，喃喃道："但现在他毕竟已认输了——棋局就是人生，只要一着走错，就非输不可。"

青枫忽然挥袖拂乱了这局残棋，悠悠道："人生岂非也正如一局棋，输赢又何必太认真呢？"

陆小凤道："若不认真，又何必来下这一局棋？"

青枫看了他一眼，双掌合十，慢慢闭上眼睛，不再说话。一阵风吹开窗户，夜色已笼罩大地。

陆小凤躺在床上，凝视着胸膛上的一杯酒，这杯酒已在他胸膛上摆了很久,直到现在还没有喝下去,他似已连喝酒的心情都没有。

花满楼道:"你在想朱停他们?"

陆小凤沉默。

花满楼道:"人若将死,其心也善,霍天青既然已决心求死,想必就不会再造孽杀人,现在他们说不定已平安回到家里。"

这句话不但是安慰陆小凤,也是安慰他自己。陆小凤却仿佛没有听见。

花满楼勉强笑了笑,道:"无论如何,这局棋总算是你赢了。"

陆小凤忽然长长叹息一声,道:"但这最后一着,却不是我自己下的。"

花满楼道:"也不是照你的意思下的么?"

陆小凤道:"不是。"

他苦笑着,又道:"所以我虽然赢了这局棋,却比输了还难受。"

花满楼也不禁长长叹息,道:"他为什么不肯将这一局残棋下完呢?"

陆小凤道:"因为他自己知道这局棋已输了,就正如他昨天也不肯下完那局棋一样——"

这句话刚说完,他突然从床上跳起来,胸膛上的酒杯"当"的一声,跌在地上,跌得粉碎。

花满楼知道他从来也不肯让自己的酒杯跌碎的。但现在他却似已完全忘了这句话,他失魂落魄地站在那里,只觉得全身都已冰冷,从头一直冷到了脚底。

花满楼并没有问他为什么,花满楼知道他自己会说出来。

陆小凤忽然道:"昨天他也没有下完那局棋?"

花满楼道:"不错。"

陆小凤道:"昨天他还在青风观下棋。"

花满楼的脸色也变了。

陆小凤道:"上官飞燕若是死在他手里的,他昨天怎么能在这里下棋?"

上官飞燕在数百里外,霍天青就算长着翅膀也无法在一天之内赶回来。上官飞燕正是昨天死的。

花满楼只觉得手脚也已冰冷,叹声道:"我们难道错怪了他?"

陆小凤紧握着双拳,道:"至少上官飞燕绝不会是被他杀了的。"

花满楼点点头。

陆小凤道:"至少这一点我们是错怪他了。"

花满楼道:"他为什么不辩白?"

陆小凤道:"他约我在青风观相见,也许正是为了要那道人来证明昨天他还在青风观下棋的。"

花满楼道:"因为他知道若是空口辩白,你一定不会相信的。"

陆小凤道:"只可惜他竟连辩白的机会都没有。"

花满楼道:"这么样说来,他当然不是自己要死的?"

陆小凤道:"绝不是。"

花满楼道:"是谁杀了他?"

陆小凤道:"杀他的人,也就是杀上官飞燕的人。"

花满楼道:"这个人才真正是这件事的主谋?"

陆小凤道:"不错。"

花满楼道:"青枫道人也被他收买了,所以才帮着他说谎。"

陆小凤道:"出家人也是人。"

花满楼道:"既然如此,青枫道人当然一定知道他是谁!"

陆小凤长长叹息,道:"所以现在我只希望青枫还活着。"

他失望了。他们再回到青风观时,青风观已化作一片火海,没有人能逃出来,连一个人都没有。

烈火无情，放这把火的人更无情，这人是谁？

青风观在前山，霍休的小楼就在山后，前山虽已化作了一片火海，山后却还是和平而宁静的。

门上那个"推"字仍在，陆小凤就推开门，同花满楼两人走了进去，这是他第二次推开这扇门，说不定也就是最后一次。山腹是空的，什么都没有了，那些数也数不尽的珠宝和兵器，竟已全都奇迹般不见。山腹的中间，有个小小的石台铺着张陈旧的草席，霍休赤着足，穿着件已洗得发白的蓝布衣裳，正盘膝坐在草席上温酒，好香的酒。

陆小凤长长吸了一口气，走下石阶，微笑道："这次我来得好像也正是时候。"

霍休也微笑道："但这次我已不奇怪了，反正我只要一有好酒，你就会找来的！"

陆小凤道："但我却反而有点怀疑了。"

霍休道："怀疑什么？"

陆小凤道："怀疑你是不是故意用好酒把我勾引来的？"

霍休大笑道："不管怎样，好酒总是好酒，你若不怕弄脏你的衣服，还是可以坐下来喝一杯。"

陆小凤道："我怕。"

霍休皱眉道："你怕？"

陆小凤道："我怕的倒不是弄脏这身衣服。"

霍休道："你怕什么？"

陆小凤道："我怕我会像霍天青一样，喝下这杯酒，就要等着别人来收拾这局残棋了。"

霍休看着他，目光变得就像是柄出鞘的刀，他没有再说话，只慢慢地倒了一杯酒，慢慢地喝了下去。陆小凤也没有再说什么，他知道这句话已足够，他面对着的是个聪明人，对聪明人说话，一句就已足够。也不知过了多久，霍休突又大笑，道："看来还是瞒不过你。"

陆小凤道："所以你也不必再瞒我。"

霍休道："你怎么会想到是我的？"

陆小凤叹了口气，道："我本来想不到的，从一开始，我就错了。"

霍休道："哦？"

陆小凤道："我总认为你也跟阎铁珊和独孤一鹤一样，也是受害的人，我总认为只有霍天青才能在这件事里得到好处。"

霍休道："现在呢？"

陆小凤道："现在我才想通，真正能在这件事中得到好处的，只有一个人。"

霍休道："这个人就是我了。"

陆小凤道："不错，这个人就是你！"

霍休又倒了杯酒。

陆小凤道："大金鹏王一死，这世上就不会再有人会向你追讨金鹏王朝的旧债了。"

霍休慢慢地点了点头，道："他本来也不会问我要的，但近年来他已太穷，他是个很会花钱的人，从来也不知道赚钱的辛苦。"

陆小凤道："所以你非杀了他不可？"

霍休冷冷道："这种人本就该死！"

陆小凤道："但他死了还不够，因为独孤一鹤和阎铁珊还是要来分那笔财富的。"

霍休道："这笔财富本就是我的，只有我一个人辛辛苦苦地保护它，让它一天比一天增加，我绝不能让任何人分享！"

陆小凤道："所以他们也该死？"

霍休道:"非死不可!"

陆小凤叹了口气,道:"其实这笔财富就算三十个人花,也花不完的,你已这么大年纪,将来难道还要将它带进棺材里?"

霍休瞪着他,冷冷地说道:"你若有了个老婆,白天反正也不能用她的,但肯不肯让别人来跟你共用?"

陆小凤道:"这完全是两回事。"

霍休道:"在我看来,这两回事却完全是一样的,这些财富就像是我的老婆一样,无论我是死是活,都绝不让别人来用它!"

陆小凤道:"所以你先利用霍天青和上官飞燕,去杀了大金鹏王,又利用我除去独孤一鹤和阎铁珊。"

霍休道:"我本不想找你的,只可惜除了你之外,我实在想不出第二个人来做这件事。"

陆小凤苦笑道:"这句话我听说过。"

霍休道:"这是实话。"

陆小凤道:"是我自己心甘情愿上了你的钩的,但霍天青呢?像他那种人又怎么会被你所用?"

霍休道:"不是我要他上钩的。"

陆小凤道:"是上官飞燕?"

霍休笑了笑,道:"你难道不觉得她是很能令男人心动的女人?"

花满楼苦笑。

陆小凤叹了口气,道:"你又怎么能打动她的?"

霍休悠然道:"我虽然已是个老头子,但却也一样能让女人心动的,因为我有样任何女人都无法拒绝的东西。"

陆小凤道:"什么东西?"

霍休道:"我的珠宝。"他微笑着,淡淡接道,"世上绝没有不爱珠宝的女人,就正如世上没有不爱美女的男人一样。"

陆小凤道："你答应将你的珠宝分给上官飞燕，要她去诱惑霍天青？"

霍休大笑道："你们都以为她的情人是霍天青，却想不到她爱上的竟是我这个老头子。"

陆小凤忍不住提醒他："她爱上的也不是你，是你的珠宝。"

霍休笑道："那也没有什么分别，反正在我眼中看来，她早已是个死人。"

陆小凤道："你早就打算事成后将她杀了灭口的？"

霍休道："我说过，我的财富绝不让任何人来分享。"

陆小凤道："所以你故意将六根足趾的秘密告诉我，要我去杀了她？"

霍休道："但霍天青却还被蒙在鼓里，所以才急着用飞鸽传书，将这秘密去告诉上官飞燕。"

陆小凤道："连他也不知道你才是这件事真正的主谋？"

霍休道："他当然不知道，否则他又怎么肯死心塌地地替上官飞燕卖命？"

陆小凤道："但你也没有想到，我居然会放过了上官飞燕。"

霍休道："所以我只好自己出手了。"

陆小凤道："霍天青也不是个愚蠢的人，他知道上官飞燕的死讯，也已想到这件事必定还有个主谋的人，所以跟我订了青风观的约会后，就先赶来找你。"

霍休道："他的确并不太笨，只可惜聪明人也时常会做笨事的。"

陆小凤叹道："他的确不该一个人来找你的。"

霍休道："所以他也该死。"

陆小凤道："你杀了他之后，才将他送到青风观去？"

霍休道："青风观的地产也是我的，我随时都可收回来。"

陆小凤道:"所以你要青枫道人帮着你说谎时,他也不敢拒绝。"

霍休悠然道:"一个出家人居然也说谎,当然也该死!"

陆小凤道:"你本想让我认为霍天青是畏罪而死的,本想要我就此罢手了。"

霍休叹道:"我的确已不愿你再管这件事,只可惜那多嘴的道士却害了你。"

陆小凤道:"他害了我?"

霍休道:"我听他说出昨天的那局残棋时,就已知道你迟早会想到这点漏洞的。"

陆小凤道:"所以你就索性将青风观放把火烧了。"

霍休道:"那块地我也正好还有别的用处。"

陆小凤道:"在你看来,这些人岂非也全都跟那块地一样?只不过是你利用的工具而已。"

霍休道:"所以我要他们活着,他们才能活着,我要他们死,他们就得死!"

陆小凤苦笑道:"你怎么想到我也会被你利用的?"

霍休道:"每个人都有弱点,你只要能知道他们的弱点,无论谁都一样可以利用。"

陆小凤道:"我的弱点是什么?"

霍休冷冷道:"你的弱点就是太喜欢多管闲事!"

陆小凤叹息道:"所以我才会做你的帮凶,替你去约西门吹雪,帮你除去阎铁珊和独孤一鹤。"

霍休道:"你做得一直都很好,霍天青死了后,你若肯罢手了,从此以后,你还是可以随时来喝我的好酒,你若有困难的时候,我甚至说不定还会借个万把两银子给你。"

陆小凤叹道:"只可惜我现在还没有罢手。"

霍休也叹了口气，道："你可知道我为什么要将这里的东西都搬走？"

陆小凤不知道。

霍休接道："因为我已准备将这地方，留作你们的坟墓。"

陆小凤苦笑道："这坟墓倒真不小。"

霍休悠然道："陆小凤能葬在青衣第一楼下，也该死而无憾了。"

陆小凤叹道："上官飞燕至少还说了句实话，青衣第一楼果然就在这里。"

霍休道："只可惜别人愈是说青衣第一楼就在这里，你反而愈不相信。"

陆小凤道："你当然就是青衣一百零八楼的总瓢把子？"

霍休微笑道："'总瓢把子'这四个字的声音实在好听，我喜欢听这四个字。"

陆小凤道："难道比你数钱的声音还好听？"

霍休淡淡道："我不数钱，我的钱数也数不清。"

陆小凤又叹了口气，道："现在我才真的明白，你怎么会发财的了。"

霍休道："你虽然明白，可惜你这一辈子也学不会的。"

陆小凤道："我并不想把钱带到棺材里去。"

霍休大笑，道："好，很好。"

陆小凤道："很好？"

霍休笑道："据说你身上总是带着厚厚的一沓银票，而且一出手至少就是五千两。"

陆小凤苦笑道："那五千两银票，现在只怕也已到了你腰包里。"

霍休道："你既然不想把钱带进棺材，等你死了之后，我一定会替你把银票拿出来的。"

陆小凤道："你连死人的钱都要？"

霍休道："无论什么钱都要，这也是发财的秘诀之一。"

陆小凤道："只可惜我现在还活着。"

霍休道："但现在你却已到了坟墓里。"

陆小凤道："你有把握能杀了我？"

霍休道："无论谁进了坟墓，都再也休想活着出去。"

陆小凤看着他，眼睛里也发出了刀锋般的光。

霍休微笑道："你的手是不是已经痒了？"

陆小凤道："的确有点痒。"

霍休悠然道："只可惜我却没有跟你动手的兴趣，我一向不喜欢跟一个已经快死的人动手的。"

他的手轻轻在石台上一按，突然间"轰"的一响，上面竟落下个巨大的铁笼来，罩住了这石台。

陆小凤皱了皱眉，道："你几时变成鸟的？为什么要把自己关在笼子里？"

霍休道："你觉得很滑稽？"

陆小凤道："的确很滑稽。"

霍休道："等我走了后，你就不会觉得滑稽了，一个人若知道自己快要饿死的时候，无论什么事他都不会觉得滑稽。"

陆小凤道："我已经快要饿死？"

霍休冷冷道："等我走了之后，这里唯一能吃的东西，已只有你和你的朋友身上的肉，唯一能喝的，就是你们自己的血。"

陆小凤道："可是你怎么走呢？"

霍休道："这里唯一的出路，就在我坐的这石台下面，我可以向你保证，等我走了后，一定不会忘记将这条路封死的。"

陆小凤脸色变了变，勉强笑道："我好像并不是从这条路进来的。"

霍休道:"你进来的那扇门,只能在外面开,我也可以保证,绝不会有人替你在外面开门。"

陆小凤道:"你还可以保证什么?"

霍休道:"我还可以保证你不出十天,就会渴死,只不过我一向是个很谨慎的人,所以我一定还要多等十天才回来。"

陆小凤道:"你还回来?"

霍休笑了笑,道:"我当然要回来,回来拿你身上的银票。"

陆小凤笑道:"你知不知道现在我口袋里所剩下的,已只有一个大洞。"

霍休叹了口气,道:"看来你已决心连死都不肯让我占一点便宜。"

陆小凤道:"你总算想通了。"

霍休道:"幸好我还是有便宜可占的。"

陆小凤道:"哦?"

霍休道:"我至少还可以把你们身上衣服剥下来,去卖给旧货摊子,至少还可以卖几文钱。"

陆小凤道:"连几文钱都要?"

霍休道:"钱总是好的,几文钱总比没有钱好。"

陆小凤道:"好,我给你。"他的手突然挥出,十几枚青铜钱夹带着劲风,向霍休打了过去。

霍休没有动,也没有闪避,只等着这些铜钱穿过铁笼的栅栏,他才招了招手,这十二枚铜钱就突然全都落入了他的掌心。这老人手上功夫之妙,连陆小凤看见都不禁动容,脱口道:"好功夫!"

霍休已将那十二枚铜钱小心翼翼地收了起来,微笑着道:"有钱可收的时候,我功夫总是特别好的。"

陆小凤道："只可惜这种功夫比我还是差一点。"

霍休大笑，道："你莫非是想激我出去跟你打一架？"

陆小凤道："我的确有这意思。"

霍休道："那么我劝你还是赶快打消这主意。"

陆小凤道："你是死也不肯出来的了？"

霍休道："就算我想出去，现在也已出不去了。"

陆小凤道："为什么？"

霍休道："这铁笼子是百炼精钢铸成的，净重一千九百八十斤，就算有削铁如泥的刀剑，也未必能削得断，何况那种刀剑也只有在神话传说里才能找得到。"

陆小凤道："一千九百八十斤的铁笼子，当然也没有人能举起来。"

霍休道："绝没有。"

陆小凤道："所以非但你出不来，我也进不去。"

霍休道："所以你只好看着我走，然后再等着饿死。"

陆小凤道："你先用这铁笼把自己关起来，为的就是怕我找你打架？"

霍休道："我已是个老头子，已经连跟女人上床的兴趣都没有，何况打架？"

陆小凤拍了拍花满楼的肩，叹道："看来我们好像已只有等死了！"

花满楼居然笑了笑，淡淡道："看来这就是他最后一着了！"

陆小凤道："你总不能不承认，他这一着实在厉害得很。"

花满楼道："但我们却还有一着没有下，我们手里还有一个人。"

陆小凤道："哦？"

花满楼道："你难道忘了朱停？"

陆小凤微笑道："我没有忘。"

花满楼微笑道："所以你直到现在，还能笑得出来。"

陆小凤道："所以你一点都不着急。"

花满楼道："他本不该将朱停也绑到这里来的。"

陆小凤道："的确不该。"

霍休脸色似已有些变了，忍不住道："朱停在这里又怎么样？"

陆小凤淡淡道："也没有怎么样，只不过这世上还没有一个地方关得住他的。"

花满楼道："他这人也没有别的长处，只不过恰巧是鲁大师的徒弟而已。"

霍休皱眉道："鲁大师？"

花满楼道："你当然应该知道，鲁大师就是鲁班祖师的后人，也正是普天之下，制作机关的第一高手。"

陆小凤道："鲁大师死了之后，这第一高手就是朱停老板了。"

霍休道："所以他只要在这里，你们就一定能出得去？"

陆小凤道："不错。"

霍休道："他的确就在这里。"

陆小凤道："我知道。"

霍休道："就在后面你上次见到我的地方。"

陆小凤道："我知道。"

霍休道："世上既然没有能关得住他的地方，他为什么还不出来？"

陆小凤道："他会出来的。"

霍休笑了笑，道："现在就算他能出得来，也已太迟了。"

陆小凤道："哦？"

霍休道："这地方的机关总枢，就在我坐的地方下面。"

陆小凤道:"哦?"

霍休道:"只要我一出去,当然立刻就毁了它的。"

陆小凤道:"然后呢?"

霍休道:"然后这地方所有的出口,立刻就会全都被石块封死,每一块石块的重量,都在八千斤以上,所以……"

陆小凤道:"所以我们已非死在这里不可?"

霍休淡淡道:"莫说你们,就算鲁班复生,也只有在这里等着再死一次。"

陆小凤道:"所以你现在就要走了?"

霍休道:"我本来还想陪你在这里多聊聊的,我知道等死并不是件好受的事。"

陆小凤道:"但现在你却已改变了主意?"

霍休道:"不错!"

陆小凤道:"看来我非但留不住你,也没法子送你了。"

霍休道:"但是你一定很快就会想念我的,我知道……"他微笑着伸手,又道,"只要我的手按下去,我的人就不见了,你从此以后,也就永远看不见我了。"

他的手按了下去,他的人并没有不见,脸上的笑容却不见了。

四四方方的一个石台,还是四四方方的一个石台。他的人本来端端正正地坐在上面,现在还是端端正正地坐在上面,脸上的表情,就好像突然被人在鼻子上打了一拳。

一粒粒比黄豆还大的汗珠子,突然从他头上冒了出来。陆小凤好像也觉得很奇怪,他一向很了解霍休,没有十分把握的事,这老狐狸是绝不会做的,霍休说这石台下面就是个出口,这石台下面就一定有个出口,但现在,这个出口好像已忽然不见了。

陆小凤眨着眼,道:"你为什么还不走?"

霍休握紧双拳,道:"你……你……"他没有说完这句话,已晕了过去。

陆小凤叹了口气,忽然发现除了他之外,还有别人在叹气。叹气的人并不是花满楼,是上官雪儿和老板娘,她们叹着气,走了过来,脸上都带着春花般的微笑。

上官雪儿说道:"看来你说的不错,这个人果然有两手。"

老板娘笑得更甜,道:"所以他才是独一无二的陆小凤!"

陆小凤却不禁苦笑,道:"你们一直不出来,为的就想等着看我是不是还有两手?"

上官雪儿嫣然道:"我们本来以为你这次绝不会再有什么法子对付这老狐狸了,想不到你居然还留着最后一着。"

老板娘吃吃地笑道:"你这最后一着,实在妙极了。"

上官雪儿道:"这笼子本是他用来对付你的,他自己只怕做梦也想不到,反而被你关在笼子里。"

陆小凤也笑了,道:"这一着就叫作'请君入瓮'。"

老板娘看着他,眼波如水,道:"这么绝的法子,真亏你怎么想得出来的。"

陆小凤悠然道:"我本来就是个天才。"

上官雪儿道:"难道你没有进来之前,已经算准他要从那条路出去,所以先把那条路封死了?"

陆小凤不开口。

老板娘也忍不住问道:"你为什么不说话?用的究竟是什么法子?"

陆小凤忽然摇摇头,道:"我不能告诉你。"

上官雪儿道:"为什么?"

陆小凤笑了笑,道:"每个人都要替自己留两手绝招的,尤其在你们这样的女人面前,更千万不可泄露。"他笑得也有点像是只老狐狸了,忽然接着道,"我的绝招若是被你们全学会了,我以后还有什么好日子过?"

等到没有人的时候,花满楼也忍不住问他:"你用的究竟是什么法子?为什么不肯告诉她们?"

陆小凤的回答很妙:"因为我也不知道。"

花满楼愕然道:"你也不知那出路是怎么会突然被封死的?"

陆小凤道:"不知道。"

花满楼怔住。

陆小凤道:"也许那只不过因为机关突然失灵了,也许因为有只老鼠无意间闯进去,将机簧卡死……"他目中也带着些微沉思之色,叹息着道,"究竟是什么原因呢?谁也不知道,恐怕只有天知道了。"

花满楼道:"只有天知道?"

陆小凤点点头,道:"你知不知道做坏事的人,为什么总会在最后关头功败垂成?"

花满楼道:"不知道。"

陆小凤道:"因为老天早已为他们准备好最后一着,在那里等着他们了,所以无论他们的计划多巧妙,也一样没有用的。"

花满楼道:"所以这最后一着,也不是你使出来的,而是天意。"

陆小凤道:"不错。"

花满楼忽然笑了。

陆小凤道:"你笑什么?你不信?"

花满楼笑道:"你难道真的以为我会相信?"

陆小凤叹了口气,苦笑道:"为什么我说真话的时候,别人反而总不肯相信?"

第十二章

尾声

石阶上的门已开了,是朱停开的。有人能做得出这种开不得的门,就有人能将它打开。

世界上的事,有很多都是这样子的。所以你就算能做出种任何矛都刺不穿的盾来,也一定有人能做出种矛来刺穿你的盾。这世上并没有真正"绝对"的事存在。

陆小凤坐在石阶上,看着笼子里的霍休,他忽然觉得这笼子实在很像个牢狱。

——无论谁做错事,都一定要受到惩罚的。陆小凤叹了口气,这件事能这么样结束,他已觉得很满意。这件事是怎么样结束的呢?——

老板正用一个木头做的三角架,在测量这山洞的高低。老板娘在旁边看着,她知道他一定又有了个新奇的主意,可是她并不想问。她知道没有一个男人在思索时,喜欢女人在旁边多嘴的。

朱停却忽然问她:"那个人是不是要走了?"

老板娘道:"嗯!"

朱停道:"你不去送他?"

老板娘道:"你去,我就去。"

朱停冷冷道:"他好像并不想要我去。"

老板娘道:"你也不想去?"朱停承认。

老板娘道:"但他若有事找你,随随便便派一个人来通知一声,你就立刻去了。"

朱停道:"那只不过因为我知道,我若有事找他,他也会来的。"

老板娘道:"来了也不打招呼,不说话?"

朱停道:"来不来是一回事,说不说话又是另外一回事了!"

老板娘叹了口气,道:"像你们这样的朋友,天下只怕还找不出第二对来。"

朱停放下手里的三角架,凝视着她,忽然道:"我已经决定留在这里了。"

老板娘道:"我知道。"

朱停道:"你能够在这种地方待下去?"

老板娘道:"只要你能待得下去,我就能。"

朱停道:"你若不想待在这里,我也不怪你。"

老板娘瞪眼道:"你想赶我走,好让那小狐狸精陪着你?"

朱停笑了,道:"你几时变得会吃醋的?"

老板娘道:"刚才。"

朱停道:"刚才?"

老板娘道:"刚才那小狐狸精偷偷地在跟你说什么?"

朱停微笑道:"说的当然是个秘密。"

老板娘又瞪起了眼,道:"什么秘密?"

朱停悠然道:"我以后会告诉你的,现在……现在你已经可以送他了。"

老板娘道:"不去。"

朱停道:"为什么?"

老板娘咬着嘴唇,说道:"从今天起,我要开始寸步不离地盯着你,无论什么地方我都不去,因为——"

朱停道:"因为什么?"

老板娘看着他,美丽的眼睛里充满了爱情,柔声道:"因为现在我才知道你是个了不起的男人,我怕别人抢走你!"

陆小凤远远地看着他们,忽然叹了口气,道:"看来他们的危机已过去了。"

花满楼道:"他们有什么危机?"

陆小凤道:"这两年来,老板娘好像对老板有点失望,我总担心他们会变成一对怨偶。"

花满楼道:"老板娘是不是觉得老板太懒、太没有用?"

陆小凤笑道:"但现在她总该知道,她的丈夫是个多么了不起的天才了。"

花满楼承认:"若不是老板,我们说不定真要被困死在这里。"

每个女人都希望自己能为自己的丈夫觉得骄傲的。

陆小凤又叹了口气,道:"别的我倒不怕,但挨饿的滋味,看来好像是真的很难忍受。"

他正看着笼子里的霍休,霍休却瞪大了眼睛,看着笼子外的上官雪儿。

雪儿的手里拿着根香肠和两个饼,正在和霍休嘀嘀咕咕地说着话,也不知她在说些什么。

霍休已经气得脸红脖子粗了,忽然跳起来,用力去撞那笼子。他当然撞不开,这笼子本就是他特地打造的,谁也撞不开。

雪儿在外面冷冷地看着他,好像已要走了,霍休却又留住她,两个人又说了几句话,霍休忽然长长叹了口气,在一张纸上画了个花押,用这张纸,换了雪儿的香肠和饼,立刻就坐在地上,狼吞虎咽地吃起来。

花满楼忽然问道:"他还是宁死也不肯说出他将那笔珠宝藏到哪里

去了？"

陆小凤道："他不怕死。"

花满楼苦笑道："他真的认为穷比死还可怕？"

陆小凤笑道："但现在他也许已发现还有件事比穷更可怕了！"

花满楼道："饿？"

陆小凤还没有说话，雪儿已跳跃着奔了上来，眼睛里发着光，笑道："我已将那根香肠和两个饼卖给他了，你们猜我卖了多少银子？"他们猜不出。

雪儿挥舞着手里的那张纸，道："我卖了五万两，整整五万两，我随时都可以用他亲手写的那张纸条，到他的银号里去提银子的。"

陆小凤忍不住笑道："你的心倒黑。"

花满楼笑道："天下只怕再也找不出更贵的香肠来了。"

雪儿道："所以那老狐狸简直气得要发疯，可惜却又非买不可。"

花满楼叹道："挨饿的滋味看来的确不好受。"

陆小凤道："你难道准备把他的家当全敲光？"

雪儿道："那些财产本就是我们的，莫忘记我也姓上官。"

陆小凤笑道："你就算每天敲他五万两银了，一年之内，只怕也敲不光他的。"

雪儿道："那么我就在这里敲他三年，敲光为止，反正有人在这里陪我。"

陆小凤道："老板真的已决定留在这里么？"

雪儿点点头，脸上忽然露出种很神秘的微笑，道："他跟老板娘说，他要留在这里，是为了要用这地方制造几样惊人的东西来，其实我知道他是为什么要留下来的。"

陆小凤道："是为什么？"

雪儿眨着眼，笑得更神秘，道："那是个秘密。"

陆小凤道:"什么秘密?"

雪儿道:"既然是秘密,怎么能告诉你?"

陆小凤盯着她看了半天,忽又笑了笑,道:"你的秘密我本就不想知道,我只不过有点担心。"

雪儿道:"担心什么?"

陆小凤道:"你用这张纸条去提银子时,别人若是要追问这纸条的来历呢?"

雪儿道:"绝不会有人问的。"

陆小凤道:"哦?"

雪儿笑道:"莫忘记他本就是个神秘而古怪的老头子,连他最亲信的部下,都一向不知道他的行踪,他本就一直是用这种法子办事的。"

陆小凤叹了口气,道:"看来这好像又是他自己在自作自受。"

雪儿笑道:"一点也不错,若不是他自己造成这种结果,我想要敲他的银子,还真不容易。"

一个人的命运如何,本就是他自己造成的,所以,真正勤勉的人,总是会有很好的运气。

陆小凤微笑着站起来,道:"那么你就在这里慢慢地敲吧,最好能顺便替我敲他几坛好酒。"

雪儿凝视着他,道:"你……你现在就要走?"

陆小凤道:"我若在这种地方待上三天,不被闷死才怪。"

雪儿道:"我那个秘密你也不想问了?"

陆小凤道:"不想。"

雪儿眼珠子转了转,忽又笑道:"其实我告诉你也没有关系,你反正迟早总会知道的。"

陆小凤也不反对。

雪儿道:"他留在这里,只因为我爱上了他,他也爱上了我。"

陆小凤笑了。

雪儿淡淡道:"我知道你不信的,但等我嫁给他时,你就不能不信了。"

陆小凤忍不住道:"你要嫁给他,老板娘呢?"

雪儿悠然道:"老板并不一定只能有一个老板娘的,你能有四条眉毛,老板为什么不能有两个老板娘?"

山坡在夕阳下,陆小凤走在山坡上。他一声也不响,已走了半天,忽然道:"那小狐狸一定又是在说谎。"

花满楼道:"嗯!"

陆小凤道:"老板又没有疯,怎么会娶她这种小鬼做小老板娘?"

花满楼道:"当然不会。"

陆小凤又闭着嘴走了段路,忽然道:"但老板却是个混蛋,时常都会发疯的。"

花满楼道:"小老板娘也通常都是小狐狸精。"

陆小凤道:"所以你最好赶快回去劝劝那混蛋,叫他千万不能做这种混蛋事。"

花满楼道:"你自己为什么不去?"

陆小凤道:"你知道我不跟他说话的。"

花满楼道:"假如根本没有这回事呢?老板岂非要认为我们是两个疯子?"

陆小凤道:"偶尔做一次疯子又何妨?"

花满楼叹了一口气,道:"看来无论谁跟你交朋友,迟早总会被你传染上一点疯病的。"

但他去了,他没法子不去。

陆小凤就像是个傻瓜一样,坐在路旁边等着,幸好这条山路很偏僻,除了一个摘野菜的老太婆外,就没有别的人经过,他并没有等多久,花满楼就回来了。

陆小凤立刻问道:"怎么样?"

花满楼板着脸,道:"你是个疯子,我也是。"

陆小凤道:"根本没有那回事?"

花满楼道:"他们的确有个秘密,老板已收了雪儿做干女儿。"

陆小凤怔住。

花满楼又叹了口气,苦笑道:"你明明知道那小鬼在说谎,为什么偏偏还要上她的当呢?"

陆小凤也叹了口气,苦笑道:"因为我不但是个混蛋,而且是个笨蛋。"

抬起头,忽然看见雪儿连跑带跳地赶了过来,她喘着气问道:"你们刚才有没有看见一个人走过去?"

陆小凤道:"只有个摘野菜的老太婆。"

雪儿跳起来,道:"这个老太婆一定就是我姐姐。"

陆小凤道:"你姐姐?上官飞燕?"

雪儿点点头,眼睛里发着光,道:"我现在才发现她并没有死,她本来就很会装死,刚才你们走了,我到下面去……"

陆小凤不等她说完,忽然扭头就走,而且还拉着花满楼一起走:"这次无论你说什么,我都不上当了,我根本连听都不听。"

看来他的确已下了决心,他走得真快。

雪儿痴痴地看着他们走远,才轻轻叹了口气,喃喃道:"为什么我说真话的时候,别人反而偏偏不信呢……"

《陆小凤传奇:金鹏王朝》完

相关情节请看《陆小凤传奇2:绣花大盗》

读客文化将出版以下古龙经典作品

《小李飞刀：多情剑客无情剑》

《小李飞刀2：边城浪子》

《小李飞刀3：九月鹰飞》

《小李飞刀4：天涯·明月·刀》

《陆小凤传奇：金鹏王朝》

《陆小凤传奇2：绣花大盗》

《陆小凤传奇3：决战前后》

《陆小凤传奇4：银钩赌坊》

《陆小凤传奇5：幽灵山庄》

《陆小凤传奇6：凤舞九天》

《陆小凤传奇7：剑神一笑》

《楚留香新传：借尸还魂》

《楚留香新传2：蝙蝠传奇》

《楚留香新传3：桃花传奇》

《楚留香新传4：新月传奇·午夜兰花》

《七种武器：长生剑·孔雀翎》

《七种武器2：碧玉刀·多情环》

《七种武器3：离别钩·霸王枪》

《七种武器4：愤怒的小马·七杀手》

《萧十一郎》

《火并萧十一郎》

《绝代双骄》

《欢乐英雄》

《三少爷的剑》

《流星·蝴蝶·剑》

《武林外史》

《白玉老虎》

《圆月弯刀》

《大人物》

《绝不低头》

《碧血洗银枪》

《彩环曲》

《苍穹神剑》

《大地飞鹰》

《风铃中的刀声》

《护花铃》

《剑毒梅香》

《剑客行》

《猎鹰·赌局》

《名剑风流》

《飘香剑雨》

《七星龙王》

《失魂引》

《血鹦鹉》

《英雄无泪》

《游侠录》

《月异星邪》

激发个人成长

多年以来,千千万万有经验的读者,都会定期查看熊猫君家的最新书目,挑选满足自己成长需求的新书。

读客图书以"激发个人成长"为使命,在以下三个方面为您精选优质图书:

1、精神成长
熊猫君家精彩绝伦的小说文库和人文类图书,帮助你成为永远充满梦想、勇气和爱的人!

2、知识结构成长
熊猫君家的历史类、社科类图书,帮助你了解从宇宙诞生、文明演变直至今日世界之形成的方方面面。

3、工作技能成长
熊猫君家的经管类、家教类图书,指引你更好地工作、更有效率地生活,减少人生中的烦恼。

每一本读客图书都轻松好读,精彩绝伦,充满无穷阅读乐趣!

认准读客熊猫

读客所有图书,在书脊、腰封、封底和前后勒口都有"**读客熊猫**"标志。

两步帮你快速找到读客图书

1、找读客熊猫    2、找黑白格子

   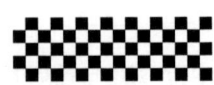

马上扫二维码,关注"**熊猫君**"

和千万读者一起成长吧!

图书在版编目（CIP）数据

陆小凤传奇. 1，金鹏王朝 / 古龙著. -- 上海：文汇出版社，2018.8
（古龙文集）
ISBN 978-7-5496-2531-4

Ⅰ. ①陆… Ⅱ. ①古… Ⅲ. ①侠义小说－中国－当代 Ⅳ. ①I247.5

中国版本图书馆CIP数据核字（2018）第067750号

著作权合同登记号：09-2017-966

陆小凤传奇：金鹏王朝

| 作　　者 | / | 古　龙 |

责任编辑	/	徐曙蕾
特邀编辑	/	周奥扬　周量航　王心怡
封面装帧	/	文　薇

| 出版发行 | / | 文汇出版社 |

上海市威海路755号
（邮政编码200041）

经　　销	/	全国新华书店
印刷装订	/	北京中科印刷有限公司
版　　次	/	2018年8月第1版
印　　次	/	2018年8月第1次印刷
开　　本	/	890mm×1270mm　1/32
字　　数	/	238千字
印　　张	/	9.75

ISBN 978-7-5496-2531-4
| 定　　价 | / | 59.00元 |

古龙著作管理发展委员会　侵权必究

装订质量问题，请致电010-87681002（免费更换，邮寄到付）